Kurt Reiter Zellhuber

EL ÉXITO DE LA PEQUEÑA Y MEDIA INDUSTRIA

Nuevos Modelos de Conducta Empresarial

1ra Edición

Raising South
P R E S S

Book design by **Héctor Guzmán**

EL ÉXITO DE LA PEQUEÑA Y MEDIA INDUSTRIA
By REITER ZELLHUBER, Kurt—1st ed. — 2016
Includes bibliographical references and index.

1. BUSINESS — Business Development
2. ECONOMY — Industrial Management
3. INTERNATIONAL STUDIES — México

ISBN: 978-1-943350-30-8

RaisingSouth
P R E S S

Editorial Board:

Contenido

PREFACIO

La investigación en este libro busca analizar las conductas de las PYMES innovadoras y desarrollar un modelo que relacione actividades innovadoras y desempeño competitivo, que permita analizar el rol de los factores moderadores en esta relación.

Se analizarán las actividades de innovación llevadas a cabo por las PYMES manufactureras e identificar y caracterizar patrones de conductas innovadoras, y se conceptualizarán indicadores de desempeño competitivo que, sin perder su representatividad teórica, y en función de los relevamientos disponibles, permitan explorar las relaciones existentes entre el desarrollo de ciertas conductas de innovación y la mejor performance competitiva de las firmas.

Los factores moderadores asociados a las características propias de las firmas serán identificados y modelizados con respecto a su relación con el entorno para que generen el ámbito propicio para la existencia de actividades de innovación y en particular la adopción de determinada conducta innovadora.

Se realizará la construcción de un modelo econométrico que represente las dimensiones estructurales de las PYMES y su influencia en la adopción de determinada conducta de innovación.

Finalmente se presentará un avance hacia la identificación de hechos estilizados que permitan inferir para la población de PYMES, ciertos elementos imprescindibles que deben presentarse para promover ambientes favorables a determinadas conductas de innovación.

La presente investigación realiza una revisión sobre las diferentes teorías económicas de la innovación y aprendizaje de las firmas, así como las proposiciones metodológicas y conclusiones más trascendentales que se han publicado en los últimos años. En este sentido, lo anterior ha sido el fundamento para que el posterior desarrollo de un marco de trabajo teórico pudiese tener en cuenta los principales factores que afectan a las PYMES.

Especialmente en un enfoque que considere la capacidad de absorción de las mismas a partir del conocimiento generado externamente y, dada su relevancia, sus vínculos con la gestión tecnológica. Dado los objetivos de esta investigación, también se realizará un resumen de los principales aportes teóricos que justifican el estudio de la innovación en PYMES en su impacto en la mejora de la competitividad de las firmas.

Luego de la primera revisión conceptual sobre teorías económicas de la innovación, se realiza un recorrido sobre los principales aportes teóricos que consideran las particularidades de las PYMES en el contexto de los procesos de innovación y la generación y difusión de conocimiento.

Por último, nos introduciremos en la realidad que propone el sector manufacturero mexicano y en base a los principales resultados de los procesos de innovación en las PYMES se resumirá brevemente la dinámica macro a la que se enfrentan las PYMES, que las obliga en buena medida a implementar aceleradamente estrategias de contingencia, de especialización y de saltos en la tecnología, que impulsan la revisión de sus procesos productivos ante los continuos cambios en las señales del mercado. Asimismo, se presenta toda la información referida al diseño del relevamiento empírico, los procedimientos de recolección de datos y la selección de la muestra sobre la cual se realizará la investigación.

Se presentará un análisis estadístico descriptivo general de las características del proceso innovador de las empresas que conforman la muestra, y las diferencias observadas en el desempeño competitivo de las empresas que declararon llevar a cabo actividades de innovación en los últimos dos años y mediante la utilización de estadísticos descriptivos se llega a la conclusión que existe una relación estadísticamente significativa entre el mayor desempeño competitivo y el llevar a cabo actividades de innovación.

Analizaremos en particular las conductas de innovación, tal como fueron determinadas previamente. El objetivo en dicho apartado consiste en relevar preliminarmente mediante estadística descriptivas las relaciones vigentes entre las conductas de innovación y cierto grupo de variables que se constituirán luego en los factores moderadores que serán incluidos en el modelo econométrico.

El modelo econométrico a adoptar es un modelo logístico multinomial. El objetivo inicial del modelo planteado, se resume en inferir la relación existente entre las diferentes variables que explican el desempeño competitivo de las firmas y las conductas de innovación adoptadas, a los efectos de dimensionar las probabilidades que pueden corresponder a una empresa que adopte una conducta de innovación, respecto a obtener un desempeño competitivo diferencial en el mercado.

El siguiente objetivo que el modelo se propone es indagar respecto a los demás factores moderadores de las conductas innovadoras asociados a las características de contexto y estructura de la firma, su dotación de recursos y capacidades y relación con el entorno, a los efectos de analizar el ambiente y conjuntos de características más propicio al desarrollo de determinada conducta innovadora.

La última sección de este libro recoge las principales conclusiones y hallazgos alcanzados por esta investigación, así como las limitaciones de estudio y aspectos que no han podido relevarse y finalmente, las acciones que se priorizan a futuro en el marco de complementariedades posibles a los resultados obtenidos en esta oportunidad.

INTRODUCCIÓN

A partir del nuevo régimen macroeconómico instaurado en los últimos años, las PYMES han logrado un protagonismo único basado principalmente en el importante crecimiento que observaron y en los procesos de inversión que iniciaron. Sin embargo, prevalecen rasgos que diseñan un sector con considerable heterogeneidad y se pueden distinguir desempeños microeconómicos disímiles.

En este sentido, el objeto de la presente investigación es relevar la importancia que tienen en las empresas los procesos innovadores y el rol que asume el conocimiento generado en el plano interno y externo a las firmas. Se busca contrastar la hipótesis de que aquellas empresas que han llevado a cabo actividades de innovación en los últimos dos años presentan mejor performance de negocios que aquellas que no innovaron.

Por último, se propone un modelo empírico desde una metodología basada en la utilización de factores moderadores de las conductas innovadoras de las empresas, los cuales explican las hipótesis que vinculan a estas conductas con el contexto y estructura de las firmas, el desempeño competitivo, los recursos y capacidades de las firmas, y su relación con el entorno, relaciones que se sostienen en base a la literatura. Los resultados obtenidos ponen de manifiesto que las firmas que muestran conductas innovadoras, tanto en la generación de conocimiento interno como externo, son las que presentan mejor performance competitiva.

En la Industria, se ha pronunciado en los años noventa un patrón de especialización de la industria que se ha caracterizado por el predominio de actividades intensivas en recursos naturales y en capital que tienen un escaso peso del factor trabajo en sus funciones de producción y en las que los agentes de mayor tamaño tienen un papel central (Yoguel y Rabetino, 2000).[1]

---

1   G. Yoguel y R. Rabetino, El desarrollo de las capacidades tecnológicas de los agentes en la industria manufacturera 0 en los años noventa incluido B. Kosacoff; G. Yoguel; C. Bonvecchi, A. Ramos (comp.) El desempeño industrial: Más allá de la sustitución de

12

Observamos que los últimos años acentuaron el fenómeno a partir de cobrar mayor relevancia significativa en las actividades industriales que iniciaron su proceso de reconversión en los noventa: i) industrialización de productos naturales, ii) productos químicos, iii) la siderurgia, iv) la producción de aluminio y v) el sector automotor (Fernández y Porta, 2008).[2] Sin embargo la variabilidad en torno a las empresas que participan en el sector, y especialmente las PYMES con diferentes trayectorias de crecimiento, supone que se deba proponer un estudio dedicado en su totalidad a la exploración de los aspectos más significativos de los tipos de relaciones establecidas entre la gestión de la innovación y el desempeño competitivo, aplicado a los actores pertenecientes a la industria manufacturera, teniendo en cuenta que son precisamente aquellos los que cuentan con más posibilidades de iniciar procesos de cambios y reconversión que impacten en su desempeño competitivo.

Pese a la importante heterogeneidad del tejido industrial mexicano, la mayoría de los autores coinciden en que estos años han servido para que las PYMES incluidas en este sector, reaccionen favorablemente frente a las nuevas condiciones de precios relativos, reactivando la capacidad instalada ociosa y originando procesos de inversión en virtud de aprovechar el contexto macroeconómico favorable.

A pesar de la dinámica macroeconómica observada, y el importante flujo de inversiones que han realizado las PYMES durante los últimos años, aún se presenta en nuestro país un sector industrial que se encuentra lejano a la frontera tecnológica internacional, salvo ciertas excepciones en actividades que aún pueden competir en el mercado internacional en base a la alta calificación de sus recursos (Kosacoff y Ramos, 2006).[3]

___

importaciones. CEPAL, 2000.

2   C. Fernández Bugna y F. Porta, El crecimiento reciente en la industria 0. Nuevo régimen sin cambio estructural, en Kosacoff, B. (ed), "Crisis, recuperación y nuevo dilemas. La economía 0 2002 - 2007", Documento de Proyecto. CEPAL, 2008.

3   B. Kosacoff y A. Ramos, Comportamientos microeconómicos en entornos de alta incertidumbre: la industria y su crecimiento. CEPAL - Documento de Trabajo, enero 2006.

La teoría de la firma basada en recursos y capacidades (Prahalad y Hamel, 1990[4]; Barney,[5] 1991; Grant, 1991[6] entre otros) y la literatura sobre aprendizaje organizacional, representadas respectivamente por Cohen y Levinthal (1990),[7] revelan que, mediante la inversión en aprendizaje, la firmas aumentan tanto su base de conocimiento y de cualificación (o competencias esenciales) como su habilidad de asimilar y usar informaciones futuras (conocida como capacidad de absorción).

Bajo estos enfoques, las ventajas competitivas proporcionadas por los recursos y capacidades se manifiestan en rentas diferenciadoras para las empresas y/o sistemas y su medición, que por supuesto es en términos relativos y teniendo en cuenta el contexto de mercado. Estas rentas se caracterizan por su transitoriedad, para que prosiga el proceso de desarrollo económico, tal como lo entiende Schumpeter. Tales ventajas deberían ser dinámicas, en el sentido de ser sustentables en el tiempo. En este sentido el proceso innovador es el que permite su desarrollo (Metcalfe et al, 2003)[8].

A la vez, se expone el fenómeno del intercambio de tecnología como el motor principal de un sistema de difusión y acumulación de conocimiento enraizado en los procesos de aprendizajes de las firmas. De modo que la adecuada gestión tecnológica conlleva a la vez, a un aumento de las capacidades de absorción

---

4   C. Prahalad y G. Hamel, The Core Competence of the Corporation, Harvard Business Review, LXVIII, 79-91, 1990.

5   J. Barney, Firm resources and sustained competitive advantage. Journal of Management, 17, pp. 99-120, 1991.

6   R. Grant. The Resource-based Theory of Competitive Advantage: Implications for Strategy Formulation. California Management Review, vol. 33, n° 3, pp. 114-135, 1991.

7   W. Cohen y D. Levinthal, Absorptive Capacity: A New Perspective on Learning and Innovation. Administrative Science Quarterly, Vol. 35, No. 1, pp. 128-152, Mar. 1990.

8   J. Metcalfe, R. Ramlogan y E. Uyarra. Economic Development and Competitive Process. Centre for research on innovation and competition and school of economic studies University of Manchester en Conferência internacional sobre sistemas de inovação e estratégias de desenvolvimento para o terceiro milênio. Nov. 2003, [en línea]. Disponible en: http://redesist.ie.ufrj.br/globelics/pdfs/ GLOBELICS_0069_Metcalfeetalli.pdf

de las empresas y la presencia de actividades de innovación complementarias que refuerzan los procesos de aprendizaje y la mejora de su competitividad.

Por otra parte, existe cierto consenso en las publicaciones actuales, que aquellas empresas que lograron emprender procesos innovadores, especialmente los últimos dos años, han relevado una mejor performance de negocios, ya sea en ventas al mercado interno, externo, empleo, productividad inversiones, etc. Ello motiva a analizar la dinámica de innovación para indagar quiénes pueden beneficiarse más de acuerdo a la coyuntura que perciben y las estructuras que presentan, o bien los factores más preponderantes que permitieron a este tipo de firmas un desempeño competitivo diferencial.

Asimismo, en la medida que las tecnologías son relativamente más costosas y difíciles de dominar, presuponen procesos de aprendizajes más exigentes con resultados más inciertos y requieren mayores habilidades, esfuerzos tecnológicos, presencia de externalidades y resolución de problemas de coordinación. La mejora de la competitividad exige por lo tanto, un proceso de profundización tecnológica a partir de un sendero evolutivo que implica el montaje inicial y actividades más complejas como la mejora, el diseño y el desarrollo.

Autores como Lugones (2005)[9] y Suárez (2007)[10], exploraron la identificación de un impacto diferencial, particularmente en cuanto a las posibilidades de lograr mejoras competitivas, en aquellas empresas que al emprender procesos de innovación, combinaban inversiones en maquinarias y equipos con otros esfuerzos endógenos asociados a cambio organizacional, diseño, ingeniería, capacitación y actividades .

9   G. Lugones, F. Peirano y P. Gutti, Potencialidades y limitaciones de los procesos de innovación en 0. Observatorio Nacional de Ciencia, Tecnología e Innovación (SECYT). Centro Redes., 2005.

10   D. Suarez, National Specificities and Innovation Indicators. Ponencia presentada en Globelics India, Trivandrum, Kerala, India, octubre 4-7, 2006.

Generalmente, los procesos de innovación de las PYMES se presentan de manera informal, los esfuerzos tecnológicos no se realizan de manera planificada ni continua, sino que, más bien, se caracterizan por una alta dispersión. Esto es coherente con las muchas veces inexistentes áreas formalizadas dedicadas a las actividades de investigación, desarrollo y diseño -en muchos casos, por falta de escala; en muchos otros, porque se les otorga una escasa importancia dentro de la organización.

Ello conduce, al fin y al cabo, a que las actividades de innovación se terminen concentrando fuertemente en torno a la adquisición de tecnología incorporada o desincorporada, fundamentalmente bajo la forma de compra de equipamiento o la contratación de licencias, know-how o consultorías. Asimismo, la capacidad de absorción de las PYMES y la generación de conocimientos en el aprendizaje que se deriva de la realización de diferentes tipos de actividades hacia adentro destinadas a obtenerlos (diseño, capacitación, nuevos métodos de producción y comercialización, etc.), permitirán la obtención de resultados innovadores en el marco que se presenten oportunidades tecnológicas, del grado de apropiación de los frutos de la innovación y de los recursos que se destinen a llevarlas a cabo, lo que indudablemente ubica a la PYME en el centro de un sistema más complejo que incluye a su entorno de negocios inmediato y el referido a todas las instituciones que intervienen en el proceso de generación y difusión del conocimiento.

De esta manera resulta importante avanzar en el estudio de la dinámica de innovación de las PYMES industriales, con el fin de conocer si llevar a cabo conductas de innovación que se enfoquen no solamente en la adquisición de conocimiento incorporado a bienes de capital o en forma de licencias, patentes y/o know-how determinan un impacto en las firmas superior a las que sólo se concentran en estas actividades innovadoras.

Para ello se propone luego de reconocer las particularidades que asumen los procesos de innovación en PYMES y el enfoque teórico que sustenta la comprensión y relevancia que estos procesos tienen para las empresas, una taxonomía de conductas de innovación que considere tanto los aspectos complementarios como excluyentes a la adquisición de maquinaria y equipo y su impacto en el desempeño competitivo de la firma y en última instancia en su desarrollo organizacional.

Los datos que se utilizarán para comprobar la existencia de conductas innovadoras diferenciales y la capacidad explicativa de la operacionalización de un modelo, que capte los hechos estilizados de los comportamientos y estructuras de las firmas subyacentes, corresponden a las PYMES manufactureras, recopilados por el Relevamiento nº6 del MAPA PYME con una muestra con representatividad muy elevada de todos los distritos geográficos del país en especial en la configuración de las actividades productivas, mayoritariamente presentes en estos distritos.

Las contribuciones que este trabajo propone se orientan en dos planos, uno metodológico a través de lograr avanzar hacia diferentes expresiones de conductas innovadoras con especial atención a las particularidades que propone la PYME manufacturera en nuestro país factibles de ser aplicadas empíricamente, lo cual puede ser una contribución al campo de estudio de los procesos innovadores en PYMES. Otra aportación consistirá en comprobar empíricamente la hipótesis que las conductas innovadoras pueden ser determinadas por una serie de factores que las modifican e incluso definen su procedencia en determinados contextos.

Ello supone una aportación en materia de formulación de políticas, promover la inversión en actividades de innovación que promuevan ventajas dinámicas de las PYMES y no comportamientos empresariales parciales o fragmentados que deriven en un desempeño mejor, pero insuficiente como para asegurar la continuidad de las actividades de innovación de una manera autosustentable.

Hipótesis

H1: Las PyMEs que llevaron a cabo actividades de innovación, presentaron mejores desempeños competitivos en los últimos dos años que las que no desarrollaron estas actividades.

H2: Una equilibrada combinación entre las distintas actividades de innovación (AI) incrementa el impacto positivo de las mismas en materia de desempeño competitivo. Una estrategia innovadora debe ser balanceada, esto es, debe combinar esfuerzos exógenos con esfuerzos endógenos.

H3: Las conductas de innovación de las PyMEs son determinadas por factores asociados a sus características estructurales y de contexto, desempeño competitivo, recursos y capacidades y cuestiones inherentes a su relación con el entorno.

CAPÍTULO 1: PRINCIPALES CONTRIBUCIONES TEÓRICAS AL ESTUDIO DE LA INNOVACIÓN EN PYMES

"La creencia de que los cambios o, al menos, los ajustes día a día, han de ser menos importante en los tiempos modernos implica la afirmación de que los problemas económicos también han pasado a ser menos importantes. Esta creencia en la disminución de la importancia del cambio, lleva a que normalmente las mismas personas que argumentan la importancia de las consideraciones sobre derechos económicos, se hayan visto impulsadas, en el fondo, por la creciente importancia del conocimiento tecnológico" (Hayek, 1945)[11].

El interés por el fenómeno del progreso técnico y la innovación tecnológica ha estado presente desde el nacimiento de la economía moderna y ha ido creciendo hasta convertirse hoy en un tema central, no sólo de la reflexión académica en materia de economía política, sino también de otras muchas disciplinas científicas e incluso de diversas esferas del conocimiento. Así, este tema se ha extendido al campo de la gestión de empresas, de la sociología o de las ciencias del aprendizaje, por citar algunos ejemplos. Igualmente, afecta sensiblemente los modos en que se desarrollan las ciencias fundamentales y las tecnologías. Por otro lado, se trata de un tópico presente en numerosas instancias de la vida de nuestra sociedad; los medios de comunicación, la clase política, los ciudadanos, todos emitimos algún tipo de comentario en relación con el mismo.

De un tiempo en que el cambio técnico era considerado uno de los muchos aspectos que incidían en la economía, hemos pasado a una situación en que la innovación es contemplada como un proceso social, de gran complejidad y con múltiples y muy importantes repercusiones en diferentes ámbitos. El conocimiento del proceso innovador es relevante en el análisis y en la

---

11   F. Hayek, The Use of Knowledge in Society. American Economic Review Vol. XXXV, No. 4, septiembre 1945, [en línea]. Disponible en: http://web.cenet.org.cn/upfile/43295.pdf

transformación de la generación de conocimiento, de las relaciones económicas y de los comportamientos sociales. Y es que la innovación es el campo de batalla donde actualmente se libra la lucha por la competitividad y, por tanto, por la supremacía económica.

Fundamentos clásicos y neoclásicos de la innovación

Se presenta a continuación un recorrido histórico de la reflexión sobre el proceso de la innovación. No se trata de un análisis exhaustivo, por cuanto tan sólo interesa destacar los principales aportes y tendencias de dicha evolución y cómo se ha llegado a las ideas que actualmente tienen mayor vigencia.

La teoría económica a lo largo de los años, ha considerado de una forma explícita o implícita, la innovación. A pesar que los postulados de Smith, Schumpeter y los neoschumpeterianos pueden resultar los más significativos, se propone en este apartado, contemplar en forma breve los planteos teóricos también de otros autores.

El concepto de innovación, ya comenzaba a vislumbrarse en los escritos de diversos autores de los siglos XVII y XVIII, aunque se lo considerara progreso técnico. Se enfatizaba la importancia de las invenciones y mejoras técnicas y su rápida aplicación en la industria. Apuntaban a la necesidad de desarrollar la ciencia empírica no sólo para cuestiones militares, sino también productivas y ya señalaban la relación entre desarrollo económico y acumulación de capital, en la cual se reconocía la importancia de la introducción de las mejoras técnicas.

El pensamiento neoclásico, a nivel de la firma, normalmente se asocia a problemas económicos a los cuales los agentes deben optimizar una decisión bajo determinadas restricciones. Para ello se utiliza una serie de supuestos que pierden relevancia frente a la importancia que adquieren los resultados determinísticos.

Las teorías neoclásicas se concentran en una función de producción común, asignándole al empresario el rol de decisor en relación a la tecnología en condiciones de perfecta certidumbre, buscando obtener los mayores beneficios

20

en el marco de la racionalidad extrema. Considera adicionalmente, que existe información perfecta y que puede aplicarse de manera generalizada siguiendo un conjunto de instrucciones. Por lo tanto, el conocimiento tecnológico es analizado como explícito, imitable y posible de ser trasmitido perfectamente. Existe un stock global de conocimiento científico y tecnológico y cualquier empresa puede producir o captar innovaciones a partir de éste.

Se considera que la tecnología se desarrolla fuera del ámbito productivo, se crea antes de que ésta llegue a esa esfera, y no es tenido en cuenta ningún tipo de retroalimentación desde el escenario productivo, es más, se ignora cualquier clase de innovación informal. La ciencia es vista como un ámbito externo al proceso económico y las innovaciones siguen una secuencia temporal, que se inicia siempre en las actividades de investigación y desarrollo, para después arribar al ámbito de producción y comercialización en forma de nuevo input que se incorpora a la producción (OCDE, 1992, citado por López, 2000).

Fue Joseph Schumpeter[12] a comienzos del siglo XX quien elevó a un primer nivel de importancia el proceso de la innovación, de manera que sus trabajos suelen constituir un punto de partida en el estudio del mismo. Schumpeter se expresa en el contexto de la teoría económica neoclásica, vigente desde 1870. Ésta se centra en los conceptos de escasez, asignación de recursos e intercambios, maximización de utilidades, acceso ilimitado a la información y especial atención en la función de producción y en su tratamiento matemático. Una hipótesis básica en esta concepción es que la tecnología es siempre un elemento exógeno, disponible para los agentes económicos y no influenciada por la propia actividad económica.

De acuerdo a este autor, el conocimiento tecnológico constituye un elemento esencial del análisis económico, y sentó las bases para su desarrollo al introducir el concepto de innovación tecnológica, la cual representa cambios cualitativos que implican alteraciones en la técnica de producción y en la organización productiva.

---

12   Joseph A. Schumpeter, Capitalismo, Socialismo y Democracia, Barcelona, España, 1946, (en Biblioteca de Economía, nº 1 y 2, 1996).

Schumpeter da comienzo a un estudio en profundidad del proceso de la innovación que se desarrollará a lo largo de las décadas centrales del siglo XX. Dos son los frentes que se plantean: por un lado el frente macroeconómico, que da continuidad al enfoque que tenía este tema entre los economistas clásicos y que trata de entender las causas y consecuencias de la innovación con relación al crecimiento económico y al desarrollo social; por otro lado, se aborda una reflexión de carácter microeconómico que trata de explicar cómo es en sí el proceso innovador y que dará pie a los primeros planteos en relación a la gestión de la innovación en las empresas.

Schumpeter[13] dos grupos: los individuos excepcionales (los empresarios) que, aunque ciertamente no son capaces de prever el futuro, están dispuestos a enfrentar todos los peligros y dificultades de la innovación como un acto de voluntad, y un segundo grupo, más numeroso, de imitadores, que se limitan solamente a seguir la rutina en la dirección de los pioneros en el primer grupo (Freeman 1994)[14].

En la obra de Schumpeter La Teoría del Desenvolvimiento Económico (1934), en la cual se puede describir una forma de innovación en la que predominan las empresas de menor tamaño y que se caracteriza por la facilidad de entrada en la industria y el papel clave de las empresas nuevas en las actividades innovadoras, lo que supone la continua erosión de las ventajas tecnológicas de las ya establecidas. Este primer modelo de innovación schumpeteriano se caracteriza por la destrucción creadora. En consecuencia, el impacto de las innovaciones, sobre la estructura existente de una industria, reduce considerablemente el efecto a largo plazo y la importancia de las prácticas que tienen por objeto conservar las posiciones adquiridas y elevar al máximo los beneficios procedentes de ellas mediante la restricción de la producción.

13   Joseph A. Schumpeter, Capitalismo, Socialismo y Democracia, Barcelona, España, 1946, (en Biblioteca de Economía, n° 1 y 2, 1996).

14   C. Freeman, The economics of technical change. En Cambridge Journal of Economics, Critical Survey articles n° 18, p. 463-514, 1994.

Por otro lado, en la obra Capitalismo, Socialismo y Democracia (1942), se perfila una segunda forma de organización de la actividad innovadora en la que destaca la importancia de las grandes empresas ya establecidas y la existencia de elevadas barreras a la entrada para los nuevos innovadores. En este modelo prevalece la acumulación creativa (Schumpeter, 1946)[15].

La distinción entre las dos formas de presentar el motor de la innovación ha llevado a los académicos para referirse a Schumpeter, como Schumpeter Mark I y Mark II.

Schumpeter hace una distinción importante entre invenciones (que considera siempre disponibles para cualquiera) e innovaciones, que significan la introducción de dichas invenciones en la actividad productiva de las empresas. De este modo, las invenciones son elementos exógenos al proceso innovador. El empresario, convertido en la pieza clave del proceso innovador, es el que transforma las invenciones en innovaciones al introducirlas en el proceso productivo y en el mercado en general. Al innovar, las empresas pueden incluso replantear la forma de competir en una industria, como lo describiera Schumpeter (1942):

> *"...no es esa clase de competencia la que cuenta, sino la competencia por el nuevo producto básico, la nueva tecnología, la nueva fuente de abastecimiento, el nuevo tipo de organización... Competencia que impulsa una ventaja decisiva en costo o calidad y que tiene impacto no en los márgenes de las ganancias y la producción de las empresas existentes, sino en sus fundamentos y sus mismas vidas."*

La innovación es lo que permite salir a la economía del flujo circular y estático y promueve el desarrollo. Las innovaciones, que calificó como destrucciones creativas, son la principal fuente de ciclos, reajustes, perturbaciones y desequilibrios en el sistema capitalista, pero no destruyen su inherente

---

15   Joseph A. Schumpeter, Capitalismo, Socialismo y Democracia, Barcelona, España, 1946, (en Biblioteca de Economía, n° 1 y 2, 1996).

estabilidad. El proceso de destrucción creativa, es esencial para comprender la lucha de las empresas por la supervivencia en el mercado, tal como el autor lo define:

"El impulso fundamental que pone y mantiene en movimiento a la máquina capitalista procede de nuevos bienes de consumo, de los nuevos métodos de producción y transporte, de los nuevos mercados, de las nuevas formas de organización industrial que crea la empresa capitalista" (Schumpeter, 1946).

Schumpeter se contradijo de alguna manera, de su propia formulación original. En sus últimos años, reconoció que la innovación de grandes empresas se ha convertido hacia una estructura burocratizada y los departamentos organizados y especializados de investigación y desarrollo desempeñan un papel cada vez más importante en el proceso innovador. De hecho, fue tan lejos como para sostener que un ingeniero responsable de un departamento de una gran empresa eléctrica podría ser un empresario en sentido estricto de la palabra. Esto le llevó también a subrayar el papel predominante de las grandes empresas oligopólicas en las técnicas de innovación y una vista más generosa respecto a las ganancias del monopolio como motores del cambio (Schumpeter 1939, en Freeman 1994)[16].

Contemporáneamente Hayek (1945)[17], afirmaba que la ventaja competitiva de las organizaciones, dependía de cómo utilizaba el conocimiento disponible que a menudo se percibe fragmentado. Es la organización que mejor incorpora y procesa la información disponible la que logra un liderazgo en el mercado, entendido mejor como la técnica más eficiente.

16   C. Freeman, The economics of technical change. En Cambridge Journal of Economics, Critical Survey articles n° 18, p. 463-514, 1994.

17   F. Hayek, The Use of Knowledge in Society. American Economic Review Vol. XXXV, No. 4, septiembre 1945, [en línea]. Disponible en: http://web.cenet.org.cn/upfile/43295.pdf

24

Según el propio Hayek (1945)[18] afirma:

"...el problema económico de la sociedad es, pues, no sólo un problema de la forma de asignar los recursos dados. Es más bien un problema de cómo asegurar el mejor uso de los recursos conocidos por cualquiera de los miembros de la sociedad, pero cuyos fines e importancia relativa sólo conocen esos individuos. O, dicho brevemente, se trata de un problema de la utilización de los conocimientos que no se le concede a cualquier persona en su totalidad".

Robert Solow (1956)[19] fue quien por primera vez introduce en forma sistematizada y formalizada el progreso técnico en el crecimiento económico.

Su modelo proporcionaba un marco dinámico sencillo para el análisis del crecimiento; un marco, por lo demás, muy útil para organizar la información empírica y obtener, de forma indirecta, a través del residuo de Solow, una estimación de la importancia relativa del progreso técnico en el proceso de crecimiento.

El autor plantea que la economía puede crecer a largo plazo si la tecnología crece. El progreso tecnológico en su tesis es exógeno, es decir, el mismo no surge de la inversión en investigación y desarrollo por parte de las empresas o del esfuerzo del investigador. Sin embargo, el modelo de Solow, implica a su vez, que el supuesto neoclásico de rendimientos decrecientes de los factores acumulables tenga como consecuencia desalentadora, el hecho de que el crecimiento a largo plazo debido a la acumulación de capital, fuera insostenible.

Para los neoclásicos ortodoxos como Solow, el progreso técnico, sólo podía corresponderse como un fenómeno neutral y exógeno. En una economía guiada por la mano invisible, la competencia perfecta, y la información

18   Idem.

19   R. Solow, A Contribution to the Theory of Economic Growth, Quarterly Journal of Economics, Vol. 70, n°. 1, pp. 65-94, 1956.

transparente, las innovaciones debían actuar como invariables impulsoras del crecimiento. Aparecerían cuando son requeridas, y adoptarían la forma que reclama el equilibrio de los factores.

En estos primeros modelos se consideraba que la tecnología era exógena, es decir, se consideraba que el progreso técnico era una de las variables fundamentales para determinar el crecimiento, no se especificaban ni su origen, ni su dependencia de las decisiones y de la interacción entre diversos agentes.

La acumulación de conocimiento proviene del funcionamiento convencional de la actividad económica más que el resultado de una deliberada acción innovadora. Este tipo de acumulación de conocimiento es conocido en la literatura económica como learning by doing (aprender haciendo). Landau (1991)[20] defiende la necesidad de estudiar el crecimiento de las economías desarrolladas como el resultado de la conjunción de tres tipos de capital: capital físico, capital humano -que se refiere a la calidad de los trabajadores- y capital intangible -en el que se incluyen los conocimientos tecnológicos de las empresas-. Estos tres tipos de capital son piezas de un solo proceso, entre las que existen múltiples relaciones.

En estos nuevos modelos, la tecnología era una variable endógena, de manera que dejaba de representar maná caído del cielo para convertirse en el resultado de las decisiones de las empresas que, utilizando los conocimientos científicos disponibles, invierten en actividades para conseguir desarrollar innovaciones comercializables en el mercado (Romer, 1990). El progreso técnico endógeno como fuente de tasas de crecimiento positivas a largo plazo, eliminando para ello el supuesto de rendimientos decrecientes de escala a través de la consideración de las externalidades o introduciendo capital humano.

---

20   R. Landau, How competitiveness can be achieved: fostering economic growth and productivity. En Technology and economics, National Academy Press, Washington, D.C, 1991. Versión traducida al español por COTEC, [en línea]. Disponible en: http://www.imedea.uib.es/public/cursoid/html/textos/Bibliograf%EDa%20curso/Innovacion%20Landau-FreemanCOTEC.pdf

Young (1995)[21] incorpora, dos importantes supuestos resultantes de su análisis del progreso técnico: i) la noción que las mejoras de aprendizaje de una industria o sector pueden beneficiar a otras industrias o sectores, y así producirse externalidades que mejoran las productividades sistémicas; ii) la presencia de rendimiento marginales decrecientes en el proceso de learning by doing, que exigen que sea continuo a través de la introducción de nuevos productos y procesos a fin que no se agote dentro de la industria (Gaviria Ríos y Sierra Sierra 2005)[22].

La empresa innovadora al enfrentarse a la resolución de los problemas diarios y de subsistencia y crecimiento, desarrolla mecanismos de aprendizaje. Desde el punto de vista tecnológico, y enlazando con lo expuesto anteriormente, incrementan su nivel de conocimiento, es decir, su inventario tecnológico. Este conocimiento debe considerarse como una herramienta de mejora y acción. Por otra parte, este inventario no reside sino en la colectividad de la empresa en forma de experiencia y conocimiento (Albors Garrigós, 1999).

El conocimiento se considera como el stock inicial de conocimiento representa un nuevo factor de la producción el cual crecería a partir del aumento de la productividad del capital humano, o bien por un aumento exógeno del stock en presencia de externalidades que hacen posible el crecimiento de la economía en su conjunto.

En ese sentido, Romer (1993)[23] considera que la acumulación de capital contribuye a generar nuevos conocimientos en el proceso productivo. En un enfoque costo-beneficio, la innovación tendrá lugar en la medida que el innovador pueda apropiarse de parte o la totalidad de los beneficios derivados

---

21   A.Young, The Tyranny of Numbers: Confronting the Statistical Realities of East Asian Growth Experience, Quarterly Journal of Economics, Vol. 110, pp. 641-680, 1995.

22   M.A. Gaviria Ríos y H.A. Sierra Sierra, Lecturas sobre Crecimiento Económico Regional. 2005, Edición a texto completo en www.eumed.net/libros/2005/mgr/

23   P. Romer, New goods, old theory, and the welfare costs of trade restrictions. National Bureau of Economic Research. Working Paper N° 4452. Cambridge, septiembre 1993, [en línea]. Disponible en: http://www.nber.org/papers/W4452.pdf

del cambio tecnológico. Por otra parte, consideran al entorno de competencia imperfecta, el ambiente ideal para que la inversión de las empresas, genere progreso técnico en forma endógena a través de las recompensas que otorga para los agentes innovadores las cuotas de mercado.

Estos modelos también explican la motivación para comerciar y especializarse en nuevos productos de los países. Los países se especializan y comercian no sólo debido a las diferencias subyacentes en los gustos y en las dotaciones de recursos, sino también como consecuencia de los rendimientos crecientes que conducen a la concentración geográfica de la producción de cada bien (Dosi, 1991)[24]. La consecuencia más relevante de estos enfoques teóricos, reside en las implicaciones que de ellos se desprenden como recomendaciones útiles para la política económica, fundamentalmente en los ámbitos de la inversión en infraestructuras, educación, salud y actividades de investigación. A pesar de ello, han recibido por otra parte, fuertes críticas basadas en las contribuciones poco realistas que de ellas emanan.

Las ampliaciones o nuevos desarrollos teóricos a partir de objetar los supuestos utilizados por la teoría neoclásica, encontraron sustentos en diferentes autores principalmente a partir de la década del cincuenta. Simon (1955)[25], fue uno de los primeros en rechazar la racionalidad en torno al hombre económico, y elaboró una teoría de racionalidad limitada. A partir de esta teoría, el hombre deja de reconocer perfectamente ex ante las posibles elecciones y sus consecuencias, para intervenir en un proceso de decisión con base en las capacidades limitadas y criterios de satisfacción.

---

24   G. Dosi, Una Reconsideración de las Condiciones y los Modelos del Desarrollo. Una Perspectiva Evolucionista de la Innovación, el Comercio y el Crecimiento. En Seminario Internacional Dinámica de los Mercados Internacionales y Políticas Comerciales para el Desarrollo, ICI, CEPAL y UNCTAD, España, 8 al 12 de julio de 1991, [en línea].   Disponible en: http://www.cervantesvirtual.com/servlet/SirveObras/public/79127254981790163532279/207875_0047.pdf

25   H.A. Simon, A behavioral model of rational choice.   Quarterly Journal of Economics. Vol. 69, pág. 99-118, 1955.

28

Williamson (1985)[26], en su libro Las instituciones económicas del capitalismo, se refirió a la empresa como una estructura de gobernación en lugar de considerarla una función de producción como se lo hacía anteriormente. Al respecto afirma:

"...El estado primitivo de nuestro conocimiento se explica por lo menos igualmente por una renuencia a admitir que los detalles de la organización son importantes. La concepción generalizada de la corporación moderna como una "caja negra" es el epítome de la tradición de investigación no institucional."

Williamson (1985)[27] afirma su teoría en base a dos enfoques: i) los costos de transacción (básicamente problemas de contratación, por cuanto las instituciones económicas pasan a tener como propósito economizar estos costos), y el ii) hombre contractual presente en las organizaciones (aquel que se desenvuelve con racionalidad y capacidad cognitiva limitada y movilizado por el oportunismo en la consideración del logro de la eficiencia y el interés propio). La conjunción de estos dos elementos lo lleva a definir a las instituciones como contratos que alteran el comportamiento económico de los individuos.

Nooteboom (2006)[28], ampliando el enfoque de Williamson (1985), parte de la construcción social del conocimiento en base a dos elementos subyacentes: i) la naturaleza cognitiva de los agentes económicos y ii) las forma cómo las relaciones sociales y las instituciones afectan su comportamiento. En este contexto, los individuos actúan con base en sus propias experiencias, interpretaciones, sentimientos y valores y los esquemas del conocimiento, si bien son el resultado de experiencias individuales también son el producto de la

26   O.E. Williamson, Las instituciones económicas del capitalismo, 1985. Fondo de Cultura Económica, Traducción, México, 1989.

27   Ídem.

28   B. Nooteboom, Learning and innovation in inter-organizational relationships and networks, 2006, [en línea]. Disponible en: http://www.bartnooteboom.nl/site/img/klanten/250/Learning_and_innovation_in_inter-organizational_relationships_and_networks.pdf

interacción social y las instituciones. De esta manera, el hombre no solo crea las instituciones sino que además se ve influido por ellas. Ello se encuentra en estrecha relación con las ideas prevalecientes sobre sistemas de innovación, donde la innovación se deriva principalmente de la interacción entre las empresas (Lundvall 1988, citado por Nooteboom 2006).

En síntesis los aportes de Williamson y Nooteboom, consideran a la empresa como un espacio en el que se alinean diferentes motivaciones; se reproducen prácticas y se coordinan recursos para generar productos. La innovación es el resultado de la modificación de esquemas cognitivos, del aprendizaje y de las capacidades de adaptabilidad y previsibilidad que tienen los agentes económicos, en su interacción con el mercado, a fin de ofrecer distintas soluciones y satisfacer necesidades concretas. Por lo tanto, una posible explicación del fracaso de muchos países para alcanzar las fronteras tecnológicas podría ser que los mercados no funcionan adecuadamente, los agentes no reciben los incentivos adecuados, o bien el gobierno interfiere demasiado en la economía, cambiando considerablemente las reglas de juego.

North (1981)[29], al respecto afirma que integrar el análisis institucional a la teoría neoclásica estática, implica modificar el cuerpo existente de la teoría. Junto con la tecnología empleada, las instituciones determinan los costos de transacción y transformación, y en definitiva la participación de las firmas en el mercado. Estas instituciones no pueden visualizarse, son construcciones de la mente humana que surgen principalmente del procesamiento de la información de los actores como resultado de la presencia de costos de transacción. A la vez las instituciones tienen una fuerte dependencia con el pasado a través de la historia. Si bien North (1981)[30] llamó instituciones a estas normas, en el lenguaje común, así como en algunos trabajos académicos, el concepto de instituciones es también utilizado en un sentido más amplio, para incluir no sólo las reglas y normas, sino también organizaciones y otros tipos de actividades de colaboración.

---

29   D. North, Structure and Change in Economic History. New York, W.W. Norton, 1981.

30   Ídem.

North (2000)[31] vuelve a afirmar la importancia de la dependencia de la trayectoria en la evolución histórica de las instituciones, en cuanto se producen aprendizajes que son considerados la fuente esencial de la tecnología y de las normas, que los agentes económicos utilizan para resolver el problema de la escasez.

Los métodos y procesos de producción necesitan adaptarse al contexto empresarial en el que se desarrollan, concepción que se aparta de la teoría neoclásica en la cual no se reconocía restricciones al acceso, apropiación y difusión de tecnologías. Por ello, no toda innovación generada por una empresa tendrá el mismo impacto, dependerá de la recepción de la misma en el entorno.

Enfoques neoshumpeterianos de la innovación

Con el transcurrir del tiempo, la necesidad de buscar explicaciones a los fenómenos de cambio y progreso económico y al estudio de la organización empresarial ha conducido a que el análisis del conocimiento tecnológico obtenga mayor vigencia. A partir de ello, surgen nuevas corrientes teóricas bajo una perspectiva evolucionista, cuyo núcleo central está sustentado en la teoría de evolución de Darwin, pero que se la ha derivado hacia el comportamiento de las organizaciones, en cuanto a la capacidad de adaptación a su medio particular y a condiciones adversas. En el caso particular de la organización empresarial, la adaptación se expresa en la capacidad de cambio y competitividad en entornos turbulentos. Sus orígenes se sitúan en los primeros años de la década de los ochenta con los argumentos de Nelson y Winter (1982)[32], que presentan un modelo teórico de la capacidad explicativa del comportamiento innovador de las empresas, basado en conceptos evolutivos.

31   D. North, The Historical Evolution of Politics. En Revista Economía Institucional, vol.2, no.2, pp. 133-148 Jan./June, 2000, [en línea]. Disponible en: http://www.scielo.org.co/pdf/rei/v2n2/v2n2a7.pdf

32   R. Nelson, y S. Winter, An Evolutionary Theory of Economic Change. The Belknap Press of Harvard University Press, Cambridge, 1982.

Nelson y Winter (1982)[33] cuestionan el concepto neoclásico de racionalidad maximizadora y equilibrio, y proponen una idea de racionalidad ligada a la incertidumbre y a la toma de decisiones basadas en rutinas tecnológicas, caracterizadas como reglas y procedimientos de decisión. Estos autores definen las rutinas como estructuras previsibles de comportamiento que ofrecen un esquema de respuestas o comportamientos repetitivos que se estiman apropiados al contexto que se les plantea y que conformará parte de la memoria organizacional.

En la tradición neoclásica, la firma representa una caja negra que sólo maximiza beneficios. No se da lugar en consecuencia a las estructuras, reglas, habilidades y estrategias diferenciadas ni se referencia a su inclusión en contextos sociales, históricos, legales y políticos específicos. En este sentido, aparecen otras teorías (evolucionistas) que afirman no sólo que las firmas son distintas, sino que, además, esas diferencias son relevantes y merecen ser estudiadas (Nelson, 1991)[34].

Según Nelson, una teoría evolucionista se caracteriza por: i) el foco de atención se centra en una variable -o un grupo de ellas- que cambia con el tiempo y se pretende entender el proceso dinámico que está detrás del cambio observado; ii) la variable o sistema en cuestión sufre variaciones parcialmente azarosas y existen mecanismos de selección sistemática entre esas variaciones; esto implica que se excluyen tanto las teorías completamente deterministas como aquellas en donde toda la acción es azarosa.

La idea que une a estos enfoques es la concepción del desarrollo tecnológico como un proceso evolutivo, dinámico, acumulativo y sistémico. Al igual que Schumpeter, le asignan a la innovación tecnológica el principal papel dinamizador de la economía capitalista. Las investigaciones realizadas con este enfoque señalan a la empresa innovadora como el principal componente del sistema de innovación, a la vez que demandan un mayor conocimiento científico

---

33   Idem.

34   R. Nelson, Why do Firms Differ, and How Does it Matter?, Strategic Management Journal, Vol 12, 1991.

de este tipo de organización empresarial. Las teorías evolucionistas brindan un punto de vista diferente a las predominantes en las décadas anteriores, las cuales planteaban la dicotomía entre la innovación y su difusión.

La visión neoschumpeteriana plantea que durante el proceso de difusión sigue teniendo lugar el progreso técnico inicialmente disparado por una innovación mayor. La tecnología se desarrolla y a la vez se difunde, y lo hace en un contexto determinado, con ciertas características políticas, económicas, históricas e institucionales, con el cual se va dando un proceso de retroalimentación continua. Dosi y Orsenigo (1988), ponen en discusión los fundamentos de la teoría neoclásica, principalmente en lo que respecta a los microfundamentos y la presencia de un agente representativo único, maximizador, hiperracional e hipercompetente.

De acuerdo a estos autores, la evidencia empírica indica que: i) los agentes son heterogéneos y se caracterizan por diversas competencias, creencias y expectativas, así como por diferentes grados de acceso y capacidad de procesamiento de los flujos de información; ii) la incertidumbre que enfrentan los agentes que operan en una economía capitalista no puede ser representada en términos de una distribución probabilística, ya que es no asegurable y no mensurable (en el sentido de Knight). Los mercados no pueden entregar información o descontar la posibilidad de futuros estados del mundo cuya ocurrencia es el resultado no intencional -y parcialmente endógeno- de decisiones tomadas por agentes heterogéneos; iii) es implausible que los agentes empleen procedimientos de maximización, probablemente ineficientes en contextos caracterizados por la complejidad y la incertidumbre (López 1996)[35].

---

35   A. López, Competitividad, innovación y desarrollo sustentable. Centro de Investigaciones para la Transformación - CENIT. Documento de Trabajo n° 22, 1996, [en línea]. Disponible en: www.fund-cenit.org.ar/Descargas/DT22.pdf

Katz (1998)[36] y Archibugi y Pietrobelli (2002)[37]; argumentaban que considerar la tecnología como un factor de producción dado, perfectamente comprendido y completamente especificado, disponible libremente para todos, lleva a los economistas a adoptar un enfoque algo ingenuo al respecto. Si la tecnología se estudia como cualquier otra mercancía bajo condiciones de mercado de competencia perfecta, entonces no habría problemas de transferencia tecnológica, ya que presupondría se realizaría en carácter instantáneo y sencillo en la medida que se acceda a su uso. La eficiencia derivada de su uso sería sólo una cuestión de asegurar las condiciones para la asignación eficiente de recursos en el contexto de alternativas tecnológicas heredadas exógenamente. En síntesis, la tecnología no es accesible instantáneamente y no se presenta sin costos para cualquier empresa. Cada firma no sólo tiene que seleccionar la opción preferida de una plataforma tecnológica internacional de libre disposición, ya que puede haber obstáculos y dificultades en la obtención de la tecnología deseada, consistentes con el desconocimiento de todas las alternativas tecnológicas posibles y las implicaciones de uso, habilidades e información que necesitan.

Lundvall (1992)[38], al respecto afirma que el marco evolutivo es muy útil cuando se incorporan los conceptos de la variedad, la selección y reproducción de conocimiento en el marco de continua innovación y aprendizaje, pero lo es menos efectivo cuando no considera correctamente la acción humana y la creatividad para la integración de los diseño de instituciones y estructuras en los modelos. Personas que se unen a fin de cambiar las reglas de juego y normas siendo debatidas constantemente, constituyen los pilares sobre que

---

36   Jorge Katz, (1998). Aprendizaje tecnológico ayer y hoy. Revista de la CEPAL. Santiago de Chile. N° Extraordinario, pp. 63-76, 1998.

37   D. Archibugi y C. Pietrobelli, The globalization of technology and its implications for developing countries Windows of opportunity or further burden? North-Holland Technological Forecasting & Social Change 70, 2003, p. 861-883, [en línea] Disponible en:http://in3.dem.ist.utl.pt/master/stpolicy04/files04/2_paper9_1.pdf

38   B. Lundvall, Sistemas nacionales de innovación. Hacia una teoría de la innovación y el aprendizaje por interacción. Comisión de Investigaciones Científicas de la Provincia de Buenos Aires, 1992. Traducción al español, mayo 2009.

34

los autores de los Sistemas Nacionales de Innovación (SNI) empiezan estos supuestos dinamizadores al modelo.

La perspectiva evolutiva hace hincapié en la importancia, ya no del conocimiento de sí mismo, sino en la posibilidad, que a través de él, se genere un medio ambiente adecuado que favorezca numerosas innovaciones que puedan desencadenar en la creación de nuevos negocios. Este medio ambiente adecuado, de alguna manera se produce entre las organizaciones.

En consecuencia, diferentes combinaciones productivas actuales implican diferentes oportunidades y capacidades tecnológicas en el futuro. Dentro de cada tecnología y de cada sector las capacidades tecnológicas de las empresas y los países se encuentran generalmente vinculadas a los actuales procesos productivos en las mismas o parecidas actividades y en otras estrechamente relacionadas (Dosi, 1991)[39].

El evolucionismo se concentra, entonces, en las propiedades de los sistemas donde la dinámica surge endógenamente por la emergencia persistente de innovaciones y en los cuales predominan las interacciones positivas:

"Para la ortodoxia, el marco institucional en el que se desenvuelven los procesos económicos es ignorado, o bien tratado paramétricamente en la mayor parte de los casos. Si se le presta atención, en general es para señalar que determinados arreglos institucionales introducen "distorsiones" que impiden alcanzar el óptimo asignativo de corto plazo y, a la larga, traban el desarrollo económico. Por el contrario, los modelos evolucionistas siempre destacan el enraizamiento (embeddedness) institucional

---

39   G. Dosi, (1991). Una Reconsideración de las Condiciones y los Modelos del Desarrollo. Una Perspectiva Evolucionista de la Innovación, el Comercio y el Crecimiento. En Seminario Internacional Dinámica de los Mercados Internacionales y Políticas Comerciales para el Desarrollo, ICI, CEPAL y UNCTAD, España, 8 al 12 de julio de 1991. [en línea]. Disponible en: http://www.cervantesvirtual.com/servlet/SirveObras/public/791272549817901635322779/207875_0047.pdf

de los procesos de aprendizaje y selección y señalan el rol clave que juegan los distintos contextos institucionales en relación con las divergencias nacionales en los patrones de crecimiento y desarrollo." (López 1996)[40].

Un modelo evolucionista de este tipo representa los cambios en la competitividad de una empresa o región como resultado de su capacidad de innovación y/o imitación, de la explotación de economías de escala y de curvas de aprendizaje, de los cambios en los costos de sus factores y en sus combinaciones productivas, etc. La competencia iniciada por diferencias en los niveles de competitividad, da lugar a variaciones en las cuotas relativas de mercados, y a la vez, a una dinámica agregada en la productividad de los factores, las rentas, etc. (Dosi, 1991)[41].

La generación y difusión de conocimiento y la relevancia de las rutinas tecnológicas

En los últimos años, los diferentes aportes teóricos sobre el conocimiento, se ha concentrado en describir los procesos de creación de competencias, las diferencias entre conocimiento tácito y codificado, en el estudio de los mecanismos de aprendizaje, en la generación de ventajas competitivas tanto en la firma como en el contexto y sistemas en que se desarrolla (Erbes et al, 2006)[42].

40   A. López, Competitividad, innovación y desarrollo sustentable. Centro de Investigaciones para la Transformación - CENIT. Documento de Trabajo n° 22, 1996, [en línea]. Disponible en: www.fund-cenit.org.ar/Descargas/DT22.pdf

41   G. Dosi, (1991). Una Reconsideración de las Condiciones y los Modelos del Desarrollo. Una Perspectiva Evolucionista de la Innovación, el Comercio y el Crecimiento. En Seminario Internacional Dinámica de los Mercados Internacionales y Políticas Comerciales para el Desarrollo, ICI, CEPAL y UNCTAD, España, 8 al 12 de julio de 1991. [en línea]. Disponible en: http://www.cervantesvirtual.com/servlet/SirveObras/public/79127254981790163532279/207875_0047.pdf

42   A. Erbes, V. Robert, G. Yoguel, J. Borello y V. Lebedinsky, Regímenes tecnológico, de conocimiento y competencia en diferentes formas organizacionales: la dinámica entre difusión y apropiación. En Desarrollo Económico - Revista de Ciencias Sociales, Buenos Aires vol. 46 N° 181, pp. 33-61, junio 2006.

Nonaka y Takeuchi (1995)[43], realizaron una síntesis de los autores que varios años antes habían realizado aportes epistemológicos del conocimiento. Así consideran a Polanyi el cual diferencia al conocimiento tácito (personal y de contexto específico, difícil de formalizar y comunicar) y el conocimiento explícito o codificado (aquel que puede transmitirse utilizando el lenguaje formal y sistemático).

Adicionalmente, destacan a los modelos mentales tácitos de Johnson-Laird, los cuales ayudan a los individuos a percibir y a definir su mundo y su enunciación a través de proceso de movilización, el cual es un factor clave para la creación de nuevo conocimiento. En los procesos de aprendizaje interactivo predomina, no tanto la racionalidad instrumental sino la racionalidad comunicativa (referida a situaciones donde las partes interactúan a partir de una comprensión común del mundo, en lugar de perseguir sus propios intereses individuales). Esto implica que el aprendizaje -y por ende el cambio económico- son fenómenos enraizados socialmente (socially embedded), que no pueden entenderse fuera del contexto cultural e institucional en que se desarrollan.

El proceso de adquisición de conocimientos tanto en los aspectos científicos, técnicos y de organización, para utilizar eficientemente las tecnologías disponibles; es riesgoso e impredecible. Este proceso implica esfuerzos de aprendizaje en el proceso de producción que se definen como el aprender haciendo (learning by doing), en la comercialización y contacto con los clientes, llamado aprender utilizando (learning by using), y en el trayecto de búsqueda de nuevas soluciones técnicas a necesidades relevadas, denominado aprender buscando (learning by searching). Asimismo, las principales actividades desarrolladas durante estas etapas del proceso, implican interacciones con proveedores nacionales y extranjeros, los institutos tecnológicos, las universidades, clientes y proveedores que se vinculan al

43   S. Nonaka y N. Takeuchi, La organización creadora de conocimiento: cómo las compañías japonesas crean la dinámica de la innovación. Oxford University Press, 1995. Traducido al español e impreso en México, marzo de 1999.

aprender interactuando (learning by interacting). Constituye por lo tanto, un proceso de aprendizaje colectivo que si bien presenta sus raíces en lo local, interactúa con lo global (Chudnovsky, 1999)[44].

El énfasis en la naturaleza, generación, asimilación y difusión de la innovación, lleva a concebir el fenómeno desde una mirada localizada o nacional en contraposición a los enfoques basados en el tecno-globalismo[45]. Esta comprensión de la innovación como un fenómeno localizado, bajo un contexto social específico y determinado proceso implica, por ejemplo, que la adquisición de tecnología en el extranjero no es un sustituto de los esfuerzos locales. Por el contrario, se necesita una gran cantidad de conocimientos para poder interpretar información, seleccionar y comprar (o copiar), transformar y asimilar la tecnología.

Estos conceptos ayudan a evitar un énfasis excesivo en el proceso de innovación, y pondera el fomento de la formulación de políticas en una perspectiva más amplia sobre la oportunidades para el aprendizaje y la innovación en las empresas y de las denominadas industrias tradicionales (Cassiolato y Lastres, 2008)[46].

El rendimiento de innovación dependerá, en consecuencia, de la capacidad de innovación, a partir de la confluencia de factores sociales, políticos,

---

44   D. Chudnovsky, Science and technology policy and the National Innovation System in 0. CEPAL - Review N° 67, abril 1999. Versión electrónica publicada en CEPAL: 30 años de labor. Publicaciones en texto completo 1974-2004.

45   El término tecno-globalismo fue utilizado por ejemplo por Archibugi y Pietrobelli (2002) y Nelson Cevallos (2006), quien lo diferencian del tecno-nacionalismo. Mientras que el primero se trata de orientar los esfuerzos hacia la incorporación o adhesión a los mercados internacionales (internacionalización), en el segundo se orientan los esfuerzos hacia la creación, difusión y apropiación de tecnología para el desarrollo de la Nación.

46   J. Cassiolato y H. Lastres, Discussing innovation and development: Converging points between the Latin American school and the Innovation Systems perspective? The Global Network for Economics of Learning, Innovation, and Competence Building System Working Paper N° 2008-02. México, 2008. [en línea]. Disponible en: http://dcsh.xoc.uam. mx/eii/workingpapers.html

38

institucionales y culturales y los factores específicos del entorno en el que operan los agentes económicos (Cassiolato y Lastres, 2008)[47].

En menos desarrollados, el rendimiento tecnológico se correlaciona con la capacidad tecnológica de utilizar con más eficiencia más que la creación de tecnología per se. El supuesto es que muchos países en desarrollo no son los autores de las innovaciones radicales o revolucionarias. Son usuarios de la innovación creados en otros lugares.

Por lo tanto, cobra especial sentido cómo los actores e instituciones políticas poseen incentivos a absorber, adaptar y mejorar la adquisición o transferencia de tecnología y know-how de otros lugares. Una vez que la tecnología es importada, su uso eficaz requiere un proceso de desarrollo de nuevas habilidades y conocimientos para dominar sus elementos tácitos.

Freeman (1994)[48] aborda la difusión de las innovaciones, citando diversos estudios que muestran que generalmente durante el proceso de difusión se producen nuevas innovaciones que transforman y mejoran la inicial, aunque de nuevo, el grado de transformación de los productos, así como la velocidad a la que se produce la difusión, varían considerablemente entre industrias. Luego el autor destaca la importancia de lo que él denomina cambio institucional, que se refiere al impacto de las modificaciones en la estructura de las empresas y la difusión en diferentes industrias o países, hay que tener en cuenta que éstas dependen fuertemente de la preparación de los trabajadores, además de las innovaciones en la gestión y en la organización de áreas tan diversas como las relaciones laborales, los incentivos, la estructura jerárquica de la empresa, los sistemas de comunicación -tanto internos como externos-, etc.

---

47   Idem.

48   C. Freeman, The economics of technical change. En Cambridge Journal of Economics 1994, Critical Survey articles n° 18, p. 463-514.

Freeman (1994)[49] cita por ejemplo, la introducción de algunas tecnologías genéricas, como las tecnologías de la información y las comunicaciones o la biotecnología está asociada a un complejo proceso de cambio en las instituciones y en las infraestructuras, que los economistas han tratado de explicar en los últimos años. Otra razón para la preocupación por los cambios institucionales es la necesidad de explicar cómo pueden surgir procesos de cambio tecnológico relativamente ordenados a partir de la diversidad y la incertidumbre asociada al proceso de innovación.

En este sentido, Nelson y Winter (1982)[50] introdujeron el concepto de las trayectorias naturales, que permitían a los ingenieros y a los gestores visualizar los futuros campos de desarrollo y crecimiento. Esta visión ha generado diversas críticas. Sin embargo, es indudable que las trayectorias juegan un papel importante en la evolución de la tecnología.

No solamente divergen las empresas, en su modo de implementar nuevas tecnologías y sistemas de gestión, sino que existen muchas instituciones cuyo papel en el proceso innovador es fundamental, puesto que las empresas dependen de muchos vínculos externos para adquirir los conocimientos técnicos, científicos y organizativos necesarios.

Por otra parte, Nelson y Sampat (2001)[51], afirman que las instituciones son representadas por un conjunto de habilidades y rutinas que guían las acciones económicas. En las rutinas es en donde reside el conocimiento y las capacidades de las empresas y su difusión dependerá del proceso de institucionalización que se da dentro de la empresa.

49   Idem.

50   R. Nelson, y S. Winter, An Evolutionary Theory of Economic Change. The Belknap Press of Harvard University Press, Cambridge, 1982.

51   R. Nelson and B. Sampat, Making Sense of Institutions as a Factor Shaping Economic Performance (Spanish Version). Revista de Economía Institucional, Vol. 3, No. 5, Segundo Semestre 2001, [en línea]. Disponible en: http://ssrn.com/abstract=923637

Desde esta perspectiva, la innovación representa cambios en las rutinas, esto supone una transformación importante de orden cultural, puesto que las rutinas arraigadas en la práctica diaria de cada actor, determinan en muchos casos una alta resistencia al cambio. De acuerdo, a Johnson (1992) en Lundvall (1992)[52], los hábitos revisten importancia para el análisis económico porque se vinculan con un conjunto de rutinas presentes en la economía:

"Cuando los hábitos y rutinas se vuelven generales, comunes a los grupos de personas, dan origen a diferentes clases de regularidades sociales en el comportamiento, como normas, costumbres, tradiciones, reglas y leyes. Tales regularidades pueden ser formales y explícitas, como el derecho consuetudinario y las costumbres y normas sociales y morales de la vida cotidiana. Las institucionales son conjunto de hábitos, rutinas, reglas, normas y leyes, que regulan las relaciones entre las personas y determinan las interacciones humanas. Puesto que reducen la incertidumbre y, por ende, el volumen de información necesaria para la acción individual y colectiva, las instituciones son componentes fundamentales de toda sociedad."

A través de estos enfoques, resulta relevante distinguir entre (i) la diversidad de los procesos de generación y (ii) mecanismos de selección, y mecanismos de reproducción del conocimiento. La diversidad en torno a los procesos de generación de conocimientos, implica reconocer que el proceso de innovación no es único sino diverso, al admitir una amplia variedad de mecanismos para ser desarrollado. Tratándose de un proceso dinámico, existen frecuentes variaciones en el tiempo, a medida que la entidad va desarrollando su actividad innovadora. Al plantear la selección y reproducción, apuntan al proceso de difusión, transferencia y evolución tecnológica, a la variación en el número y tamaño de las empresas y al cambio en la estructura de la oferta de una determinada industria a lo largo del tiempo.

La combinación de estos dos elementos, determinará a su vez la acumulación y evolución social de las rutinas que a su vez se extienden en beneficios en nuevas industrias. A menudo estas rutinas tienen que ver con la comunicación,

---

52   B. Lundvall, Sistemas nacionales de innovación. Hacia una teoría de la innovación y el aprendizaje por interacción. Comisión de Investigaciones Científicas de la Provincia de Buenos Aires, 1992. Traducción al español, mayo 2009.

la interpretación, o la coordinación de habilidades y actividades que se presentan en forma tácita en el sistema productivo, en clara contraposición a lo que Romer (1986) indicaba en el sentido que todo conocimiento podía ser codificado explícitamente (Nelson y Winter 1982,[53] Juniper y Metcalfe, 2000[54] y Pavitt, 2002[55]).

Nelson y Sampat (2001)[56], vuelven a resaltar el concepto que las rutinas no eliminan la decisión, sino que la canalizan de manera claramente definida. El flujo de acción procede en forma más o menos automática, a partir de decidir la rutina general a la que se recurre en primer lugar, y después se toman una serie de decisiones a medida que avanza la realización de la rutina.

Cuando las firmas emprenden actividades de búsqueda, es porque consideran que es factible obtener ganancias a partir de algún cambio en sus rutinas. Sin embargo a pesar que en muchas rutinas productivas, la operación particular es desarrollada por un individuo u organización competente que arrastra en sí elementos de su propia idiosincrasia, los procedimientos esenciales son muy similares a los que otros agentes competentes utilizarían en el mismo contexto. Esta característica general de las rutinas de uso general es particularmente importante para las tecnologías sociales:

"...una característica básica de casi todas las rutinas que son de uso general en la economía es que, por lo menos en sus lineamientos generales, son conocidas y utilizadas por los que tienen destreza en el arte. Y esto no es sólo producto de

53   R. Nelson, y S. Winter, An Evolutionary Theory of Economic Change. The Belknap Press of Harvard University Press, Cambridge, 1982.

54   J. Juniper and M. Metcalfe, Knowledge Sharing in the Industrial Milieu. COBAR Working Paper No. 2000-11, marzo 2000, [en línea]. Disponible en: http://ssrn.com/abstract=223150

55   K. Pavitt, Knowledge about knowledge since Nelson & Winter: a mixed record. Science and Technology Policy Resarch (SPRU). Working Paper N° 83, 2002. [en línea]. Disponible en: http://www.sussex.ac.uk/Units/spru/publications/imprint/sewps/sewp83/sewp83.pdf

56   R. Nelson and B. Sampat, Making Sense of Institutions as a Factor Shaping Economic Performance (Spanish Version). Revista de Economía Institucional, Vol. 3, No. 5, Segundo Semestre 2001, [en línea]. Disponible en: http://ssrn.com/abstract=923637

42

las circunstancias o resultado de las experiencias de aprendizaje individuales que conducen a las mismas acciones aprendidas. Los elementos estándar de las rutinas de uso general son así debido a que son culturalmente compartidos.

Por diversas razones, los agentes individuales y organizacionales deben dominar esos aspectos culturales compartidos para actuar efectivamente...

... las actividades que requieren interacciones efectivas entre diferentes participantes, el conocimiento mutuo y del uso de la combinación adecuada de rutinas estándar puede ser esencial para lograr la coordinación. Esta observación lleva naturalmente a examinar las tecnologías sociales" (Nelson y Sampat, 2001)[57]

A partir de la evidencia empírica, que empresas japonesas lograban una y otra innovación resultando en una mejora y actualización continua, Nonaka y Takeuchi (1995) le asignan vital importancia a la creación del conocimiento como el elemento dinamizador que subyace en las empresas innovadoras. El conocimiento que proviene del exterior es diseminado por toda la organización y acumulado como parte de la base de conocimiento de la firma.

Los encargados de desarrollar nueva tecnología y diseñar nuevos productos junto a todos los miembros de la organización, utilizan parte del acervo total de conocimiento disponible mediante un proceso de conversión[58] que incluye al exterior en interacción con el interior de la firma. La actividad dual, interna y externa, motiva la innovación constante, la que a su vez genera ventajas competitivas. A la vez, la creación del conocimiento se da dentro de las personas y en situación de relación entre ellas; es decir que obtenemos el conocimiento de los individuos, grupos o en las rutinas organizativas.

---

57   Idem.

58   Nonaka y Takeuchi (1995), definen al proceso de conversión de conocimiento como la interacción social entre individuos y organizaciones de conocimiento tácito y explícito, la cual crea y expande el conocimiento humano. Ambos conocimientos son complementarios y se produce la interacción el intercambio entre ellos en las actividades creativas de los seres humanos.

Los modelos propuestos por Nonaka y Takeuchi (1995)[59] persisten en la necesidad de desplazar los modelos de organizaciones burocráticos rígidos y suplantarlos por organizaciones más flexibles y planas, augurando que en este contexto se crea interacción activa entre trabajadores, manifestando que la interacción entre trabajadores de una misma división y entre trabajadores de distintas divisiones, llevará a la generación de ideas creativas. Lo que equivale a decir que es necesario crear las condiciones al interior de las organizaciones para que la creatividad salga a flote.

Las organizaciones que realizan una rutina particular difieren inevitablemente en la manera de dividir y coordinar el trabajo, tanto dentro de la organización en cuestión como en las fronteras entre organizaciones, y también en los detalles de la tecnología física[60] empleada. Estas diferencias pueden reflejar variaciones en las oportunidades y los contextos. Asimismo, el hecho de que algunas tecnologías sociales sean estandarizadas y se conviertan en una norma o institución, también restringe las rutinas efectivas dentro de las organizaciones. De este modo, el entorno limita las rutinas y modifica el uso de las tecnologías y estrategias que se siguen hacia el interior de la firma:

"...Así, la organización de la producción en serie de Ford fue el modelo que siguieron muchas compañías dedicadas a la producción de bienes ensamblados y que durante muchos años fue considerado como una norma. En el presente, está en boga el estilo de 'producción flexible' de Toyota. En ambos casos, los lineamientos generales del formato organizativo son ampliamente conocidos, aunque no siempre sea fácil ponerlos en práctica. En ambos casos se elaboró y aceptó una 'teoría general' acerca de la eficiencia de ese estilo organizativo. Es decir, esas formas fueron 'instituciones' o 'tecnologías sociales' disponibles." (Nelson y Sampat, 2001)[61]

---

59   S. Nonaka y N. Takeuchi, La organización creadora de conocimiento: cómo las compañías japonesas crean la dinámica de la innovación. Oxford University Press, 1995. Traducido al español e impreso en México, marzo de 1999.

60   Los autores realizan la diferenciación entre Tecnología física (insumos disponibles puestos al servicio de la producción), de aquella Tecnología Social, definida por las maneras de organizar el trabajo y las prácticas apropiadas predominantes en el medio y ampliamente aceptadas.

61   R. Nelson and B. Sampat, Making Sense of Institutions as a Factor Shaping

Pavitt (2002)[62], advierte sin embargo, que a pesar de la trascendencia que han logrado las rutinas tecnológicas para explicar las diferentes capacidades dinámica de las organizaciones, desestima otras rutinas o bien no se ha traducido categorías operativas más generales que puedan ser útiles a los profesionales y analistas para describir los procesos de innovación en las empresas. Al respecto, a partir de las contribuciones de Pavitt (2002)[63], se aborda a una cierta taxonomía de rutinas productivas que recibe las siguientes definiciones: i) Rutinas cognitivas, ii) Rutinas tecnológicas y iii) Rutinas organizacionales.

La mayor especialización del conocimiento realza la importancia de rutinas cognitivas en relación con las redes de conocimientos, coordinación del conocimiento y la integración de conocimientos, ya que las empresas integran progresivamente cada vez más una amplia gama de conocimientos útiles. La continua tendencia de las prácticas tecnológicas a liderar la carrera un estadio levemente superior a la teoría científica y técnicas experimentales, requieren de la persistencia de rutinas tecnológicas para hacer frente a la incertidumbre, y fomentar y aprovechar avances científicos fundamentales, y la formación de las disciplinas de la ingeniería y las técnicas de simulación en la reducción de los costos de la experimentación. Por último, las prácticas específicas de organización se están incorporando cada vez más a las características específicas de la evolución de las tecnologías, productos y mercados. Estas prácticas incluyen rutinas organizativas para la asignación de recursos, seguimiento y control, la habilidad y la formación de redes, organización y división.

Economic Performance (Spanish Version). Revista de Economía Institucional, Vol. 3, No. 5, Segundo Semestre 2001, [en línea]. Disponible en: http://ssrn.com/abstract=923637

62 K. Pavitt, Knowledge about knowledge since Nelson & Winter: a mixed record. Science and Technology Policy Resarch (SPRU). Working Paper N° 83, 2002. [en línea]. Disponible en: http://www.sussex.ac.uk/Units/spru/publications/imprint/sewps/sewp83/sewp83.pdf

63 Idem.

De acuerdo al relato de Nelson y Sampat (2001)[64], las rutinas productivas llevadas a cabo por las empresas, también marcan el ritmo de crecimiento de un país o región. En la medida que se incorpore la tecnología social disponible y se sigan utilizando las viejas rutinas, sólo hay un espacio limitado para aumentar la productividad por trabajador. Un incremento significativo de la productividad exige introducir nuevas rutinas, que por lo general involucran nuevas tecnologías físicas, y que a su vez, requieren nuevas tecnologías sociales para que sean empleadas productivamente.

David y Foray (2001)[65] dedican un apartado especial a la diferencia entre información y conocimiento especialmente en lo que respecto a los procesos de difusión y creación. El conocimiento depende estrictamente de la capacidad cognitiva en tanto que la información, toma la forma de estructura y formato de datos que se mantienen pasivos e inertes, hasta su uso por las personas con los conocimientos necesarios para interpretar y procesarlos. Esta distinción se pone de manifiesto, cuando se observa en las condiciones que regulan la difusión de los conocimientos y la información. El costo de la difusión o reproducción de la información puede resultar ínfimo en términos relativos al costo que tiene reproducir el conocimiento, ya que conlleva una serie de capacidades cognitivas que deben explicitarse y transferirse a otros. Asimismo, los medios de reproducción de conocimiento poseen más chances de dejar de funcionar cuando se rompen los vínculos sociales que actuaban en la estabilización, la preservación y la transmisión de conocimientos.

Advierten también que en la codificación se puede producir una pérdida de saberes, por lo que este proceso no puede ser considerado siempre como un progreso. Adicionalmente, se advierte que se requiere a la vez conocimiento tácito para codificar/decodificar el conocimiento y en el proceso de

---

64   R. Nelson and B. Sampat, Making Sense of Institutions as a Factor Shaping Economic Performance (Spanish Version). Revista de Economía Institucional, Vol. 3, No. 5, Segundo Semestre 2001, [en línea]. Disponible en: http://ssrn.com/abstract=923637

65   P. A. David, D. Foray, An introduction to the economy of the knowledge society. MERIT-Infonomics Research Memorandum series, September 2.001. [en línea] Disponible en: http://www.merit.unu.edu/publications/rmpdf/2.001/rm2.001-041.pdf

codificación se generan residuos de conocimiento tácito relacionados con las capacidades de decodificación y construcción de lenguajes.

Nonaka y Takeuchi (1995)[66], proponen diferenciar y aportar una definición más amplia de conocimiento explícito (formal y sistemático, que puede ser fácilmente comunicado y compartido) y conocimiento tácito (modelos mentales, creencias, experiencias, perspectivas individuales; es muy personal y difícil de comunicarlo a los demás).

Como resultado de la interacción e intercambio de conocimiento tácito y explícito, individuo-individuo, individuo-organización, organización-organización, se producen cuatro procesos de conversión de conocimiento: socialización (de tácito a tácito caracterizado por teorías de procesos grupales, la cultura organizacional, y el sendero evolutivo de la firma y los individuos dentro de la firma), combinación (de explícito a explícito, se origina en el procesamiento y combinación de la información), exteriorización (de tácito a explícito, en el predominan las hipótesis, modelos, metáforas, métodos, etc.) e interiorización (de explícito a tácito, vinculado al aprendizaje organizacional a partir de experiencias que son internalizadas en la base de conocimiento tácito de los individuos a través de la socialización, la exteriorización y la combinación), posibilitando la creación de ventajas competitivas en las firmas a partir de innovaciones que se hacen presentes precisamente en la interacción entre conocimiento tácito y explícito).

Estos procesos de conversión de conocimiento, poseen a la vez las siguientes características: i) Tácito a Tácito (como aprende un aprendiz de su maestro, observando, imitando y practicando. Es una transferencia limitada, sin una percepción sistemática y formal), ii) Explícito a Explícito (como elaborar un informe basado en informaciones diferentes, combinando partes separadas de conocimiento explícito para establecer un nuevo conocimiento); iii) Tácito a Explícito (cuando un aprendiz expresa formalmente los fundamentos

66   S. Nonaka y N. Takeuchi, La organización creadora de conocimiento: cómo las compañías japonesas crean la dinámica de la innovación. Oxford University Press, 1995. Traducido al español e impreso en México, marzo de 1999.

de sus conocimientos tácitos, convirtiéndolos en explícitos y haciéndose compartibles); iv) Explícito a Tácito (un nuevo conocimiento explícito se extiende y es interiorizado por los empleados de la organización, ampliando, extendiendo y modificando su propio conocimiento). En una empresa generadora de conocimientos estas cuatro formas funcionan en interacción dinámica, a modo de una Espiral del Conocimiento (Nonaka y Takeuchi, 1995).

Figura 1. Espiral del Conocimiento

Tácito   Explícito

Socialización   **Exteriorización**

Compartir experiencias   Creación de metáforas   Tácito

Explícito

Aprender haciendo   Conocimiento sistemático

Interiorización   **Combinación**

Fuente: Nonaka y Takeuchi (1995).

La cooperación en la innovación y los Sistemas Nacionales de Innovación

El rol de la tecnología constituyó un importante aspecto del debate en torno del desarrollo que se llevó a cabo en la era de la post guerra. Schumpeter aportó dos ideas centrales al debate, una fue la de los efectos positivos que entraña la generación de nuevos productos y procesos; la otra, el carácter disruptivo del desarrollo. Estas dos nociones dieron forma a los aportes que siguieron, entre los que se incluyeron los análisis del deterioro en el largo plazo de los términos de intercambio para los productos primarios y de la distribución de beneficios entre países desarrollados y en desarrollo.

En América Latina, en diversos estudios posteriores, se sostuvo que el cambio tecnológico desempeñaba un rol fundamental en lo que respecta a explicar la evolución del capitalismo y a determinar el proceso histórico como resultado del cual se formaron jerarquías de de países y regiones. Se estableció una relación expresa entre desarrollo económico y cambio tecnológico, señalando que el crecimiento de una economía se basaba en la acumulación de conocimiento para él, del desarrollo debía comprenderse en el marco de una concepción sistémica, históricamente determinada.

Es posible encontrar una aportación, aunque sin referencias explícitas, que postuló que para que la Ciencia y Tecnología colaborara en los procesos de desarrollo, era necesario adoptar una visión sistémica, para lo cual propuso un dispositivo de enfoque constituido por un triángulo (conocido en toda América Latina como triángulo de Sábato), en cuyos vértices se sitúan gobierno, la producción y la academia. La complejidad de los procesos de innovación ha llevado a desarrollar desde finales de los años '80 las ideas y enfoques en torno a los llamados Sistemas Regionales de Innovación. En ellos intervienen numerosos actores en continua interacción. El estudio de esas relaciones, denominadas frecuentemente con el término interfaces, constituye, consecuentemente, un aspecto clave para el adecuado desarrollo de los procesos de innovación y aprendizaje.

En todas estas aportaciones está implícita la visión de que la innovación necesita un determinado contexto para que tenga lugar. Puede ser la estructura del sector, o la existencia o no de invenciones o innovaciones relacionadas, o la disponibilidad de determinados recursos científicos, técnicos, financieros y de recursos humanos con formación adecuada, o también el papel de las políticas públicas. El caso es que no parece suficiente la brillantez de los científicos que conciben oportunidades tecnológicas, ni la agudeza de los empresarios que encuentran oportunidades de mercado para que tenga lugar un dinamismo innovador.

Según la lógica del enfoque lineal, la política de ciencia y tecnología, que es inspirada en parte por la economía, implica suponer que los resultados del sector público en se derramaran a los usuarios como bienes públicos. En las empresas privadas por lo tanto, los esfuerzos innovadores que se generan en sus departamentos, se propagan internamente en la producción y luego a través de las acciones de marketing y comercialización, llegarán al mercado en forma de innovaciones de producto y proceso.

En este tipo de enfoques, los principales objetivos de la política científica y tecnológica para garantizar un continuo flujo de innovaciones, consisten en que el Estado brinde la adecuada financiación para la investigación científica y tecnológica llevadas a cabo en universidades y laboratorios públicos, asegure la protección de la propiedad intelectual, y los incentivos fiscales para gasto por el sector privado y favorezca la difusión de innovaciones en todo el sistema productivo por medio un sistema comunicativo eficaz (Chudnovsky, 1999)[67].

Sin embargo, la noción que la innovación vendrá dada por la realización de una serie de actividades en el marco de un proceso durante un espacio temporal, en continua interdependencia empresa-mercado o empresa-sociedad, obliga a su vez, a analizar al menos como las firmas decodifican las señales de los mercados, como internalizan y procesan la información

---

67   D. Chudnovsky, Science and technology policy and the National Innovation System in 0. CEPAL - Review N° 67, abril 1999. Versión electrónica publicada en CEPAL: 30 años de labor. Publicaciones en texto completo 1974-2004.

tecnológica disponible, así cómo se enfrentan a diferentes oportunidades que le presenta el medio.

Asimismo, el conocimiento no es perfectamente codificable, con lo cual su transferencia presenta a la vez imperfecciones. Tanto la generación de conocimiento y su utilización, requieren de esfuerzos considerables sustentados en la acumulación de capacidades tecnológicas e información científica, técnica y de organización, lo que da lugar a incrementos de la productividad y eficiencia y, en última instancia, la generación de un creciente flujo de innovaciones con respecto a los productos y los procesos de producción.

Los numerosos actores e instituciones participantes en el proceso de innovación y la importancia de su interacción con el fin de lograr una forma de innovación que rinda frutos en términos de beneficios privados y sociales, llevo a una serie de autores neoschumpeterianos a profundizar sus análisis en las relaciones entre las estructuras productiva e institucional para explicar la generación y difusión de innovaciones en una economía (Chudnovsky, 1999)[68].

Lundvall (1992)[69], reconoce al triángulo de Sábato, como el antecesor del concepto de la Triple Hélice, aunque para este autor era mucho más importante que la solidez de cada vértice, la solidez de los lados que se conectaban con los vértices. Si los lados del triángulo son débiles, los vértices se mueven hacia fuera del triángulo, lo cual lleva a la fuga de cerebros y a la transferencia ciega de tecnología. Estos avances teóricos surgen de considerar un Sistema Nacional de Innovación (SNI), a través de incorporar la Teoría General de Sistemas al análisis de la red de instituciones cuyas actividades e interacciones determinan el comportamiento innovador de las empresas de un territorio o de un sector productivo.

---

68   Idem.

69   B. Lundvall, Sistemas nacionales de innovación. Hacia una teoría de la innovación y el aprendizaje por interacción. Comisión de Investigaciones Científicas de la Provincia de Buenos Aires, 1992. Traducción al español, mayo 2009.

Este enfoque subraya la importancia que tienen las fuentes de información externas a la empresa: los clientes, proveedores, consultorías, laboratorios públicos, agencias gubernamentales, universidades, etc., de forma que la innovación se deriva de redes tecnológicas (technological networks). Por otro lado, la insistencia en los aspectos de interacción y también de aprendizaje que en los estudios teóricos y prácticos sobre el proceso innovador venía observándose desde comienzo de los años '80 era propicia para acudir a la noción de Sistemas, habituada a tratar las interacciones entre sus diferentes elementos.

Lundvall (1992)[70] en su libro National Systems of Innovation Forwards a Theory of Innovation and Interactive Learning, y Nelson (1993) con su libro National Innovation Systems a Comparative Analisys, fueron en definitiva quienes presentaron a los SNI, y los dotaron de todos elementos para comenzar a reconocerlos dentro de la teoría económica.

Desde que fueron formulados los fundamentos de los Sistemas Nacionales de Innovación, a finales de los ochentas, se ha incrementado su utilización en diferentes lugares del mundo para analizar los procesos de adquisición, utilización y difusión de innovaciones y proponer una guía de recomendaciones de políticas para los países.

Según Freeman (1987) un Sistema Nacional de Innovación (SNI) se define como:

"...las redes de instituciones en el sector privado y público cuyas actividades e interacciones inician, transmiten, modifican y difunden nuevas tecnologías". Consiste por lo tanto, en elementos que interactúan en la producción, difusión y uso de conocimiento nuevo y económicamente útil." (Freeman, 1987 citado por Lundvall, 1992).

---

70   B. Lundvall, Sistemas nacionales de innovación. Hacia una teoría de la innovación y el aprendizaje por interacción. Comisión de Investigaciones Científicas de la Provincia de Buenos Aires, 1992. Traducción al español, mayo 2009.

Lundvall (2007)[71] también destaca los aportes de List (1841), quien fuera pionero en considerar los Sistemas Nacionales de Innovación. Según este autor, tal como se enuncia al comienzo de este capítulo, la explicación a que Gran Bretaña con menor desarrollo productivo superara a Alemania luego, radicaba principalmente en la ejecución de una serie de políticas concentradas en la mayor industrialización, capacitación e incorporación de nuevas tecnologías en el primer país. Por ello, reclamaba una política tecnológica nacional que complementara a la industrial y educativa, con el objetivo de reducir la brecha que existía entre la Alemania subdesarrollada y su par desarrollado Gran Bretaña.

De acuerdo a Pavitt (2002)[72], los aportes de Lundvall (1992)[73] y Nelson (1993) son fundamentales ya que destacan la importancia de las instituciones, los incentivos y las competencias que influyen en la generación, difusión y aplicación de conocimientos en un país. Este concepto implícitamente reconoce la importancia del conocimiento tácito e incorporado y la difusión la cual se encuentra fuertemente influenciada por la distancia y el idioma. Asimismo, reconoce la importancia de especialización en la producción de conocimiento, donde el núcleo de los sistemas nacionales de innovación se encuentra compuesto por la combinación de instituciones especializadas que interactúan en la producción, la difusión y la aplicación de conocimientos especializados.

---

71   B. Lundvall, Innovation System Research. Where it came from and where it might go. The Global Network for Economics of Learning, Innovation, and Competence Building System Working Paper N° 2007-01. México, septiembre 2007, [en línea]. Disponible en: http://dcsh.xoc.uam.mx/eii/workingpapers.html

72   K. Pavitt, Knowledge about knowledge since Nelson & Winter: a mixed record. Science and Technology Policy Resarch (SPRU). Working Paper N° 83, 2002. [en línea]. Disponible en: http://www.sussex.ac.uk/Units/spru/publications/imprint/sewps/sewp83/sewp83.pdf

73   B. Lundvall, Sistemas nacionales de innovación. Hacia una teoría de la innovación y el aprendizaje por interacción. Comisión de Investigaciones Científicas de la Provincia de Buenos Aires, 1992. Traducción al español, mayo 2009.

El concepto de Sistemas Nacionales de Innovación implica reconocer que, no solamente existen diferencias en el modo en que las empresas implementan las nuevas tecnologías y en sus sistemas de gestión, sino que también difieren muchas otras instituciones. Dado que las empresas dependen de diversos vínculos externos para adquirir los conocimientos técnicos, científicos y de organización, así como para obtener la información y las capacidades necesarios, es obvio que el sistema nacional de educación y formación puede tener una considerable influencia sobre la innovación de las empresas, al igual que los diversos centros de investigación, las fuentes de información técnica, los servicios de consultoría y los laboratorios públicos.

La mayoría de los neoschumpeterianos, a partir de la recopilación que realiza Lundvall (1992)[74], destacan que un Sistema Nacional de Innovación es mucho más que una red de instituciones que sirven de soporte, ya que implica relaciones de colaboración entre las empresas y, especialmente, vínculos de todo tipo entre productores y usuarios, así como sistemas de incentivos y de apropiación, relaciones laborales y un amplio conjunto de instituciones y políticas públicas. De la misma manera, la heterogeneidad de las empresas y el oligopolio ha llevado a los neoschumpeterianos a descartar los supuestos de competencia perfecta y agentes representativos (Dosi, 1984, 1988), por lo que la heterogeneidad de los sistemas nacionales de innovación y la hegemonía de las grandes potencias les ha llevado a abandonar las nociones de convergencia internacional y a señalar el fenómeno de la divergencia en las tasas de crecimiento, forging ahead, catching up y falling behind (Abramowitz, 1986; Dosi y Freeman, 1992; Verspagen, 1992 en Lundvall, 1992[75]).

El trabajo de los neoschumpeterianos ha tenido una considerable influencia en la economía del desarrollo y la denominada nueva teoría del crecimiento, con la aceptación del papel fundamental de la inversión intangible sobre el desarrollo económico la investigación también resulta muy iluminadora en el

---

74   B. Lundvall, Sistemas nacionales de innovación. Hacia una teoría de la innovación y el aprendizaje por interacción. Comisión de Investigaciones Científicas de la Provincia de Buenos Aires, 1992. Traducción al español, mayo 2009.

75   Idem.

caso de los países que se retrasan. Por otra parte, varios autores incluyeron adicionalmente que el progreso técnico es el resultado de la interacción entre los diversos agentes que generan, aplican, adaptan y mejoran las nuevas tecnologías dentro de un SNI, de manera que el nivel de innovación de los países dependerá en gran medida del grado de cooperación que existe entre esos agentes.

En síntesis, los Sistemas Nacionales de Innovación (SNI) representan la aproximación más actual y más completa al conocimiento del proceso innovador. En los SNI convergen las visiones macroeconómicas sobre cambio técnico y desarrollo socioeconómico y las microeconómicas centradas en el estudio del proceso innovador. Los SNI permiten recoger la dimensión social del proceso innovador, facilitan la profundización en las relaciones entre Ciencia, Tecnología, Economía y Sociedad y constituyen un enfoque, igualmente apropiado, para reflejar el carácter interactivo y complejo de dicho proceso. Por último, bajo la visión de SNI pueden leerse temas como las relaciones universidad-empresa o las dinámicas económicas locales que hasta fechas recientes se encontraban fuera de la reflexión sobre la innovación tecnológica.

Teniendo en cuenta una acepción más amplia al tema sobre innovación (abarca el proceso por el que las empresas consiguen y llevan a la práctica diseños de productos y procesos de fabricación que resultan nuevos para ellas, si no para su país o para el mundo), la cual permite considerar no sólo la primera introducción (como definió Schumpeter) sino la repercusión económica de la difusión a través de copias, mejoras, etc. Por sistema nacional se entiende el conjunto de instituciones cuyas interacciones determinan la capacidad innovadora de las empresas de un país. A través de una valoración de ciertos indicadores comunes (intensidad y origen del esfuerzo, características de las empresas y de los principales sectores industriales, el papel de las universidades y las políticas públicas de apoyo a la innovación) y del análisis de otros aspectos relevantes específicos de cada país.

La aceptación de los modelos de innovación interactivos y de SNI ha puesto en primera línea algunos instrumentos de apoyo a la innovación. Así, si la financiación directa de los proyectos de las empresas o de los centros públicos de investigación, la subcontratación o las ayudas públicas para la adquisición de tecnología eran medidas basadas en una concepción lineal de la innovación, los modelos vigentes actualmente ponen el acento en los mecanismos de interacción, tales como la investigación colaborativa, las redes de cooperación o el intercambio de personal. Aunque sólo suponen una parte pequeña del esfuerzo innovador, se les suele reconocer una mayor eficacia relativa. Sobre ellos están basados importantes programas públicos:

"...*Muchas veces las innovaciones surgen de los esfuerzos sistemáticos de los laboratorios de investigación y desarrollo, que cuentan con un volumen considerable de recursos financieros y tecnológicos. En su surgimiento y difusión hay un componente sistémico que refuerza el papel de las externalidades vinculadas a la interacción con los centros de investigación públicos y privados. Sin embargo, las ventajas obtenidas con estas innovaciones son transitorias y se diluyen a medida que surge una profusión de imitadores que difunden los nuevos conocimientos, lo cual contribuye a aumentar la productividad y el nivel de bienestar del conjunto de la economía y a propagar los beneficios de la innovación hacia nuevos agentes y países. Para que ello ocurra, se requiere un esfuerzo sostenido de aprendizaje en los países que buscan reducir las distancias en relación con la frontera tecnológica." (Fransman y King, 1984 en CEPAL, 2008)*

El estudio de la efectividad de tales programas, el análisis de casos de experiencias de éxito o de fracaso en la conformación de redes o de grandes proyectos de cooperación y, en general, el diseño de programas públicos movilizadores de la interacción representan líneas de trabajo en el desarrollo de los Sistemas Nacionales de Innovación.

Enfoques microeconómicos de la innovación en PYMES

El mejor o peor desempeño de las firmas de menor tamaño relativo se encuentra, en gran forma, determinado por las actividades que llevan a cabo y los resultados obtenidos en términos de innovación. Acs y Audretsch (1987), afirman que una mayor intensidad en actividades innovadoras de las firmas

56

pequeñas respecto a las grandes, afecta positivamente la participación de las primeras en la industria. Es decir, las firmas pequeñas pueden compensar su desventaja de tamaño, por ejemplo, intensificando sus actividades en investigación y desarrollo.

Enfoques teóricos que parten de un conjunto de microfundamentos bien diferenciados de los planteados en el pensamiento neoclásico parecen ajustarse mejor al análisis de las conductas de las PYMES, si se sigue las conclusiones de autores que rescataron la teoría evolutiva y especialmente la microeconomía de la innovación (Nelson; 1991[76]; Kogut y Zander, 1993[77]; Nooteboom; 1994[78]; Andriani, 2000[79]; Pavitt; 2002[80]).

A diferencia de la escuela neoclásica, que considera que no existen diferencias entre las empresas, la teoría evolucionista plantea no sólo que esas diferencias están presentes, sino que también son importantes. Siguiendo a Dosi y Soete (1990)[81], se resumen a continuación los principales aportes de la teoría evolucionista:

76   R. Nelson, Why do Firms Differ, and How Does it Matter? Strategic Management Journal, Vol 12, 1991.

77   B. Kogut y U. Zander, Knowledge of the Firm and the Evolutionary Theory of the Multinomial Corporation. Jounral of International Business Studies, Vol. 24 No. 4, pp. 625-645, 1993.

78   B. Nooteboom, Innovation and diffusion in small firms: Theory and evidence. Small Business Economics, vol. 6 n° 5, octubre, 1994.

79   P. Andriani, Diversity, knowledge and complexity Theory: some introductory issues. International Journal of Innovation Management Vol. 5, No. 2, pp. 257-274, June 2001.

80   K. Pavitt, Knowledge about knowledge since Nelson & Winter: a mixed record. Science and Technology Policy Resarch (SPRU). Working Paper N° 83, 2002. [en línea]. Disponible en: http://www.sussex.ac.uk/Units/spru/publications/imprint/sewps/sewp83/sewp83.pdf

81   G. Dosi y L. Soete, Technical change and international trade. New York: Harverstor Wheatsheaf, 1990. [en línea]. Disponible en: http://arno.unimaas.nl/show.cgi?fid=3540

Cuadro 1. Principios Básicos Teoría Evolucionista.

Producción y Aprendizaje	La tecnología es un resultado más del propio proceso productivo. El ritmo y la dirección de la innovación y difusión tecnológicas se encuentran determinados por el contexto socio económico. El conocimiento tecnológico no se agrega a la función de producción, como un insumo más, sino que constituye un conjunto más sutil de saberes que se desarrollan en forma paralela a la producción.
Mercados, competencia y contexto institucional	Las diferentes empresas serán por regla general heterogéneas dentro de cada país y, aún más, entre países, ya que incorporarán diferentes habilidades para resolver problemas, diferentes conocimientos de producción y mercadotecnia y, en último lugar, diferentes resultados económicos. Los mercados actúan como importantes mecanismos de selección que conceden premios y castigos económicos (en términos de cambios en las rentabilidades y en las cuotas de mercado) en función de la competitividad específicamente empresarial.

Fuente: Elaboración propia en base a Dosi y Soete (1990).

La empresa termina siendo reconceptualizada como una organización incorporada dentro de una trayectoria histórica y cultural más amplia incluyendo el entorno socio-económico-político que la rodea (Johnson,

58

1992 en Lundvall, 1992[82]). Pavitt (1984)[83] propone una taxonomía que distingue diferentes categorías de empresas innovadoras sobre la base de sus características estructurales y organización de las actividades de innovación: i) de base científica (se caracterizan por tener un alto gasto en investigación y desarrollo y por desarrollar tecnologías que benefician a todas las actividades), ii) proveedores especializados (definidas por la alta diversificación de la oferta y la gran capacidad de innovación), iii) proveedores dominados (son las más tradicionales, con procesos de innovación que provienen de otros sectores mediante la compra de materiales y bienes de capital) e iv) intensivas en escala (típicas industrias oligopolistas altamente intensivas en capital, con elevadas economías de escala y gran complejidad técnica y empresarial).

Un elemento esencial de la taxonomía de Pavitt (1984)[84] es identificar el origen del cambio tecnológico. Así, en las empresas intensivas en escala el cambio tecnológico viene de otras industrias en donde se genera nuevo equipamiento. Se trata de una metodología pionera y una de las más utilizadas, en tanto posee una gran utilidad en el terreno de las políticas de innovación, ya que clasifica a las industrias a partir de varios criterios que definen el comportamiento.

No obstante, en la misma línea de argumentación, Rizzoni (1994)[85] propone una taxonomía PYME, que releva con buen empeño las características asociadas a la interacción con el entorno, diferentes estrategias, estructuras organizacionales, base tecnológica, grado de especialización, capacidades de

82   B. Lundvall, Sistemas nacionales de innovación. Hacia una teoría de la innovación y el aprendizaje por interacción. Comisión de Investigaciones Científicas de la Provincia de Buenos Aires, 1992. Traducción al español, mayo 2009.

83   K. Pavitt, Sectoral patterns of technical change: towards taxonomy and a theory. Research Policy nº 13, v. 6, pp. 343-373, 1984.

84   Idem.

85   A. Rizzoni, Technology and Organization in Small Firms: An Interpretative Framework. Review d'Economie Industrielle, N° 67, 1° trimestre, 1994 [en línea]. Disponible en: http://www.persee.fr/web/revues/home/prescript/article/rei_0154-3229_1994_num_67_1_1513

innovación, etc., y, consecuentemente, distintas potencialidades competitivas y mayor o menor posibilidad de insertarse, de manera virtuosa, en los nuevos escenarios.

El marco evolutivo de la búsqueda y selección, hace que la naturaleza del conocimiento y las inversiones de las empresas sean un factor central para explicar el tamaño, la estructura y la dinámica industrial. Ello obligaría en principio a considerar desde el ámbito público, acciones de política que actúen sobre las restricciones endógenas que terminan obstaculizando el desempeño del sector industrial e inhiben las posibilidades de las PYMES de participación industrial en escenarios futuros (Benavides, 2004[86]).

Steinko (1990)[87], desde una perspectiva schumpeteriana, expone la importancia de los procesos innovadores cuyos resultados permiten una reestructuración productiva, puntapié inicial para las soluciones a los problemas de redistribución de riqueza, el déficit comercial y tecnológico, el de la fragmentación sectorial y regional y el crecimiento de un país.

Como se observó en el capítulo anterior, la destrucción creativa de Schumpeter (1946)[88] requiere motivación y presencia de oportunidades para las empresas. Estas a menudo, se presentan relativamente más en pequeñas y medianas empresas, debido a su menor apego a los sucesos pasados, menos intereses creados, con una gama reducida de productos y mercados, y su mayor variedad de efectos, la perspectiva y el modus operandi. Esta variedad se debe a su mayor independencia de los regímenes establecidos de los mercados de capital, de control corporativo y mandos superiores. Sin embargo, esta diversidad de

---

86   O. Benavides, La innovación tecnológica desde una perspectiva evolutiva. Cuad. Econ. vol. 23, no. 41, p.49-70, 2004, [en línea]. Disponible en: http://www.scielo.org.co/scielo.php?script=sci_arttext&pid=S0121-47722.0040002.00003&lng=en&nrm=iso

87   A. Steinko Fernández, ¿Keynes o Schumpeter? Algunas consideraciones, Boletín de Información Comercial Española, n° 2247, pp. 3358-3360, 1990.

88   Joseph A. Schumpeter, Capitalismo, Socialismo y Democracia, Barcelona, España, 1946, (en Biblioteca de Economía, n° 1 y 2, 1996).

60

pequeñas empresas también implica que no se ajustan a la imagen del héroe
schumpeteriano como el creador de la destrucción (Nooteboom, 1999)[89]:

*"...Las pequeñas empresas a menudo se quedan en las antiguas tecnologías y
mercados. Ello conlleva una connotación positiva y otra negativa. La positiva es
que los mercados residuales pueden ser rentables, con pequeños volúmenes que a los
competidores no se les presenta como una oportunidad por las economías de escala.
El negativo es que muchas pequeñas empresas no son como el héroe schumpeteriano
en absoluto, y hacen uso de su independencia para mantener las formas tradicionales
de hacer las cosas. Paradójicamente, tal vez, la fuerza de innovación empresarial de
las pequeñas empresas se debe también a su menor racionalidad de evaluación en su
proyecto a partir de una mayor impulsividad y modificaciones en la producción, sin el
control estricto de áreas jerárquicas, que acaban culminando en éxito de innovaciones
radicales. Asimismo, la proximidad espacial entre pequeñas empresas y los contactos
frecuentes y variados, y una intensa interacción parcial en la producción conjunta,
con otras empresas, provoca la transferencia de conocimiento tácito, procedimiento
que es característico de las primeras etapas de la innovación" (Nooteboom, 1999).*

Acs y Audretsch (1991)[90] encuentran a su vez que la actividad de innovación
no aumenta en proporción con el tamaño de la firma, de modo que se presenta
una tasa decreciente al tamaño de la firma. En línea con este argumento,
Czarnitzki y Kraft (2000)[91], encuentran que en empresas de mayor tamaño
y estructuras de capital más complejas se reduce la actividad de innovación,
puesto que los beneficios se presentan más difusos para los propietarios.
Asimismo Acs y Gifford (1996)[92] afirman, que las PYMES poseen en la mejora

89   B. Nooteboom, Innovation, learning and industrial organization. Cambridge
Journal of Economics, 23, pp. 127-150, 1999.

90   Z. Acs y D. Audretsch, Innovation and Size at the Firm Level, Southern Economic
Journal, Vol. 57, No. 3 (enero 1991), pp. 739-744.

91   D. Czarnitzki, and K. Kraft, Management Control and Innovative Activity.
Deutsche Zentralbibliothek fuer Wirtschaftswissenschaften ZEW Discussion Papers 00-68.
2000. [en línea]. Disponible en: http://134.245.95.50:8080/dspace/handle/10419/24416.

92   Z. Acs y S. Gifford, Innovation of entrepreneurial firms. Small Business
Economics, Volume 8, n° 3, junio de 1996.

de productos un mecanismo que las potencia frente a grandes empresas instaladas en el mismo sector, e incluso atenúan la oportunidad tecnológica en la innovación de nuevos productos.

Otros enfoques, en los que se encuentran Malerba y Orsenigo (2000)[93], afirman que existen cuatro características de los procesos innovadores fundamentales que pueden definirse como sigue: i) La oportunidad tecnológica se refiere a la facilidad para obtener innovaciones dado un nivel determinado de recursos dedicados a la innovación, en relación con el potencial de avance de cada tecnología; ii) Las condiciones de apropiación están unidas a la habilidad de los innovadores para capturar los resultados y beneficios de sus innovaciones y protegerse así de los imitadores; iii) Las bases de conocimiento definen las fuentes del conocimiento y los procedimientos de aprendizaje; se refieren al tipo de actividad innovadora -básica y aplicada- y al carácter tácito o codificado, simple o complejo, genérico o especializado del conocimiento que subyace a la actividad innovadora y; iv) Las condiciones de acumulación de conocimientos se relacionan con la mayor probabilidad de que los innovadores actuales sigan siéndolo en el futuro, en relación con los no innovadores.

Pavitt (2003)[94], sostiene que los procesos de innovación en las empresas pueden ser de índole cognitivos (cómo las empresas generan y mantienen los conocimientos técnicos para llevar a cabo sus tareas), de organización (cómo las empresas hacen las cosas internamente o en conjunto con otras organizaciones) y/o económicos (cómo las empresas establecen incentivos internos para garantizar el resultado con rapidez y la innovación en el sentido correcto) y se producen en condiciones de incertidumbre y de la competencia. Convive en él la superposición de sub-procesos de innovación en la producción de conocimiento; la transformación del conocimiento en productos, sistemas,

93   F. Malerba y L. Orsenigo, Knowledge, innovative activities and industrial evolution. Industrial and Corporate Change, Volume 9, Number 2, pp. 289-314, 2000.

94   Si bien Pavitt (2003), describe los procesos de innovación en grandes empresas, la metodología que propone es útil para introducirnos en las particularidades de la innovación en PYMES.

procesos y servicios, y la adecuación continua de este último a las necesidades del mercado y las demandas.

El contexto de la innovación, la capacidad de absorción y las conductas innovadoras de las PYMES

La gestión de la innovación en consecuencia incluye cuatro esferas de análisis bien diferenciadas: i) la gestión de los recursos humanos, (ii) administración de las nuevas ideas y su potencial de mercado, (iii) gestión estructural de las relaciones intrafirma y extrafirma, y (iv) el plano estratégico de liderazgo institucional (Van de Ven, 1986)[95].

Si bien la innovación es más probable que ocurra cuando existe una necesidad y un medio para resolver esa necesidad que se reconozca al mismo tiempo, también se destaca la importancia de la actitud de la dirección hacia la innovación y la receptividad de la organización hacia el cambio (Zmud, 1984)[96].

Tidd (2001)[97] se centra, en las relaciones entre el medio ambiente, la organización y el rendimiento, reconociendo que es poco probable identificar mejores prácticas universales de gestionar la innovación, debido principalmente a las diferencias entre las firmas y los sectores en cuanto a fuentes de innovación, la tecnología, oportunidades de mercado y las especificidades y características que asumen las firmas.

En buena medida los estudios sobre Sistemas Nacionales y Locales de Innovación, hacen hincapié en la infraestructura del conocimiento y la organización de redes entre las empresas y las instituciones basadas en el

95   A. Van de Ven, Central problems in the management of innovation. Management Science Vol. 32, n° 5, mayo 1986.

96   R. Zmud, An examination of 'Push-Pull' theory applied to process innovation in knowledge work. Management Science Vol. 30, n° 6, junio 1984.

97   J. Tidd, Innovation management in context: environment, organization and performance. International Journal of Management Reviews Volume 3 Issue 3 pp. 169-183, 2001.

conocimiento, proveedores, clientes y otras entidades. De ese modo, las firmas se incluyen inmersas en el medio ambiente, produciéndose en efecto, aprendizajes interactivos, creación de conocimiento, el uso práctico de los conocimientos y la distribución de los conocimientos (Johannessen et al, 2001)[98].

La Teoría de la Contingencia ofrece la posibilidad de comprender mejor cómo el contexto afecta a la gestión de la innovación. El concepto central es que una estructura organizativa única es ineficaz bajo todas las circunstancias, y que en cambio existe una estructura organizativa óptima que mejor se ajusta a una determinada contingencia, tales como el tamaño, la estrategia, la incertidumbre en el desarrollo de tareas o la utilización de cierta tecnología (Donaldson, 2001)[99].

Lam (2004)[100], se plantea interrogantes respecto a la relación de la empresa con el entorno y al respecto recomienda analizar si las organizaciones pueden superar la inercia y adaptarse ante los cambios radicales del entorno y especialmente, a los cambios tecnológicos. Al respecto, afirma que la innovación organizativa puede ser un requisito necesario para la innovación tecnológica, y, por lo tanto, es importante tener más en cuenta el papel de las esfuerzos de organización endógenos como la capacidad para asimilar, aprender y adaptar las la transformación organizacional y los cambios tecnológicos. En los esquemas propuestos, la estrategia innovadora de la firma está supeditada a las características del sector del cual participa y es entonces a nivel de éste último donde deben buscarse los patrones de conducta innovadora.

---

98   J. Johannessen, B. Olsen, G. Lumpkin, Innovation as newness: what is new, how new, and new to whom? European Journal of Innovation Management, Vol. 4, n° 1, pp. 20-31, 2001.

99   L. Donaldson, The contingency theory of organizations. Foundations for Organizational Science, 2001. [en línea]. Disponible en: http://books.google.com.ar/

100   A. Lam, Organizational Innovation. Brunel Research in Enterprise, Innovation, Sustainability, and Ethics, Working Paper n° 1, 2004, [en línea] Disponible en: http://citeseerx.ist.psu.edu/viewdoc/download?doi=10.1.1.131.9638&rep=rep1&type=pdf

64

Como se mencionó, la taxonomía de Pavitt (1984)[101] propone que la fuente cambio tecnológico en la empresa queda determinada por el sector de pertenencia. De esta forma, mientras que en aquellas ramas basadas en ciencia, el proceso innovador pretende el desarrollo de nuevos productos en ramas escala intensiva la incorporación de cambio tecnológico vía adquisición de equipamiento y la realización de esfuerzos endógenos de mejora de procesos son la clave para las ganancias en productividad. Ello es relevante para el universo de PYMES: la innovación debe ser entendida como un proceso, resultado de la construcción de un conjunto de políticas, condiciones y recursos, que sólo puede resultar fructífero en la medida en que la empresa reconozca bien qué actividades desarrollar y cuál es la mejor forma de llevarlas a cabo. En tal sentido, la innovación en las PYMES debe ser entendida como un proceso dinámico, en el que no sólo importan las competencias ya adquiridas por la firma, sino también su desarrollo constante.

La relevancia relativa de los agentes con los que las PYMES se vinculan, no es homogénea aunque entre los diversos estudios empíricos revisados conviven posiciones encontradas. Por ejemplo, los proveedores juegan un rol importante a la hora de incentivar y colaborar con la innovación en las PYMES; por el contrario, los clientes no presentan un rol tan vital al respecto. Ello se debería a que la innovación de producto en las PYMES es estimulada a través de mecanismos de empuje de la tecnología (technology-push) y no por la demanda (demand-pull)[102].

Los modelos mencionados anteriormente, se caracterizan por ser lineales, con un carácter secuencial y ordenado que se establece para el proceso de innovación. Sin embargo en ciertas ocasiones no son necesarias determinadas fases del proceso y en otras, la secuencia puede ser distinta. Aunque hay

101   K. Pavitt, Sectoral patterns of technical change: towards taxonomy and a theory. Research Policy n° 13, v. 6, pp. 343-373, 1984.

102   En general, existe un cierto consenso en considerar que las innovaciones radicales son debidas al progreso de la ciencia y de la tecnología (science -push o technology - push), mientras que en las innovaciones menores o incrementales y especialmente en las derivadas de las innovaciones radicales, las necesidades del mercado (demand-pull) juegan el papel más importante. Sin embargo, esta consideración ha sido objeto de fuertes polémicas.

ciertas prioridades y secuencias lógicas, tienen lugar numerosas variaciones en la secuencia prevista.

Bajo estos antecedentes, nuevos aportes desembocarían en modelos en los que se subrayaron la interacción entre las capacidades tecnológicas por un lado, y las necesidades del mercado, por otro. Además, estos modelos resaltarían de alguna forma la importancia de los procesos retroactivos que se generan entre las distintas fases de la innovación, aunque, en esencia siguen siendo modelos secuenciales. Entre estos modelos interactivos se destacan el modelo de Marquis (1969)[103], el de Roberts (1978)[104], el de Rothwell (1984) y el de Kline (1985)[105].

En este sentido, hay que remarcar a las asociaciones referidas a los procesos en el interior de una empresa o de un grupo de empresas estrechamente vinculadas por una red interconectada y las relaciones entre las empresas con el sistema científico tecnológico con el cual interactúan. La cuestión clave apunta a resolver una retroalimentación fluida entre el conjunto de los conocimientos científicos y tecnológicos con las demandas y propuestas de los demás sectores. Consecuentemente los resultados obtenidos del proceso innovador no sólo son generados por un eventual departamento de investigación de una empresa sino que también se deben al esfuerzo coordinado de los miembros de la firma en sus distintos niveles y de las sugerencias recibidas por los destinatarios del producto.

Con la introducción del modelo interactivo o mixto se da un importante salto cualitativo en la explicación de los procesos de innovación. Kline y

---

103   D. Marquis, The Anatomy of Succesfull Innovations. En Innovation, vol.1, n°7, noviembre, 1969.

104   E. Roberts, Research and Development System Dynamics. En E. B. Roberts ed., 1978.

105   S. Kline, Innovation is not a linear process. Research Management, Julio-agosto, 1985.

66

Rosenberg (1986)[106] indican cinco cuestiones que son de suma importancia en la visualización del proceso de innovación. Estas son:

-Numerosos feedbacks en la cadena y coordinación con la producción y el marketing.

-Cadenas laterales de investigación a lo largo de la cadena central de innovación.

-Largos encadenamientos genéricos de investigación como backup de la innovación.

-Potenciación completa de los nuevos procesos desde la investigación.

-Un mayor soporte de la ciencia en sí misma de los productos provenientes de actividades innovadoras, por ejemplo a través de las herramientas e instrumentos disponibles en la tecnología.

El Modelo de Marquis (1969)[107], constata que las innovaciones suelen partir de una idea sobre un nuevo o mejor producto o proceso de producción. Esta idea no procede necesariamente del departamento de investigación sino que puede emanar de cualquier departamento de la empresa: producción, comercial, etc. La idea fundamental es que por ejemplo la investigación básica y el marketing interactuarán en el proceso de innovación y claramente la producción puede interactuar directamente con la investigación aplicada (Roberts, 1995)[108].

Aunque los modelos mixtos o interactivos incorporan procesos retroactivos de comunicación entre las diversas etapas, esencialmente siguen siendo

106   S. Kline y N. Rosenberg, An Overview of Innovation. En Landau y Rosenberg ed. The Positive Sum Strategy. National Academy Press, Washington, 1986.

107   D. Marquis, The Anatomy of Succesfull Innovations. En Innovation, vol.1, nº7, noviembre, 1969.

108   E. Roberts, Gestión de la innovación tecnológica. Clásicos COTEC, Iberdrola Ed., 1995.

modelos secuenciales, con lo que el comienzo de una etapa queda supeditado a la finalización de la etapa que le precede. A partir de la consideración del tiempo de desarrollo como una variable crítica del proceso de innovación, las fases del proceso de innovación tecnológica comienzan a ser consideradas y gestionadas, en vez de mediante procesos no secuenciales, a través de procesos solapados o incluso concurrentes o simultáneos.

Se desarrollaron en consecuencia, nuevos modelos de cuarta y quinta generación que brindaron respuesta a la naturaleza interactiva de los procesos de innovación. Los modelos de cuarta generación se dan en un marco de una conceptualización diferente al que se tenía hasta entonces, al tradicional enfoque secuencial de los modelos anteriormente citados, se los enfoca ahora desde un punto de vista de procesos tipo rugby, en donde se representa la idea de grupo que, como unidad, trata de desarrollar una distancia, pasando el balón hacia atrás y hacia adelante.

La quinta generación de los modelos de innovación tecnológica viene enmarcada por el uso corriente de herramientas de gestión electrónicas que dan lugar a que las empresas puedan incrementar la velocidad y la eficiencia en el desarrollo de nuevos productos, tanto internamente (distintas actividades funcionales), como externamente entre la red de proveedores, clientes y colaboradores externos (Rothwell, 1994)[109].

Dentro de este contexto, Rothwell (1994)[110] describe el modelo de quinta generación utilizando el concepto en Red de Integración de Sistemas y Establecimiento de Redes (Systems Integration and Networking- SIN). Este modelo pone énfasis en el aprendizaje que tiene lugar dentro y entre las empresas, y sugiere que la innovación es generalmente, un proceso distribuido en red.

---

109   R. Rothwell, Towards the fifth-generation innovation process, International Marketing Review, vol. 11, n° 1. pp. 7-31, 1994.

110   Idem.

La existencia y participación en redes locales empresariales es clave para las actividades de innovación en las PYMES debido a que, entre otras razones, i) facilita la internalización de los elementos del proceso innovador en su conjunto, ii) permite obtener economías de escala en el proceso innovador; iii) mejora el acceso a conocimientos, tecnologías, expertise de carácter específico y activos complementarios; iv) reduce los riesgos de la actividad innovadora; y v) permite el intercambio de conocimiento y, por ende, la obtención de información y servicios especializados para emprender la actividad innovadora (Buesa et al, 2002)[111].

La gestión tecnológica en la empresa

La innovación se entiende como un proceso, el conocimiento es el contenido que fluye y es transformado por este proceso y la tecnología puede observarse a su vez como el conjunto de mecanismos (duros o blandos) que lo soportan. De otra parte, la tecnología también puede ser percibida como el resultado del proceso de innovación en la forma de nuevos productos y servicios o nuevos conceptos de negocio. La gestión de la tecnología queda subsumida de este modo en la gestión del proceso de innovación (Castellanos, 2003)[112].

El mayor o menor énfasis en cierto tipo de actividad de innovación en la empresa y la frecuencia con que ésta se realiza, son elementos importantes en la definición de su estrategia tecnológica. A la innovación se la vincula a un proceso dinámico a través del cual se obtienen resultados y se da lugar a los aspectos de gestión empresarial basados en la gestión de recursos humanos, información, conocimiento y recursos financieros y tecnológicos (Jasso, 2004)[113].

111   M. Buesa, T. Baumert, J. Heijs, M. Martínez, Los factores determinantes de la innovación: un análisis econométrico sobre las regiones españolas. Revista Economía Industrial nº 347 v. 5, 2002, [en línea]. http://www2.mityc.es/NR/rdonlyres/A8FFA8FB-59CF-44CF-8110-C7F377CEB684/0/6784347MIKELBUESA.pdf

112   J. Castellanos, De PYMES de sobrevivencia a PYMES innovadoras. En Revista EAN nº 47,   Bogotá, 2003, [en línea]. Disponible en: http://journal.ean.edu.co/index.php/Revista/article/view/202/192

113   J. Jasso, Relevancia de la innovación y las redes institucionales. Revista de la FUE-

En este sentido, la innovación deja de ser exclusivamente investigación y desarrollo, en su concepción más clásica, involucrando en cambio un abanico muy amplio de actividades de mejora en temas relacionados con: la productividad, los consumos, los costos, la seguridad, el impacto ambiental, los ciclos de tiempo, etc., tanto en producción como en las áreas de soporte y servicio (Formento, 2005)[114].

La gestión de la tecnología intenta mantener y mejorar la posición competitiva de la empresa mediante la utilización de la tecnología. Se puede definir como la organización y dirección de los recursos, tanto humanos como económicos con el fin de aumentar la creación de nuevos conocimientos.

Dankbaar (1993)[115], presenta muchos puntos de contacto con la gestión de la innovación, y a menudo ambas expresiones se utilizan de la gestión de la innovación y la tecnología, intentando reunir bajo una sola denominación todos los temas referentes a la optimización del uso de la tecnología en la empresa. Las empresas con actividades de investigación propias tienen usualmente más capacidad para reconocer y adoptar nuevas tecnologías en su área de negocios que aquellas del mismo sector sin investigación propia. Sin embargo, la I+D propia puede estar concentrada en las tecnologías de la empresa y desconocer los desarrollos exteriores que pueden ser importantes para la competitividad.

Según el concepto de tecnología esencial (core technology), las empresas deberían explorar y explotar todas las aplicaciones posibles de estas tecnologías

BUAP, Año VIII, N° 25, abril 2004, [en línea]. Disponible en: http://www.aportes.buap.mx/25ap1.pdf

114   H. Formento, Estudio de las condiciones endógenas que impiden el desarrollo de procesos de mejora continua en PYMES y desarrollo de un modelo que permita su efectiva implementación. Proyecto Final Instituto de Industria - Universidad Nacional de General Sarmiento, 2005, [en línea]. Disponible en: http://www.littec.ungs.edu.ar/pdfespa%F1ol/1FI%2.001-2.005%20Braidot-Formento-Pittaluga.pdf

115   B. Dankbaar, Overall strategic review. Proyecte SAST núm 8, (Research and Technology Management in Enterprises: Isuues for Communtity Policy).EUR-15426, Brusserl.les/Luxemburg. Comissió de les Comuntats Europees, 1993.

70

esenciales, incluso si esto significa penetrar en mercados muy distintos. Pero la concentración de la investigación en un número limitado de tecnologías y negocios esenciales aumenta la necesidad de cooperación con otras empresas o instituciones en lo que respecta a otras tecnologías no esenciales, es decir, la necesidad de alianzas estratégicas. Por otra parte, la empresa debe buscar un compromiso entre una investigación estratégica a largo plazo y la investigación aplicada orientada hacia el mercado, a corto plazo. Todo esto conduce a la ingeniería simultánea y a los equipos multidisciplinarios que participan en un mismo proyecto, para que la I+D se adapte mejor a los requerimientos de la producción y del mercado (Prahalad y Hamel, 1994)[116].

Capacidad de absorción e innovación

Cohen y Levinthal (1990)[117], destacan la importancia que tiene el conocimiento externo a la firma, convirtiéndose en sí mismo en un componente crítico de las capacidades de innovación en las empresas. Argumentan que la habilidad para identificar, incorporar y usar el conocimiento externo implica un proceso de aprendizaje durante el cual la firma se familiariza con las herramientas que posteriormente le permitirán crear nuevo conocimiento y, por lo tanto, nuevos productos. Sin embargo, este aprendizaje se diferencia del learning by doing ya que permite a la firma hacer cosas diferentes (nuevas) y no sólo adquirir habilidad (eficiencia) en lo que ya sabe hacer. Estos autores denominan a estas habilidades capacidad de absorción.

La capacidad de explotar el conocimiento externo, ya sea ciencia básica o aplicada, resulta en un componente crítico en la capacidad de innovación. Asimismo el conocimiento previo relacionado confiere una capacidad de reconocer el valor de nueva información, asimilarla, y de aplicarla a fines comerciales (Cohen y Levinthal, 1990)[118].

---

116   C. Prahalad y G. Hamel, Competing for the future. Harvard Business School Press, 1994.

117   W. Cohen y D. Levinthal, Absorptive Capacity: A New Perspective on Learning and Innovation. Administrative Science Quarterly, Vol. 35, No. 1, pp. 128-152, Mar. 1990.

118   Idem.

Las condiciones de apropiación de las innovaciones no solamente inciden industria, sino que también condicionan las estrategias de innovación de las empresas; por ejemplo, en cuanto a la elección entre el desarrollo de tecnología propia o la contratación externa de tecnología. Los sucesos pasados y el acervo de conocimiento de la firma influyen en esta capacidad de absorción. La organización pasa a comprenderse como una serie de eventos conectados que tienen una estructura subyacente que se desarrolla en el tiempo, como aprendizajes acumulados. Cuando estos aprendizajes o capacidades se encuentran subdesarrollados, se presentan obstáculos para la adquisición externa de tecnología por la deficiencia en la capacidad de absorción de dicha tecnología en la PYME (Valls et al, 2004)[119].

Bell y Pavitt (1995)[120], afirman que el desarrollo dinámico de las organizaciones no se produce automáticamente a partir de la adquisición externa de tecnología incorporada, sino en la existencia de capacidades internas para generar y administrar el cambio en las tecnologías utilizadas en la producción. Esas capacidades descansan en recursos humanos altamente calificados, a menudo concentrado en actividades de innovación o a lo sumo investigación.

El desarrollo de tecnología propia tiene algunas ventajas importantes, fundamentalmente basadas el mantenimiento de la ventaja competitiva de la empresa. Sin embargo, demanda también más requisitos. La empresa debe tener la capacidad de conocer las tecnologías disponibles en el mercado, así como la habilidad para poder aplicarla a sus actividades.

Comúnmente existe mayor ahorro de costos cuando la tecnología disponible en el mercado no requiere demasiadas adaptaciones para su aplicabilidad a la empresa y cuando los costos de contratación no sean altos. Para que las

119   J. Valls, A. Arbussà, A. Bikfalvi, La I+D en las PYMES: Intensidad y estrategia, Universia Business Review - Actualidad Económica - Primer Trimestre 2004, [en línea]. Disponible en: http://ubr.universia.net/pdfs/UBR0012.004040.pdf

120   M. Bell y K. Pavitt, The Development of Technological Capabilities. En Trade, technology, and international competitiveness. Irfan-ul-Haque, R. Ed. Economic Development of The World Bank, Cap. 4, 1995.

72

empresas puedan adquirir tecnología externa necesitan, además de poder pagarla, tener capacidad para absorberla. Esta capacidad les permite, en primer lugar, monitorear el entorno para conocer cuáles son las tecnologías disponibles y, en segundo lugar, ser capaces de aplicar esa tecnología a su proceso productivo (Valls et al, 2004)[121].

El estudio de la microeconomía del cambio tecnológico y la entrada de un nuevo paradigma productivo instalan al conocimiento como característica distintiva de esta nueva etapa, rompiendo con la relación lineal entre capital y conocimiento, y distinguiendo a este último como la fuente de valor que permite la generación de activos estratégicos propios de la firma.

Relacionado íntimamente con el proceso de aprendizaje, el flujo de conocimiento y las habilidades de las empresas para absorber el conocimiento disponible en el entorno, el concepto de capacidad de absorción (CAb) aparece con más fuerza como un componente crítico de las capacidades de innovación de las firmas (Cohen, W. y Levinthal, D. 1990)[122] al inicio de la década del '90.

La mayor relevancia del concepto de CAb en el análisis económico del comportamiento tecnológico de la firma dio lugar a una producción importante de trabajos teóricos y empíricos sobre sus antecedentes, componentes, modelos y resultados. Estos trabajos han sido insumos importantes en el proceso de construcción del concepto pero aún insuficientes para alcanzar un consenso sobre su medición, lo cual ha derivado en diversas propuestas -con ciertos rasgos comunes- según los componentes considerados en el análisis. Sin embargo, esta dificultad no debe ser entendida como un límite de los trabajos realizados sino más bien como un reflejo de la existencia de un concepto que,

121   J. Valls, A. Arbussà, A. Bikfalvi, La I+D en las PYMES: Intensidad y estrategia, Universia Business Review - Actualidad Económica - Primer Trimestre 2004, [en línea]. Disponible en: http://ubr.universia.net/pdfs/UBR0012.004040.pdf

122   W. Cohen y D. Levinthal, Absorptive Capacity: A New Perspective on Learning and Innovation. Administrative Science Quarterly, Vol. 35, No. 1, pp. 128-152, Mar. 1990.

según lo plantean Cohen y Levinthal (1990)[123], posee características de bien intangible y cuyos beneficios son indirectos.

Los aportes de Cohen y Levinthal (1989; 1990) han sido esenciales para instalar a las CAb como uno de los ejes del debate actual. A pesar de que el interés de los autores en el primer artículo era demostrar el rol en la generación de capacidades endógenas como parte del proceso de innovación, su contribución más destacada fue la definición de estas capacidades como la habilidad de la firma para identificar, asimilar y explotar el conocimiento disponible en el entorno, lo cual han dado en llamar "Capacidad de Absorción".

En ese artículo, se plantea que la generación de nuevo conocimiento depende del stock de conocimiento previo que la firma posee y la intensidad del esfuerzo que esta última no sólo genera nuevo conocimiento sino que también contribuye a la mejora de las habilidades de la firma para absorber el conocimiento disponible en el entorno, lo cual determina el doble rol.

Es importante destacar que en el trabajo original Cohen y Levinthal llaman a esta habilidad aprendizaje o capacidad de absorción, haciendo alusión a que el proceso por el cual la firma identifica, incorpora y usa el conocimiento externo implica un proceso de aprendizaje durante el cual la firma se familiariza con las herramientas que posteriormente le permitirán crear nuevo conocimiento y, por lo tanto, nuevos productos. Sin embargo, este aprendizaje, como se manifestó anteriormente, se diferencia del "learning by doing" ya que permite a la firma hacer cosas diferentes (nuevas) y no sólo adquirir habilidad (eficiencia) en lo que ya sabe hacer.

Debido al gran impacto que tuvo la difusión del concepto de CAb, los autores dedicaron un artículo posterior a explicar los aspectos cognitivos y organizacionales del mismo (Cohen y Levinthal, 1990)[124]. En éste se

---

123   Idem.

124   W. Cohen y D. Levinthal, Absorptive Capacity: A New Perspective on Learning and Innovation. Administrative Science Quarterly, Vol. 35, No. 1, pp. 128-152, Mar. 1990.

74

refuerza la idea de que la asimilación del conocimiento externo no es pasiva sino que se requieren esfuerzos explícitos que, sumados al conocimiento previo, le confieren a la firma la habilidad para reconocer el valor de la nueva información, asimilarla y aplicarla con fines comerciales, determinando tres dimensiones del concepto: identificación, asimilación y explotación. De manera que la CAb se convierte en un elemento crítico de las capacidades de innovación.

Esto implica que la trayectoria de la firma, en materia de aprendizaje, es importante, determinando el carácter acumulativo y específico de la CAb. Acumulativo porque importa tanto la historia pasada de la firma como la presente, y específico porque es propia para cada organización ya que -además de la trayectoria- depende de las calificaciones individuales del personal y del flujo de conocimiento interno entre las distintas unidades de negocio.

Van den Bosch et al (2003)[125], critican esta segunda definición de Cohen y Levinthal al haber reemplazado la palabra conocimiento por información, llamando a la reflexión de los lectores sobre la diferencia entre ambos conceptos y proponiendo la utilización de la primera definición.

Si bien los autores continuaron estudiando a la CAb de forma indirecta -en términos empíricos utilizando como medio principal para aumentarla, dedicaron una parte sustancial del trabajo a revisar los factores que influencian la CAb en términos teóricos. Entre ellos señalaron que la CAb es un subproducto de las operaciones de producción cotidianas de la empresa, pero es un producto directo de la capacitación de los empleados, de la estructura de comunicación entre el conocimiento externo y la organización, de los vínculos con el entorno y, sobre todo, de la intensidad con que se realicen los esfuerzos.

125   F. Van Den Bosch, H. Volberda, M. De Boer, Absorptive Capacity: Antecedents, Models and Outcomes, ERIM Report Series, ERS-2003-035-STR, Abril 2003.

Posteriormente a estos trabajos, Kim (1997, 1998)[126] aportó una definición alternativa al concepto de CAb en el nivel microeconómico. Basándose explícitamente en el trabajo de Cohen y Levinthal[127] y a partir de la experiencia adquirida en diversos estudios sobre aprendizaje tecnológico en Corea, definió a la CAb como "la capacidad de aprender y la habilidad para resolver problemas". La capacidad de aprender representa la capacidad para asimilar conocimiento (imitar) mientras que la habilidad para resolver problemas involucra la capacidad de crear nuevo conocimiento (innovar). Esta definición apunta a dos de las dimensiones clave de la CAb, la de asimilación y explotación del conocimiento externo (aunque Kim no lo menciona explícitamente), dando por supuesta la dimensión de identificación. A pesar de la trascendencia de estas definiciones, los aportes a la literatura sobre CAb para el perfeccionamiento del concepto no se agotan en estos trabajos sino que existen otras contribuciones. Entre ellas se encuentran estudios desde el campo del aprendizaje organizacional, gestión del conocimiento, alianzas estratégicas, gestión de la innovación (Lane et al, 2002) y transferencia de tecnología. En términos aún más agregados los aportes pueden ser divididos en dos grupos, los provenientes de la economía de la innovación y el cambio tecnológico, y los de la administración.

En el primer grupo se encuentran los trabajos que se refieren a la CAb como un factor decisivo para la innovación, la eficiencia en la transferencia de tecnología (spillovers) y la disminución de la brecha tecnológica (catch up) entre las firmas ubicadas en la frontera del conocimiento y las seguidoras. Estos estudios hacen hincapié en los esfuerzos que realiza la firma en términos de inversión, física y en conocimiento, para luego observar los

126   L. Kim, Crisis, Construction and Organizational Learning: Capability Building in Catching-up Hyundai Motor, Organization Science, Vol. 9, N° 4, 1998.

127   W. Cohen y D. Levinthal, Absorptive Capacity: A New Perspective on Learning and Innovation. Administrative Science Quarterly, Vol. 35, No. 1, pp. 128-152, Mar. 1990.

resultados que se obtienen de ello. Bajo esta etiqueta se agrupan los trabajos de Cohen y Levinthal (1989, 1990)[128], Kim (1997, 1998)[129], Narula y Marin (2003), y Schmidt (2005)[130], entre otros.

En el segundo grupo se encuentran los trabajos que consideran a la CAb como un factor clave para la generación de activos estratégicos a partir de la creación y utilización de conocimiento, lo cual le permite a la firma generar y mantener sus ventajas competitivas. La diferencia con el grupo anterior es que estos trabajos centran su atención en los procesos de gestión de la firma, fundamentalmente interna, y en la forma de la organización. El aprendizaje organizacional, las prácticas internas de circulación del conocimiento y la difusión y adopción de "las mejores prácticas" al interior de la empresa son la clave de un proceso de absorción exitoso para este campo académico. Trabajos representativos de este grupo son los de Lane, P. J.; Koka, B. y Pathak, S. (2006[131]), Van de Bosch et al (1999, 2003)[132], Zahra y George (2002)[133].

Sin embargo, las diferencias entre ambos enfoques no se agotan en la perspectiva que utilizan para tratar el concepto sino principalmente en la finalidad que guía el abordaje del problema. Los aportes de la economía de la innovación y el cambio tecnológico tienen por objeto construir modelos

---

128   W. Cohen y D. Levinthal, Absorptive Capacity: A New Perspective on Learning and Innovation. Administrative Science Quarterly, Vol. 35, No. 1, pp. 128-152, Mar. 1990.

129   L. Kim, Crisis, Construction and Organizational Learning: Capability Building in Catching-up Hyundai Motor, Organization Science, Vol. 9, N° 4, 1998.

130   Tobias Schmindt, Absorptive Capacity- One Size fits all, A firm-level analysis of Absorptive Capacity for Different Kinds of Knowledge"; Discussion Paper N ° 5-72, ZEW, 2005.

131   P. J. Lane; B. Koka y S. Pathak, The Reifications of Absorptive Capacity: a critical review and rejuvenations of the construct, Academy of Management Review. Vol 4, 2006.

132   F. Van Den Bosch, H. Volberda, M. De Boer, Absorptive Capacity: Antecedents, Models and Outcomes, ERIM Report Series, ERS-2003-035-STR, Abril 2003.

133   Sh. Zahra, & G. George, "Absorptive capacity: a review, reconceptualization and extension", Academy of Management Review, Vol. 27, N° 2, pp. 185-203, 2002.

que sirvan de base para la toma de decisión política, es decir su misión final es la contribución a la política pública a través del descubrimiento de nuevas herramientas para medir el proceso de aprendizaje y en consecuencia fortalecerlo. Por el contrario, los aportes provenientes de la administración se centran en cómo la creación y utilización del conocimiento fortalece la habilidad de la firma para generar y sustentar una ventaja competitiva que le permita mantener un diferencial respecto de las firmas de su entorno a partir del cambio organizacional.

Curiosamente estas diferencias de objetivos no impidieron que todos los estudios tuvieran como punto de partida los trabajos de Cohen y Levinthal.

Durante los últimos años se acrecentó el interés por el concepto de CAb y aunque la mayoría de las investigaciones se centran en aplicar definiciones ya establecidas, algunas han incluido reinterpretaciones que pueden considerarse como aportes que han contribuido al avance de la definición del concepto. Las contribuciones más enriquecedores son las realizadas por Van den Bosch et al (1999, 2003)[134], Zhara y George (2002) y Schmidt (2005), debido a que aportan nuevos elementos y perspectivas para el análisis de las CAb. Van den Bosch et al. (1999)[135] consideran a la "CAb para asimilar nuevo conocimiento como una variable mediadora de la adaptación organizacional", precisamente su contribución principal es el análisis de los determinantes organizacionales de esta capacidad.

La importancia de dichos aspectos para potenciar la CAb había sido señalada por Cohen y Levinthal (1990)[136] en su trabajo sobre los aspectos cognitivos de ésta, pero no fue incluida en el análisis posterior, tal vez por la dificultad

---

134   F. Van Den Bosch, H. Volberda, M. De Boer, Absorptive Capacity: Antecedents, Models and Outcomes, ERIM Report Series, ERS-2003-035-STR, abril 2003.

135   F. Van Den Bosch; H. Volberda; M. De Boer, Coevolution of firm absorptive capacity and knowledge environment: Organizational forms and combinative capabilities. Organization Science, vol. 10, n° 5, p.p. 551-568, 1999.

136   W. Cohen y D. Levinthal, Absorptive Capacity: A New Perspective on Learning and Innovation. Administrative Science Quarterly, Vol. 35, No. 1, pp. 128-152, Mar. 1990.

78

para capturar esos atributos. Partiendo de esta premisa Van de Bosch et al., postulan que la CAb no sólo está determinada por la base de conocimiento previo sino también por dos determinantes organizacionales específicos: las formas organizacionales (organization forms) y las capacidades combinativas (combinative capabilities), en un marco de co-evolución micro-macro, en el cual las CAb de la firma son afectadas por el entorno pero el entorno también es afectado por éstas.

La forma organizacional influencia el modo en que la firma procesa el conocimiento y, por lo tanto, tiene un efecto directo en los procesos de absorción; y las capacidades combinativas contribuyen a la utilización del potencial de absorción de conocimiento ofrecido por las distintas formas organizacionales. De manera que los dos determinantes se retroalimentan para conformar el sistema de procesamiento de conocimiento de la firma. Esta relación sumada a la base de conocimiento previa constituye la habilidad de la firma para absorber conocimiento externo, es decir su CAb.

Según Van de Bosch 1 (1999)[137] el análisis de Cohen y Levinthal (1990)[138] y la mayoría de los artículos fundados en este, sostienen que la capacidad de absorción está determinada únicamente por la base de conocimiento previo adquirido por la firma. La forma organizacional está considerada como un tipo de infraestructura que permite el proceso de evaluación, asimilación, integración y utilización del conocimiento en una forma específica. Se espera que las distintas formas de organización tengan un potencial diferente para la absorción de conocimiento y, por lo tanto, tengan una influencia diferente sobre la capacidad de absorción. El trabajo está limitado al análisis de tres formas organizacionales: por funciones, por divisiones y por matrices (Van den Bosch et al, 1999)[139].

137   F. Van Den Bosch; H. Volberda; M. De Boer, Coevolution of firm absorptive capacity and knowledge environment: Organizational forms and combinative capabilities. Organization Science, vol. 10, n° 5, p.p. 551-568, 1999.

138   W. Cohen y D. Levinthal, Absorptive Capacity: A New Perspective on Learning and Innovation. Administrative Science Quarterly, Vol. 35, No. 1, pp. 128-152, Mar. 1990.

139   F. Van Den Bosch; H. Volberda; M. De Boer, Coevolution of firm absorptive

Por capacidades combinativas se entiende la habilidad de la firma para combinar conocimiento proveniente de diferentes fuentes. Estas capacidades se dividen en tres tipos: las capacidades sistémicas, son aquellas determinadas por reglas y procedimientos ex ante, a través de mecanismos formales de intercambio tales como los procedimientos, el lenguaje formal, manuales, sistemas de información, entre otras; las capacidades de coordinación, son las referidas a las relaciones entre los miembros de un grupo, pueden ser mecanismos diseñados explícitamente o emerger de un proceso de interacción implícito, por ejemplo capacitación, rotación de puestos de trabajo, participación, etc.; y, las capacidades de socialización, las cuales implican las habilidades de la firma para generar una ideología compartida que ofrezca a los miembros una identidad atractiva así como una interpretación colectiva de la realidad, se trata de la "cultura" de la firma en términos de su sistema de ideas (Van den Bosch et al, 1999)[140].

Por otra parte, Zahra y George (2002,)[141] plantean que la CAb es un conjunto de rutinas y procesos organizacionales a través de los cuales la firma adquiere, asimila, transforma y explota el conocimiento para producir una capacidad organizativa dinámica", agregando una dimensión adicional a la definición original (transformación) y resaltando que no se trata de una capacidad estática sino por el contrario de una dinámica. De manera que, la CAb es una capacidad dinámica de cuatro dimensiones con roles diferentes pero a su vez complementarios.

Más allá del intento por redefinir el concepto, lo más interesante de la contribución de estos autores es haber rescatado de la estructura cognitiva de la CAb la posibilidad de que el conocimiento sea "nominalmente" adquirido

---

capacity and knowledge environment: Organizational forms and combinative capabilities. Organization Science, vol. 10, n° 5, p.p. 551-568, 1999.

140   Idem.

141   Sh. Zahra, & G. George, "Absorptive capacity: a review, reconceptualization and extension", Academy of Management Review, Vol. 27, N° 2, pp. 185-203, 2002.

80

pero no "utilizado" (Cohen y Levinthal, 1990)[142], planteando a estas capacidades como la suma de dos componentes, uno potencial y otro realizado. La CAb potencial se refiere a las dimensiones de adquisición y asimilación mientras que la CAb realizada implica las de transformación y explotación. A partir de la introducción de esta distinción se obtiene un factor de eficiencia (CAb realizada / CAb potencial) que sugiere que las firmas varían en su habilidad para crear valor, a partir de la base de conocimiento, debido a las variaciones en las dimensiones de transformación y explotación. Así, la CAb realizada es el recurso primario de las mejoras en el desempeño de las firmas (Zahra y George, 2002)[143].

El aporte de Schmidt (2005)[144] cambia el foco de los análisis tradicionales y en vez de indagar sobre los insumos que determinan la CAb trabaja sobre variables de resultado para demostrar que las CAb requeridas por las firmas varían en función del tipo de conocimiento a ser adquirido (Schmidt, 2005)[145].

Partiendo de la definición de Cohen y Levinthal[146] y de las tres dimensiones de la CAb, Schmidt evalúa si las innovaciones de las firmas incorporan o están basadas en conocimiento obtenido de fuentes externas. Supone que las firmas que introducen innovaciones basadas en conocimiento externo, necesariamente tienen la habilidad de explotarlo y, por lo tanto, evidencian CAb. Esto le permite centrar el análisis en el componente de explotación, dando por supuesto el cumplimiento de las otras dos dimensiones (identificación y asimilación).

142   W. Cohen y D. Levinthal, Absorptive Capacity: A New Perspective on Learning and Innovation. Administrative Science Quarterly, Vol. 35, No. 1, pp. 128-152, Mar. 1990.

143   Sh. Zahra, & G. George, "Absorptive capacity: a review, reconceptualization and extension", Academy of Management Review, Vol. 27, N° 2, pp. 185-203, 2002.

144   Tobias Schmindt, Absorptive Capacity- One Size fits all, A firm-level analysis of Absorptive Capacity for Different Kinds of Knowledge"; Discussion Paper N ° 5-72, ZEW, 2005.

145   Idem.

146   W. Cohen y D. Levinthal, Absorptive Capacity: A New Perspective on Learning and Innovation. Administrative Science Quarterly, Vol. 35, No. 1, pp. 128-152, Mar. 1990.

Schmitdt, basado en las evidencias recogidas por otros autores detecta y, posteriormente, comprueba que la absorción de conocimiento depende, entre otras cosas, del tipo específico del nuevo conocimiento ofrecido, lo cual afianza la importancia de la base previa de conocimiento y la propiedad acumulativa de la CAb. . Es decir, hay diferentes CAb o niveles de CAb requeridos para distintos tipos de conocimiento. El trabajo sugiere la existencia de tres niveles de CAb distintos, según se trate de absorber conocimiento generado por competidores (intra-industria), otras industrias (inter-industrial) ó institutos de investigación (ciencia básica). Por otra parte, Schmidt demuestra también que lo relevante no es la intensidad sino la continuidad de los gastos.

Las contribuciones presentadas tienen la virtud de acercar nuevas evidencias para el estudio de las CAb. Una particularidad común de éstas es haber destacado y elaborado aspectos teorizados por Cohen y Levinthal que no habían sido incluidos en los trabajos subsiguientes. A partir de estos aportes se destacan tres características importantes para el fortalecimiento del concepto:

-La importancia de la forma organizacional.

-Las capacidades combinativas (combinación de capacidades sistémicas de coordinación y socialización).

-Capacidad de absorción potencial y realizada, y la medida de eficiencia.

La inclusión de las formas organizacionales y las capacidades combinativas son una buena aproximación al proceso de circulación del conocimiento al interior de la firma y su relación con el entorno. Van den Bosch et al (1999)[147] utilizan estas variables para el análisis de estudios de caso. Sin embargo, capturar estas cuestiones en estudios más agregados, a partir de la realización de encuestas generales de innovación, resultaría complejo. De modo que estos elementos no podrían ser considerados directamente, lo cual no significa que

---

147   F. Van Den Bosch; H. Volberda; M. De Boer, Coevolution of firm absorptive capacity and knowledge environment: Organizational forms and combinative capabilities. Organization Science, vol. 10, n° 5, p.p. 551-568, 1999.

82

deban ser descartados sino por el contrario su inclusión requiere avanzar en el estudio de indicadores que capturen los resultados de estos eventos.

La separación de la CAb en dos esferas (potencial - realizada) y la consiguiente medida de eficiencia en el uso del conocimiento resultante de la relación entre ellas (Zahra y George, 2002)[148], son doblemente importantes. Por un lado, esta distinción se constituye como una herramienta para explicar la persistencia de las diferencias entre dos firmas ante la igualdad de oportunidades tecnológicas. Por otro lado, deja de ser sólo una justificación de la base de conocimiento previo necesaria para el proceso de absorción (Cohen y Levinthal, 1990)[149] y aparece como el vínculo faltante entre las capacidades de absorción e innovación.

Por último, la noción de diferentes niveles de CAb según el tipo de conocimiento que se quiera adquirir (Schmidt, 2005)[150] demuestra que el conocimiento es acumulativo y específico ya que deja en evidencia que una firma requiere distintos tipos de conocimientos según el tipo de problema que quiera resolver. Sin embargo, la interdependencia entre los distintos niveles (Schmidt, 2005)[151] de CAb -intraindustrial, interindustrial y científico- sugiere que no es necesario distinguir entre estos cuando se quiere conocer las capacidades generales de la firma.

148   Sh. Zahra, & G. George, "Absorptive capacity: a review, reconceptualization and extension", Academy of Management Review, Vol. 27, N° 2, pp. 185-203, 2002.

149   W. Cohen y D. Levinthal, Absorptive Capacity: A New Perspective on Learning and Innovation. Administrative Science Quarterly, Vol. 35, No. 1, pp. 128-152, Mar. 1990.

150   Tobias Schmindt, Absorptive Capacity- One Size fits all, A firm-level analysis of Absorptive Capacity for Different Kinds of Knowledge"; Discussion Paper N ° 5-72, ZEW, 2005.

151   Idem.

Conductas innovadoras de las PYMES

Para la teoría evolutiva pueden variar drásticamente el medio ambiente y las condiciones en que operan los agentes, con grandes diferencias en las condiciones de oportunidades relacionadas con la ciencia y tecnología. Lo mismo se aplica para la base de conocimientos que sustentan las actividades innovadoras, así como para el contexto institucional. Así pues, las capacidades de los agentes, el aprendizaje y comportamiento son limitados por la tecnología, la base de conocimientos y el contexto institucional en que actúan las empresas. Por ejemplo, un régimen específico tecnológico define la naturaleza de los problemas que las empresas tienen que resolver en el marco de sus actividades innovadoras, afecta el tipo de aprendizaje tecnológico, conforma los incentivos, organización y restricciones al comportamiento determinado y esto afecta a los procesos básicos de variedad generación y selección (Malerba, 2002)[152].

Por otra parte, el conocimiento tiene sus raíces en los mecanismos de coordinación organizativa y rutinas que, a su vez, están muy influenciados por instituciones sociales. Factores de niveles sociales, como los sistemas de educación y formación, las estructuras del mercado de trabajo y las relaciones sociales entre los diferentes grupos de trabajo, son factores importantes en las estructuras organizativas y procesos en los que está incrustado el conocimiento de la empresa (Lam, 1998)[153].

La gestión del conocimiento, resulta de vital importancia en los resultados organizativos de empresas que realizan innovaciones. Manzanares y Guadamillas Gómez (2008)[154], realizaron un estudio en PYMES industriales

152   F. Malerba, Sectorial systems of innovation and production. Research Policy n° 31, pp. 247-264, 2002.

153   A. Lam, Tacit Knowledge, Organizational Learning and Innovation: A Societal Perspective. DRUID Working Paper No. 98-22, octubre, 1998 [en línea]. Disponible en: http://www3.druid.dk/wp/1.9980022.pdf

154   D. Manzanares y F. Guadamillas Gómez, Gestión del conocimiento organizativo, innovación tecnológica y resultados. Una investigación empírica. Investigaciones Europeas

españolas, analizando dos prácticas, aquellas relacionadas con la exploración de conocimiento, y aquellas relacionadas con la explotación del mismo.

Las actividades de exploración están relacionadas con la obtención de conocimientos que hasta el momento la empresa no posee, sea bien a través de adquisición externa, o bien desarrollado a través de la investigación, la experimentación o el aprendizaje a través de la práctica. Las de explotación, por el contrario, están referidas a la transferencia, el almacenamiento, la protección y la aplicación del conocimiento existente. Cada uno de los bloques a los que hacen referencia (y las prácticas que los componen) tienen una aplicabilidad independiente, aunque conjuntamente, el potencial para mejorar los resultados organizativos es mucho mayor debido a las complementariedades que se pueden dar entre las mismas.

Sin embargo, la dotación heterogénea de intangibles y su diversa naturaleza (conocimientos tácitos y específicos, de difícil imitación, con complementariedades con los conocimientos explícitos, el potencial de codificación) propician que no exista una sola combinación óptima para alcanzar ciertos objetivos específicos, sino que puede haber una diversidad dependiendo de los patrones de aprendizaje tecnológico y del contexto histórico-locacional específico (Estrada y Dutrenit, 2007)[155].

En un estudio de empresas de Singapur, Wong y He (2003)[156], descubren un significativo efecto moderador del clima interno de la empresa para la innovación sobre el impacto de las ayudas públicas en I+D en los inputs y outputs de innovación, y la cooperación en innovación. Este fenómeno es más probable que se observe en las empresas con un clima interno que promueve la innovación, en lugar de las empresas más reactivas. Ello se encuentra en

---

de Dirección y Economía de la Empresa, vol. 14, n°2, pp. 139-167, 2008.

155   S. Estrada y G. Dutrenit, Gestión del conocimiento en PYMES y desempeño competitivo. Engevista, v. 9, n. 2, pp. 129-148, diciembre 2007.

156   P. Wong y Z. He, The moderating effect of a firm's internal climate for innovation on the impact of public R&D supports programmes. International Journal of Entrepreneurship and Innovation Management. Volume 3, n° 5-6, pp. 525-545, 2003.

línea con los argumentos que Scott y Bruce (1994)[157], años anteriores habían desarrollado respecto a la importancia de las relaciones interpersonales y el clima interno tenían sobre el desarrollo de las innovaciones.

Prajogo et al (2007)[158], indican que los resultados de la innovación de las empresas dependen de determinantes como la infraestructura de una organización, que incluyen la gestión de recursos humanos y liderazgo, las capacidades innovadoras, que están representadas por la gestión de la tecnología, (muchas veces se encuentran asociados) y, un último factor es la estrategia de negocio, que determina la dirección de las organizaciones o las metas a cumplir.

En consecuencias, las conductas de innovación de las empresas también deben considerar la elección entre el desarrollo de tecnología propia o la contratación externa de tecnología. Sin embargo, en el lado opuesto el desarrollo de tecnología propia puede ofrecer algunas ventajas frente a su adquisición externa. Quizás la más importante está en el mantenimiento de la ventaja competitiva de la empresa cuando esta ventaja está basada en sus recursos de conocimientos propios. Para preservar este conocimiento específico, las empresas pueden recurrir a mecanismos de protección legales y a estrategias de protección.

Una estrategia de protección ampliamente usada frente a competidores y posibles entrantes al sector, consiste en el desarrollo por parte de las empresas de un tipo de conocimiento tácito, de contexto específico, para dificultar su transmisión, y mantener así su ventaja competitiva. Otro mecanismo consiste en el secreto industrial, la explotación de la posición de liderazgo tecnológico, el aprovechamiento del efecto aprendizaje, y el control de recursos complementarios.

También se presenta un conjunto de factores exógenos, los que hacen

157   S. Scott y R. Bruce, Determinants of Innovative Behavior: A Path Model of Individual Innovation in the Workplace, The Academy of Management Journal, Vol. 37, No. 3, pp. 580-607, junio, 1994.

158   D. Prajogo y A. Sohal, TQM and Innovation: A Literature Review and Research Framework, En Rev. Technovation, 21, 2001.

referencia a las características del conocimiento tecnológico y el grado en que se puede codificar un conocimiento, que también influye en las decisiones sobre la elección de mecanismos protección. Cuánto más codificado es el conocimiento más útil son las patentes y, por el contrario, cuanto más componente tácito posea mayor será la tendencia a emplear mecanismos alternativos de protección (Nieto y Pérez Cano, 2004)[159]. Teece et al (1997)[160], identifican estos recursos como capacidades dinámicas, para subrayar cierto aprovechamiento de la experiencia adquirida interna y los factores externos para hacer frente a cambios del entorno.

Porter y Siggelkow (2000)[161], introducen por primera vez la significación que puede cobrar en las empresas la complementariedad entre las actividades de innovación interna y externa. Si bien las actividades de I+D representa el motor principal de la innovación, afirman que el potencial de desarrollo de los conocimientos se amplía como resultado de combinar las actividades de innovación interna y externa. En la gestión del proceso de innovación, la comprensión de las posibles fuentes de complementariedad entre las actividades de innovación resulta a la vez en una fuente de ventajas competitivas sostenibles.

Freeman (1998)[162] destaca al respecto, que la buena combinación de las etapas de diseño, desarrollo, producción y comercialización es una de las condiciones necesarias para el éxito del proceso innovador. La importancia de esta interacción puede explicar el hecho de que, incluso en muchas organizaciones

159   M. Nieto, y C. Pérez-Cano, The Influence of Knowledge Attributes on Innovation Protection Mechanisms. Knowledge and Process Management, Vol. 11, N° 2, pp. 117-126, 2004.

160   D. Teece, G. Pisano, A. Shuen, Dynamic Capabilities and Strategic Management. Strategic Management Journal, vol. 18, n° 7, pp. 509-533, agosto, 1997.

161   M. Porter y N. Siggelkow, Contextuality within Activity Systems, Academy of Management Proceedings. Harvard Business Review, 2001.

162   C. Freeman, The economics of technical change. Archibugi, D. y J. Michie (eds.), Trade, Growth and Technical Change, Cambridge University Press, 1998. Versión traducida al español por COTEC, [en línea]. Disponible en: http://www.imedea.uib.es/public/cursoid/html/textos/Bibliograf%EDa%20curso/Innovacion%20Landau-FreemanCOTEC.pdf

en las que los contratos para la realización externa de actividades son habituales, también se realicen actividades internas, que no son sustitutivas de las primeras, sino que las complementan, dado que generalmente los conocimientos técnicos deben ser procesados y modificados en la propia empresa para poder ser usados de una manera efectiva.

Vega Jurado (2008)[163], afirman que los resultados de la innovación de la empresa dependen de factores externos y de factores relacionados con las competencias internas de la organización. En vista de la gran cantidad de variables posibles en ambos grupos de factores, el modelo analítico que proponen se inicia con la selección de un conjunto de características que, incluye algunas de las variables más reconocidas por otros autores: i) oportunidades tecnológicas y las condiciones de apropiación como factores externos y ii) competencias tecnológicas de la empresa derivadas de sus actividades en el caso de factores internos. Esta selección se basa en la consideración principal de la adopción de un marco analítico que concibe el proceso de innovación como un aprendizaje continuo, destacando la importancia tanto del conocimiento externo disponible como la capacidad de aprendizaje de la propia empresa. Asimismo, reconocen que los efectos de factores externos e internos en el rendimiento de innovaciones de la empresa, varían dependiendo de la industria o sector en que opera la empresa, en función de los regímenes tecnológicos que prevalezcan.

En resumen, es posible identificar una serie de factores que presentan un impacto -positivo o negativo en las actividades de innovación en las PYMES que pueden ser clasificados, de acuerdo con el ámbito en que se desenvuelven, como: i) internos y ii) externos. A continuación, se resumen cuáles son los elementos claves de cada ámbito y cómo influyen en la gestión de la innovación:

---

163   J. Vega Jurado, A. Gutiérrez-Gracia, I. Fernández-de-lucio, ¿Cómo innovan las empresas españolas? Una evidencia Empírica. En Journal of Technology Management & Innovation, v.3, n.3 Santiago 2008 [en línea]. Disponible en: http://www.scielo.cl/pdf/jotmi/v3n3/art10.pdf

Cuadro 2. Factores Internos y Externos que impactan en las
Actividades de Innovación.

Factores Internos
Competencias y el nivel de capacitación de las personas que se dedican, formal o informalmente, a las actividades de innovación.
-Disponibilidad de recursos financieros para financiar en forma propia la actividad innovadora. -Capacidad de innovación, desarrollo, diseño y testeo de productos y procesos dentro de la firma. -Stock de recursos materiales como al personal técnico y científico dedicado a tales actividades. -Monitoreo, vigilancia y evaluación tecnológica a los efectos de propulsar mejoras de procesos y productos en una adecuada relación costo-beneficio. -La flexibilidad organizacional, entendida como la capacidad existente en las firmas, necesaria como para adaptarse e inclusive, adelantarse a los rápidos cambios que se producen en el entorno en términos de nuevos productos, preferencias de los consumidores o aparición de tecnologías novedosas, es otro de los factores que mejoran la gestión y los resultados de la innovación. -Adecuada estructura relacional y desarrollo de vínculos internos fortalecidos de la empresa. -Desarrollo de clima propicio al flujo e intercambio de información en el interior de la firma, determinado por la existencia de ámbitos formales e informales de comunicación que facilitan o dificultan la gestión del conocimiento existente y del que se va generando a lo largo del proceso.

-La mayor especialización en gestión de la innovación en áreas en las que cuente con capacidades superlativas y difícilmente imitables por sus competidores, con un fuerte componente tácito del conocimiento, además.

Adecuada atención o énfasis puesto en el carácter comercializable y de marketing de las nuevas ideas, funciona también como un factor que facilita la gestión y el éxito innovador.

-Una efectiva formulación y existencia de una estrategia de innovación consistente, que permita generar sinergias entre diferentes actividades de innovación.

Factores Externos

Externalidades existentes en torno a la localización de la firma, fundamentalmente en términos de capacidades científicas y tecnológicas.

-Especialización técnica de la fuerza de trabajo local.

-Disponibilidad de proveedores locales y constructores de maquinaria y equipo específicos.

-Oferta de servicios técnicos que permitan ayudar a las PYMES a solucionar los problemas prácticos que genera la actividad innovadora.

-Desarrollo de las actividades de innovación en cooperación y asociación con otras firmas.

-Participación de ambiente tecnológico y científico existente en torno a su localización, así como por el tipo de redes sociales con las que interactúa la empresa.

-Desarrollo adecuado de vínculos y la interacción con entidades públicas de apoyo a la innovación (centros de investigación y de creación de conocimiento -centros de innovación, cámaras de comercio, consultoras, universidades y centros tecnológicos-, desde los cuales se suelen obtener no sólo recursos materiales sino también el conocimiento científico y/o tecnológico necesario para el desarrollo de nuevos productos, procesos o nuevas formas de organizar la producción).

-Adecuadas fuentes de financiamiento e información específicas a la actividad de innovación.

-La existencia y aprovechamiento de las políticas, instrumentos y herramientas de ayuda y subsidio a la innovación y su gestión disponibles, tanto en el ámbito nacional como local.

Fuente: Elaboración propia.

Las PYMES, suelen encontrar serias dificultades para adaptar o desarrollar innovaciones en su particular escala de recursos y mercado, puesto que no disponen, en la mayoría de los casos, de infraestructuras de investigación, ni les es fácil el acceso a los recursos financieros. Esta debilidad financiera de las empresas es un obstáculo para acometer proyectos, en el ámbito de la innovación, cuyos procesos de maduración representan un periodo de tiempo excesivo para un gran segmento de las PYMES.

A su vez, una nueva visión de la tecnología requiere la consideración de las capacidades de los individuos dentro de las organizaciones. A estás se las define por el conjunto de conocimientos, rutinas, procedimientos, habilidades y el saber hacer de los individuos por estar en permanente contacto con la actividad productiva y las tecnologías. Las innovaciones incrementales que estas capacidades generan, dan lugar al progreso técnico, con mejoras en la productividad del trabajo.

En la medida que las tecnologías son relativamente más costosas y difíciles de dominar, presuponen procesos de aprendizajes más exigentes con resultados más inciertos y requieren mayores habilidades, esfuerzos tecnológicos, presencia de externalidades y resolución de problemas de coordinación. La mejora de la competitividad exige, por lo tanto, un proceso de profundización tecnológica a partir de un sendero evolutivo que implica el montaje inicial y actividades más complejas como la mejora, el diseño y el desarrollo.

Arora y Gambardella (1994)[164], discuten dos efectos complementarios del conocimiento generado internamente y el adquirido externamente. Por un lado, el conocimiento interno es necesario en la gestión de proyectos se encuentran disponibles. Por otra parte, sirve para evaluar eficazmente la disponibilidad externa de conocimientos técnicos y su adquisición.

Las tecnologías más complejas ofrecen mayores recompensas en términos de mayor aprendizaje, ya que en general tienen un mayor potencial para incrementar la productividad. Tecnologías sencillas, por el contrario, tienden a tener un limitado potencial de aprendizaje, menor margen para la mejora tecnológica y menos efectos colaterales, o beneficios para otras actividades. A menos que los países avancen en tecnologías más complejas, su frontera competitiva es muy vulnerable a la entrada, el cambio técnico y mercado de cambios. Por lo tanto, el proceso de desarrollo industrial competitivo es uno de los más exigentes y exige el fomento de formas más profundas de aprendizaje.

En este sentido, la innovación tal como se comprende en este trabajo, se aparta de la concepción de aquellos modelos lineales de innovación que enfatizan de forma clara e inequívoca la importancia vista como origen de cualquier innovación. Un fiel resultado del pensamiento prevaleciente en término de la importancia es el siguiente:

> En el proceso de innovación se pueden distinguir otras actividades innovadoras. Según la definición que figura en el Manual de Oslo (OCDE, 1997) estas actividades son "la adquisición de tecnología

164   A. Arora y A. Gambardella, Evaluating technological information and utilizing it: Scientific knowledge, technological capability and external linkages in biotechnology. Journal of Economic Behavior and Organisation, vol. 24, n° 1, pp. 91-114, 1994.

no incorporada y de "know-how", la adquisición de tecnología incorporada, la puesta a punto de las herramientas y la ingeniería industrial, el diseño industrial, otra adquisición de capital, el inicio de la fabricación y la comercialización de productos nuevos y mejorados".

Posteriormente, la necesidad de medir los outputs del proceso innovador y de desarrollar una visión más amplia de las características innovadoras de las empresas derivó en el Manual de Oslo (OCDE, 2005)[165], el cual da lugar preponderante a las innovaciones no tecnológicas. La empresa aprende cuando introduce las innovaciones, obteniendo valiosos insumos procedentes de las interacciones con terceros y de su actividad comercializadora, mejorando su capacidad innovadora mediante cambios organizativos (Manual de Oslo, OCDE 2005)[166].

La mayor parte de las innovaciones tecnológicas introducidas en las PYMES provienen de la incorporación de nuevo personal técnico o de la adquisición de nuevas tecnologías productivas (de producto o de proceso) en el mercado (Matilla Vicente, 2008)[167]. Estas consideraciones nos llevan a resaltar el papel de la gestión de la innovación y la tecnología como competencias distintivas de una PYME, cualquiera que sea la estrategia empresarial elegida, pero también en los efectos complementarios que surgen hacia el interior de las firmas de combinar la generación de conocimiento interno y la adquisición de conocimientos externos.

165   OCDE, Guía para la recogida e interpretación de datos sobre innovación. Manual de Oslo, julio de 2005 [en línea]. Disponible en: http://www.oci.es/salactsi/oslo3.htm

166   Idem.

167   C. Matilla Vicente, Impacto empresarial de las innovaciones tecnológicas y no tecnológicas y su relación. En Revista de Economía Industrial n° 367, Notas, Madrid España [en línea] p.225-234, 2008, [en línea] Disponible en: http://www.mityc.es/es-ES/Documentacion/Publicaciones/Paginas/detallePublicacionPeriodica.aspx?num Rev=367

Consideraciones sobre la importancia de los procesos innovadores en la competitividad de las PYMES

La competitividad ha originado diversos debates respecto a su verdadero significado, e incluso se la suele circunscribir a la esfera productiva, asumiendo que en un primer momento competitividad y productividad son conceptos que se encuentran estrechamente entrelazados.

Si bien existen numerosas acepciones al término competitividad de una empresa, se puede abordar un concepto general que refiere: al conjunto de habilidades, atributos, recursos y conocimiento que dispone una empresa y que la diferencia de su competencia y que hace posible la obtención de rendimientos superiores a sus competidores.

Anlló et al (2009)[168] destaca que en el marco de la globalización adquieren especial importancia la i) la reconfiguración productiva y la deslocalización de parte del proceso productivo, por un lado y ii) la revalorización de la tecnología como un factor competitivo, y de la innovación como una herramienta para lograrla, por otro. Mientras que en el primer caso resulta relevante la estructura del entramado, sus jerarquías internas, el tipo de tecnología utilizada y el control de los nodos críticos; en el segundo caso se ha producido una evolución teórica hacia la importancia de la articulación del conjunto institucional (público y privado) para construir un sistema que facilite tanto el desarrollo como la difusión de las innovaciones.

Porter (1990)[169] considera como agentes del cambio técnico, desarrollo de competencias y generación de ventajas competitivas, no sólo a los individuos en las empresas, sino también las vinculaciones externas entre ellas, esto es,

---

168   G. Anlló, R. Bisang, M. Campi y I. Albornoz, Innovación y competitividad en tramas globales. CEPAL - Documento de Trabajo n° 235. LC/W.235, marzo 2009 [en línea]. Disponible en: http://www.iadb.org/intal/intalcdi/PE/2.009/03150.pdf

169   M. Porter, La ventaja competitiva de las naciones. Harvard Business Review, vol. 85, n° 11, 2007, pp. 69-95, 1990.

entre clientes, proveedores e instituciones. En ese marco es donde fluye la información técnica, científica, y los conocimientos. Es decir, es en las redes productivas y en ambientes locales donde se desarrolla enteramente el proceso innovador, la difusión y la formación de conocimientos tecnológicos.

En muchos países en desarrollo que siguieron políticas de industrialización orientadas hacia el mercado local, las firmas industriales han logrado aproximarse en la brecha que los separaba de los competidores extranjeros. Las diferencias se presentan en términos de eficiencia, flexibilidad, calidad y responsabilidad requiriendo una reestructuración fundamental del proceso de producción. Por esta razón, ellas deben fortalecer su capacidad innovadora, la administración financiera y los aspectos organizacionales. Por estos motivos, el esfuerzo de las empresas por incrementar su competitividad debe estar acompañado del diseño e implementación de instrumentos públicos que estimulen la capacidad innovadora de las firmas a todo nivel, con el objetivo de avanzar en los eslabones de la cadena productiva hacia productos que no basen únicamente su competitividad en los precios .

Aquí entra la consideración del intercambio de tecnología como sistema de difusión de la acumulación de conocimiento de las firmas. De allí surge la importancia de los procesos de aprendizaje y las ventajas competitivas que aseguran la continuidad de generación de nuevas oportunidades con beneficios y crecimiento económico y disminuyen la vulnerabilidad de las organizaciones ante cambios del entorno que modifiquen las características de la competitividad. De esta forma, se incrementa los incentivos de comandar inversiones en innovación, por lo que estas ventajas pueden mantenerse en el tiempo. Para países industrializados, la teoría evolucionista ha mostrado que el desempeño competitivo puede asociarse a características observables de la conducta tecnológica, en particular a aquellas actividades encaminadas al aprendizaje e innovación tecnológica (Estrada y Heijs, 2003)[170].

---

170   S. Estrada y J. Heijs, Innovación tecnológica y competitividad: análisis microeconómico de la conducta exportadora en México. Universidad Complutense de Madrid - Instituto de Análisis Industrial y Financiero. Documentos de trabajo N° 36, mayo de 2003, [en línea]. Disponible en:

http://www.ucm.es/BUCM/cee/iaif/36/36.pdf

Durante el proceso evolutivo que involucra a la empresa conjuntamente con su interacción con el mercado, surge un conjunto de conocimientos, rutinas y habilidades (tecnológicas y no tecnológicas), que las firmas o agentes generan para llevar a cabo los desarrollos productivos. A su vez, debido al carácter sistémico de la competitividad y a la naturaleza interactiva de la innovación, la capacidad innovadora es concebida como un proceso de aprendizaje en el que se introducen nuevos conocimientos, o se combinan conocimientos existentes, para generar nuevas competencias y se produce entonces una resignificación de la función del ambiente local y de sus instituciones en el desarrollo de las capacidades innovadoras de las firmas (Lundvall, 1992)[171].

Los cursos de actividades innovadoras dentro de una empresa, dependerán de aspectos vinculados a su nacimiento, existencia y transmisión. A través de su propia eficacia, las empresas individuales afectan a estas actividades, a través de la escala y el alcance de la producción, el desempeño de innovaciones, la reestructuración interna de su organización. Simultáneamente, la empresa interactúa con su entorno por medio de la utilización de los recursos y la construcción, mientras que también es parte de la evolución de su población o industria (Rahmeyer, 2006)[172].

A nivel PYME, la competitividad se entiende como la capacidad de una empresa para aumentar en tamaño, la cuota de mercado y la rentabilidad. En la teoría económica tradicional, los costos de producción determinan en buena medida la posición competitiva relativa de la firma. Sin embargo, cada vez más estudios señalan que el factor precio no es tan importante, sino que existen una serie de factores no-precio tales como las habilidades y la motivación de trabajador, y la capacidad de adaptarse y utilizar tecnologías incorporadas y otros factores de gestión y de organización, internos y externos como el gerenciamiento de cierto capital relacional con clientes, proveedores,

---

171   B. Lundvall, Sistemas nacionales de innovación. Hacia una teoría de la innovación y el aprendizaje por interacción. Comisión de Investigaciones Científicas de la Provincia de Buenos Aires, 1992. Traducción al español, mayo 2009.

172   F. Rahmeyer, From a Routine-Based to a Knowledge-Based View: Towards an Evolutionary Theory of the Firm. Institut für Volkswirtschaftslehre der Universität Augsburg Volkswirtschaftliche Diskussionsreihe n° 283, 2006. [en línea]. Disponible en: http://134.245.95.50:8080/dspace/handle/10419/22806

96

institutos de investigación públicos y privados y otras empresas (Clark y Guy, 1998)[173].

De acuerdo con Miles y Snow (1978)[174], las estrategias competitivas de las empresas pueden clasificarse en: i) defensivas (aquellas que no se arriesgan orientándose a nuevas actividades, buscando la eficiencia y la mejora continua en los procesos actuales. Las principales innovaciones que suelen aplicar estas empresas se relacionan con el proceso productivo -en busca de una mayor eficiencia- o con la gestión); ii) exploradoras (constantemente buscan nuevas oportunidades, nuevos mercados o productos y, para ello, continuamente introducen cambios y mejoras en los productos y mercados tratando de ser las primeras en desarrollar nuevos productos); iii) analizadoras (aprovecha las ventajas de las defensivas como la estabilidad de los mercados y de las exploradoras, ya que invierten rápidamente en los productos en las éstas obtienen éxito); iv) reactivas (no tienen una estrategia definida y no conciben a la innovación como un mecanismo de desarrollo).

Los activos que distinguen a una empresa de sus rivales, incluyen la tecnología, los conocimientos especializados de producción y las instalaciones productivas, la reputación de una marca comercial sólida, activos humanos, redes de suministro y canales de comercialización establecidos. La empresa construirá una ventaja competitiva sostenible en la medida que posea una propiedad temporal o sostenida sobre activos a los cuales a la competencia no puede adquirir (Arora et al 2002)[175].

En el análisis de los determinantes de la competitividad en PYMES se suele encontrar preferentemente dos corrientes teóricas: i) aquellas que ponen énfasis en las decisiones y capacidades internas de las empresas y, ii) aquellas

173   J. Clark y K. Guy, Innovation and Competitiveness: A Review. Technology Analysis & Strategic Management, vol. 10 n° 3, pp. 363-395, 1998.

174   R. Miles y C. Snow, Organizational strategy, structure and process. West Publishing Company, New York, 1978.

175   A. Arora, A. Fosfuri, A. Gambardella, Los mercados de tecnologías en la economía del conocimiento. Revista Internacional de Ciencias Sociales" N° 171, La sociedad del Conocimiento, marzo 2002, [en línea]. Disponible en: http://www.oci.es/salactsi/arora.pdf

que confieren a condicionantes del entorno y las instituciones un rol clave de la inserción de las PYMES en los diferentes mercados.

Los primeros enfoques son resumidos por Abando (2008)[176] y los agrupan en la Teoría de Recursos y Capacidades (Wernerfelt, 1984; Teece, 1986[177]; Prahalad y Hamel, 1990[178]; Barney, 1991[179]; Grant, 1991[180]; Amit y Schoemaker, 1993[181]; Peteraf, 1993), que consideran fundamentalmente a los factores internos de las organizaciones como determinantes claves de la competitividad de las mismas. De acuerdo con esta perspectiva, son los recursos y capacidades de cada empresa los que les permiten distinguirse de las demás, de forma que su adecuada gestión logra a su vez obtener ventajas competitivas, haciendo posible que incluso empresas de una misma industria, obtengan niveles de rentabilidad diferentes.

La teoría de la firma basada en recursos y la literatura sobre aprendizaje organizacional, representadas respectivamente por Cohen y Levinthal (1990)[182], revelan que, mediante la inversión en aprendizaje, la firmas aumentan

176   J. Abando, Dinámica Empresarial en las PYMES Tecnológicas Jóvenes, en "Creación, supervivencia, crecimiento e internacionalización de las PYMES jóvenes en España: 1995-2006", Dirección General de Política de la PYME, Madrid, España, 2008, pp.152-191. [en línea] Disponible en: http://www.iPYME.org/NR/rdonlyres/C7E23634-DEC8-4244-ACE3-F9C17122F00A/0/PYMEJovenes9506.pdf.

177   D. Teece, Profiting from Innovation. Research Policy vol. 15, Issue 6, pp. 285-305, 1986.

178   C. Prahalad y G. Hamel, The Core Competence of the Corporation, Harvard Business Review, LXVIII, 79-91, 1990.

179   J. Barney, Firm resources and sustained competitive advantage. Journal of Management, 17, pp. 99-120, 1991.

180   R. Grant. The Resource-based Theory of Competitive Advantage: Implications for Strategy Formulation. California Management Review, vol. 33, n° 3, pp. 114-135, 1991.

181   R. Amit y P. Schoemaker, Strategic Assets and Organizational Rent. Strategic Management Journal, vol. 14, pp. 33-46, 1993.

182   W. Cohen y D. Levinthal, Absorptive Capacity: A New Perspective on Learning and Innovation. Administrative Science Quarterly, Vol. 35, No. 1, pp. 128-152, Mar. 1990.

tanto su base de conocimiento y de cualificación (o competencias esenciales) como su habilidad de asimilar y usar informaciones futuras (conocida como capacidad de absorción). El enfoque de la firma basada en recursos argumenta, además, que es precisamente la distribución heterogénea de las competencias y de la capacidad de absorción lo que permite a la firma obtener ventajas competitivas sustentables (La Rovere y Hasenclever, 2003)[183].

Las diferencias de resultado, tanto intrasectoriales como intersectoriales, pasan a depender del contenido de los recursos de la empresa y de sus características, aspectos que se refieren únicamente al ámbito interno de la organización. Los objetivos de las empresas deben ser el desarrollo de sus recursos internos y el diseño de mecanismos de protección contra la imitación de éstos por parte de la competencia.

Bajo estos enfoques, las ventajas competitivas proporcionadas por los recursos y capacidades se manifiestan en rentas diferenciadoras para las empresas y/o sistemas y su medición, que por supuesto es en términos relativos y teniendo en cuenta el contexto de mercado. Estas rentas se caracterizan por su transitoriedad, para que prosiga el proceso de desarrollo económico, tal como lo entiende Schumpeter. Tales ventajas deberían ser dinámicas, en el sentido de ser sustentables en el tiempo. En este sentido el proceso innovador es el que permite su desarrollo (Metcalfe et al, 2003)[184].

En consecuencia, de acuerdo a las capacidades y posibilidades de las empresas de apropiarse de conocimientos, tanto codificados como tácitos, e incluso

183   R. La Rovere y L. Hasenclever, Innovación, competitividad y adopción de tecnologías de la información y de la comunicación en pequeñas y medianas empresas: algunos estudios de caso sobre Brasil. Instituto de Economía, Universidad Federal de Río de Janeiro, Brasil, working paper, 2003, [en línea]. Disponible en: http://www.littec.ungs.edu. ar/eventos/renata%20la%20rovere%20y%20lia%20hasenclever.pdf

184   J. Metcalfe, R. Ramlogan y E. Uyarra. Economic Development and Competitive Process. Centre for research on innovation and competition and school of economic studies University of Manchester en Conferência internacional sobre sistemas de inovação e estrategias de desenvolvimento para o terceiro milênio. Nov. 2003[en línea]. Disponible en: http://redesist.ie.ufrj.br/globelics/pdfs/GLOBELICS_0069_Metcalfeetalli.pdf

de desarrollar nuevos, se generan las ventajas competitivas dinámicas y la diferenciación buscada por los agentes. La evolución de la competitividad depende de la eficacia con que un país apoya a sus empresas en el acceso a nuevas tecnologías y el dominio de ellos, y si prolonga sus políticas por un tiempo cada vez mayor para hacer frente a cada vez más difícil aprendizaje (Lall, 2000)[185].

Las ideas valiosas pueden provenir desde dentro o fuera de la empresa, y pueden ser comercializadas dentro de la empresa o por otra entidad que asuma la innovación abierta. En este sentido la capacidad del Sistema de Innovación vendrá dada por los vínculos a la hora de identificar, conectar y potenciar las fuentes de conocimiento externo como el núcleo básico del proceso de innovación en la firma. Asimismo, podría prevalecer el modelo de innovación cerrada, en el cual las organizaciones desarrollan nuevos productos y servicios sin interactuar con el entorno (Agarwal, Audretsch y Sarkar, 2007)[186].

El análisis teórico realizado por Reinert (1996)[187] confirma la convivencia de áreas económicas que permiten el desarrollo de competencias, donde el cambio tecnológico y su difusión ocurren más rápidamente y otras, donde se tienen conocimientos muy imperfectos sobre técnicas, presentan escasa evolución y relativamente menos beneficios externos. En un sistema local desarrollado, las firmas logran adquirir capacidades innovadoras y comportamientos positivos.

---

185   S. Lall, Skills, Competitiveness and Policy in Developing Countries. Oxford Department of International Development, Working Paper Series N° 46, 2000. [en línea]. Disponible en: http://www3.qeh.ox.ac.uk/pdf/qehwp/qehwps46.pdf

186   R. Agarwal, David B. Audretsch and M.   Sarkar, The Process of Creative Construction: Knowledge Spillovers, Entrepreneurship and Economic Growth. Strategic Entrepreneurship Journal, Forthcoming, 2007. [en línea]. Disponible en: http://ssrn.com/abstract=1027901.

187   E. Reinert, The role of technology in the creation of rich and poor nations: underdevelopment in a Schumpeterian system. En Aldcroft y Catterall (Eds.) Rich Nations - Poor Nations. The long run perspectives. Edward Elgar Publishing, 1996.

En los casos de los sistemas locales subdesarrollados, no suelen existir incentivos a desarrollar nuevas habilidades ya que la demanda de la misma es insuficiente y por lo tanto no se dan circuitos de destrucción creadora schumpeteriana por innovaciones. Por el contrario, se cae en un círculo vicioso de subdesarrollo y pobreza relativa. Las posibilidades de salir de tal situación, exige un umbral mínimo de capacidades y competencias mayores a los de los sistemas más desarrollados (Reinert, 1996)[188].

Esta nueva significación del entorno local y sus instituciones pone de manifiesto el carácter sistémico de la competitividad y la naturaleza interactiva de la innovación. Desde este nivel de análisis, el desarrollo de ventajas competitivas está dado por el hecho que los actores dentro de estas redes compartan un lenguaje codificado no entendible externamente (Yoguel, 2000)[189].

La atmósfera institucional tiene importancia como marco donde los factores facilitadores de procesos de innovación endógenos de las regiones circulan. Las prácticas cooperativas de los agentes y las instituciones ayudan a la generación de competencias. En los sistemas desarrollados el marco institucional resulta positivo. Por el contrario, en los no desarrollados. Un marco institucional débil requiere que se hagan esfuerzos superiores en la adquisición de recursos tecnológicos. La cooperación tiene poca relevancia, ya sea de carácter formal o informal.

En las economías en desarrollo, las capacidades tecnológicas y no tecnológicas, de los diferentes agentes dependerán sustancialmente del ambiente local, antes que el global. Se trata, además, de economías en las que las empresas normalmente operan con un cierto rezago respecto a la frontera tecnológica

---

188   Idem.

189   G. Yoguel, PYME: una estrategia hacia la competitividad en un escenario de cambio tecnológico, UNGS - Instituto de Industria. Documento de Trabajo N° 5, 2000, [en línea]. Disponible en:

http://www.littec.ungs.edu.ar/pdfespa%F1ol/DT%2.005-2000%20Yoguel.pdf

internacional, son de mucho menor tamaño que las de países más desarrollados y, por lo general, carecen de información, o capacidad gerencial, como para operar en base a rutinas de organización de la producción relativamente cercanas al estado del arte internacional.

Asimismo, se caracterizan por un bajo nivel relativo de productividad que alcanza el aparato productivo y en el hecho de que el ritmo de cambio tecnológico que el mismo incorpora año tras año no es suficiente, ni está adecuadamente distribuido a lo largo de la estructura productiva -regiones, tipos de empresas, sectores de industria- como para permitir que la productividad media de la economía en su conjunto se vaya acercando a la que exhibe el mundo desarrollado (Katz, 2007)[190].

Un último concepto asociado a la mejora de la competitividad sistémica, tendrá que ver en consecuencia con el mayor ritmo de incorporación de nuevas actividades productivas a la economía, a partir de empresas que ven en esta práctica una posible apropiación de beneficios, y constituirá a la vez un determinante central del proceso de desarrollo en su conjunto.

Ello involucrará la co-evolución de fuerzas económicas, tecnológicas e institucionales que se van retroalimentando a través del tiempo. Por otra parte, la variabilidad implica esfuerzos de búsqueda de nuevos productos (o nuevos procesos para hacer de manera diferente algo que ya se hacía con anterioridad) y ello implica nuevos esfuerzos de I+D, que se materializarán en ventajas diferenciadoras de las empresas y la región (Katz, 2008)[191].

190   Jorge Katz, Cambios estructurales y ciclos de destrucción y creación de capacidades productivas y tecnológicas en América Latina. The Global Network for Economics of Learning, Innovation, and Competence Building System Working Paper N° 2007-06. México, septiembre 2007. [en línea]. Disponible en: http://dcsh.xoc.uam.mx/eii/workingpapers.html

191   Jorge Katz, Aprendizaje tecnológico ayer y hoy. Revista de la CEPAL. Santiago de Chile. N° Extraordinario, pp. 63-76, 1998.

Breves consideraciones

A lo largo de este capítulo se ha intentado establecer el herramental conceptual que se utilizará durante todo el trabajo y los ejes de discusión que motivan al presente estudio. Partiendo de los fundamentos teóricos conceptuales que sostienen Nelson y Winter (1982)[192], con respecto a la noción de la empresa como una organización que asume un comportamiento completamente diferente a la que plantea el enfoque neoclásico, (caracterizada por instituciones tradicionales que operan con una tecnología dada, fácil de reproducir y usar, disponible públicamente), la escuela evolutiva propone empresas diferenciadas tecnológicamente, con distintas habilidades en el know-how y trayectorias tecnológicas específicas y con diferentes capacidades de aprendizaje y mecanismos de procesamiento de información.

La relación entre la concepción de empresa como institución de carácter orgánico y la rutina como acción permanente de este tipo de organización, conduce a la necesidad de argumentar acerca del comportamiento que experimentan dichas instituciones y los individuos que las conforman. (Smith Cayama et al, 2008)[193].

Los esfuerzos que realizan los actores para resolver los problemas que se les presenta en entornos específicos; van creando las capacidades a través del aprendizaje colectivo y mecanismos de decisión que luego pasan a conformar las rutinas organizativas a través de procesos de acumulación. Estas últimas pueden ser entendidas como respuestas predecibles en el caso que los entornos se les presenten en forma similar a las organizaciones. La percepción schumpeteriana -que coloca al cambio tecnológico en el núcleo central del desarrollo económico- ha ido desplazando el objeto del análisis desde el problema de los factores

192   R. Nelson, y S. Winter, An Evolutionary Theory of Economic Change. The Belknap Press of Harvard University Press, Cambridge, 1982.

193   H. Smith Cayama, M. I. Lovera, y F. Marín González, Innovación tecnológica en la organización empresarial: un análisis desde la teoría biológica evolucionista. Multiciencias, vol.8, no.1, pp.28-37 Maracaibo, abr. 2008 [en línea]. Disponible en: http://www.serbi.luz.edu.ve/scielo.php?script=sci_arttext&pid=S1317-22552.008004000004&lng=es&nrm=iso

determinantes de la innovación hacia la cuestión de la configuración de los procesos innovadores dentro de los diferentes ámbitos en los que éstos tienen lugar, particularmente en el empresarial. El estudio de tales procesos parte de la consideración de que la tecnología se conforma como un multidimensional y complejo elenco de conocimientos, una gran parte de los cuales tienen un carácter tácito y son, por ello, específicos de cada empresa u organización (Buesa y Molero, 1996)[194].

Freeman (1994)[195] destaca la importancia crucial que para la innovación y para el éxito de las empresas tiene la acumulación interna de conocimientos a través de procesos formales de formación del personal o mediante la experiencia, aunque reconoce la dificultad de definir este aspecto con precisión y de medirlo correctamente. El autor cita diversos artículos en los que se resalta la especificidad de los procesos de innovación en diferentes sectores industriales y la dificultad de clasificar innovaciones de naturaleza e impacto muy dispares. Para ello, distingue entre innovaciones radicales, que suponen productos o procesos completamente nuevos y en las que los departamentos de I+D de las empresas suelen jugar un papel fundamental, dado que la innovación requiere conocimientos nuevos, e innovaciones incrementales, que suponen mejoras en cualquiera de los productos y procesos ya existentes, en las que todos los elementos de la empresa son de gran importancia.

Asimismo, el proceso de aprendizaje también implica, considerar nuevos procesos de búsqueda y selección de nuevas rutinas organizativas que incrementen valor a la empresa. Luego, las rutinas se automatizan haciéndose parcialmente tácitas, derivando en acumulación de datos e información, que procesados mentalmente pueden generar conocimientos y expresarse en habilidades y competencias clave para la supervivencia de la organización.

---

194   M. Buesa y J. Molero, Tamaño empresarial e innovación tecnológica en la economía española". Documento de Trabajo Instituto de Análisis Económico y Financiero, Universidad Complutense de Madrid, 1996, [en línea]. Disponible en: http://www.ucm.es/BUCM/cee/iaif/001/001.htm

195   C. Freeman, The economics of technical change. En Cambridge Journal of Economics 1994, Critical Survey articles nº 18, p. 463-514.

104

Esto conduce a la conformación de una memoria corporativa que asume características funcionales duraderas (Smith Cayama et al, 2008)[196].

Al mismo tiempo, el aprendizaje incluye la incorporación y difusión de conocimiento, el cual a menudo se presenta en forma implícita o tácita. Reconocer ello, implica que el proceso de difusión, transferencia y evolución tecnológica, se presenta al menos con condicionantes y en clara oposición a los supuestos neoclásicos de libre acceso e internalización. Las diferencias en las capacidades tecnológicas de las organizaciones, determinará en consecuencia la variación en el número y tamaño de las empresas y su mayor competitividad y el cambio en la estructura de la oferta de una determinada industria a lo largo del tiempo.

Bajo esta lógica, el desarrollo local estaría condicionado por la capacidad de los actores para potenciar el rendimiento de los activos de la firma, la capacidad de integración entre empresas y la capacidad para que se produzca la interacción entre los ámbitos locales, nacionales e internacionales, mediante la interpretación e internalización de realidades locales externas.

Ello implica considerar que la mayor competitividad de una región no se obtiene de las capacidades endógenas del acervo productivo, tal como proponen autores neoclásicos que presentan las teorías modernas del crecimiento; sino mediante competencias nuevas relacionadas con la capacidad de interpretación de las necesidades de los contextos globales y la adaptación productiva en el contexto local (Finquelievich, 2007)[197].

196   H. Smith Cayama, M. I. Lovera, y F. Marín González, Innovación tecnológica en la organización empresarial: un análisis desde la teoría biológica evolucionista. Multiciencias, vol.8, no.1, pp.28-37 Maracaibo, abr. 2008 [en línea]. Disponible en: http://www.serbi.luz.edu.ve/scielo.php?script=sci_arttext&pid=S1317-22552.008004000004&lng=es&nrm=iso

197   S. Finquelievich, La innovación ya no es lo que era: Impactos meta-tecnológicos en las áreas metropolitanas. 1a ed. Buenos Aires: Dunken, pp. 1-42 2007.

Landau (1991)[198] destaca la importancia de dos elementos del entorno de las empresas que condicionan su éxito en el proceso innovador: por una parte, realza la importancia del sistema educativo, tanto en el nivel secundario como en el universitario, que debe proveer a las empresas de un capital humano capacitado; por otra, señala la importancia que para el proceso de innovación tiene la existencia en el país de un sistema financiero suficientemente desarrollado, en el que existan herramientas adecuadas para financiar el proceso innovador.

La aceptación de los modelos de innovación interactivos y de SNI, obligó a definir o revisar algunos instrumentos de apoyo a la innovación. Los sistemas de innovación se desempeñan como dispositivos de cooperación entre los sectores público y privado para resolver fallas del mercado y de coordinación vinculadas a la generación y difusión del conocimiento, promoción de la inversión, fomento de las mejoras prácticas, etc.

Entre las nuevas funciones del gobierno local, se encuentran la promoción del desarrollo local, la dinamización de los actores y factores económicos locales y la creación de empleo, basado en un enfoque orientado al cliente, y promoviendo los procesos innovadores a fin de lograr mejoras en la competitividad y productividad de las empresas y, por ende, del territorio local.

Posteriormente, se abordó sucintamente la importancia que los procesos innovadores y el impacto que éstos producen en la competitividad, y dentro de ello más específicamente en lo que representan para las PYMES. Reconocida es por lo tanto, la importancia de las Pequeñas y Medianas Empresas en las economías locales, la competitividad sistémica y dependerá en consecuencia del mayor dinamismo innovador que posean estas empresas.

198   R. Landau, How competitiveness can be achieved: fostering economic growth and productivity. En Technology and economics, National Academy Press, Washington, D.C, 1991. Versión traducida al español por COTEC, [en línea]. Disponible en: http://www.imedea.uib.es/public/cursoid/html/textos/Bibliograf%EDa%20curso/Innovacion%20Landau-FreemanCOTEC.pdf

CAPÍTULO 2: LAS PEQUEÑAS Y MEDIANAS EMPRESAS (PYMES) Y SUS CONDUCTAS INNOVADORAS

"...innovación representa la introducción de un nuevo, o significativamente mejorado producto (bien o servicio), de un proceso, de un nuevo método de comercialización o de un nuevo método organizativo, en las practicas internas de la empresa, la organización del lugar de trabajo o las relaciones exteriores." Organización para la Cooperación y Desarrollo Económico (OCDE, 2005).

Las PYMES industriales en un actual sistema productivo

Los procesos de reestructuración económica que han afectado principalmente, a aquellos caracterizados por la apertura económica de los noventa y la salida de la convertibilidad desde el año 2002 en adelante, impactaron en la configuración del tejido industrial. Los años noventa caracterizaron a la conformación productiva vigente por una gran heterogeneidad, a partir de las diferentes adaptaciones que suponían estrategias productivas en donde la producción local, se combinó con la importación de insumos y de bienes finales, con el fin de aprovechar las ventajas macroeconómicas que podían presentarse (Kosacoff y Ramos, 2006)[199].

La mayor apertura, implicó una resignificación de la organización y su entorno, donde las tecnologías organizacionales, la mejora continua, los procesos innovadores, etc., juegan un rol clave en la cultura y creatividad de las firmas para afrontar los nuevos desafíos. Las nuevas condiciones requerían de las organizaciones que deseen garantizar su permanencia en un ambiente globalizado y en continuo desarrollo, la priorización de las necesidades de los clientes, implicando con ello un verdadero cambio de cultura al interior de la organización.

---

199   B. Kosacoff y A. Ramos, Comportamientos microeconómicos en entornos de alta incertidumbre: la industria 0. CEPAL - Documento de Trabajo, enero 2006.

Aghion et al (2008)[200], afirman que procesos similares se caracterizan por ciclos de creación y transmisión de conocimientos tecnológicos que se desarrollan en gran medida endógenamente, determinados por la naturaleza y la importancia económica y social del tipo de conocimientos con los que se trate, los intereses que sirven y los recursos que son capaces de comandar. El nuevo patrón tecnológico se caracteriza por la incorporación al proceso productivo de máquinas y equipos de avanzada tecnología de origen extranjero y la acelerada difusión de tecnologías organizacionales como las mejoras en gerenciamiento, en comercialización y distribución, etc., en un marco de racionalización del empleo, que aumentaron la productividad de las firmas.

La incorporación, difusión y generación de conocimiento tecnológico en las plantas industriales difiere considerablemente de la que prevalecía en la economía semi-cerrada previa al proceso de apertura que se incentivó en los noventas a partir del plan de convertibilidad y de las reformas estructurales (Yoguel y Rabetino, 2000[201]).

El desarrollo de una base de negocios sujeta a los condicionamientos de un acelerado proceso de apertura (acentuado por los efectos de una desproporcionada apreciación cambiaria), a las imperfecciones del mercado de capitales (con tasas de interés real en momentos inconsistentes con la producción) y un marco de políticas competitivas y de comercio exterior escasamente evaluado, fondeado y articulado, generó una exposición extrema a la competencia internacional. Ante este contexto, las actividades basadas en recursos naturales y en insumos básicos, que ya contaban con capacidades previas, avanzaron velozmente hacia la aplicación de las mejores prácticas internacionales.

---

200   P. Aghion, P. David y D. Foray, Science, Technology and Innovation for Economic Growth: Linking Policy Research and Practice in 'Stig Systems. Working Paper Series, octubre, 2008. [en línea]. Disponible en: http://ssrn.com/abstract=1285612.

201   G. Yoguel y R. Rabetino, El desarrollo de las capacidades tecnológicas de los agentes en la industria manufacturera 0 en los años noventa incluido B. Kosacoff; G. Yoguel; C. Bonvecchi, A. Ramos (comp.) El desempeño industrial mexicano: Más allá de la sustitución de importaciones. CEPAL, Oficina Buenos Aires, 2000.

Esto explica en gran medida la dinámica exportadora de los años noventa: las ventas al exterior basadas en los recursos naturales tuvieron un buen desempeño y generaron una destacada masa de divisas, aunque llegan únicamente a las primeras fases de valor agregado. En contraposición, hubo una notable pérdida de capital social en amplios sectores que no pudieron adaptarse y la mayoría de las actividades derivaron en el desarrollo de estrategias de sobrevivencia, transitando del mundo de la producción al mundo del ensamblado y la comercialización de insumos y productos importados. La resultante de estos procesos fue un patrón de especialización exportadora excesivamente precarizado e incrementos de la productividad que convivieron con la expulsión de mano de obra y con el escaso fomento al desarrollo de nuevos emprendimientos productivos (Aspiazu et al 2001)[202].

A partir del nuevo régimen cambiario, desde el año 2002 se logró impulsar un veloz crecimiento de la producción y el empleo industrial, promoviendo la recuperación del entramado productivo y el avance cada vez mayor de la industria hacia los mercados externos, pero se mostró insuficiente a la hora de iniciar un proceso de sustitución gradual de importaciones, cambiar el perfil exportador, recomponer encadenamientos, recuperar líneas de producción perdidas y avanzar hacia nuevos sectores intensivos en tecnología, si se siguen los principales indicadores macroeconómicos y la evolución del sector industrial en los últimos años. Este modelo basado en un tipo de cambio competitivo ha contribuido a profundizar los rasgos de una estructura de especialización de escaso dinamismo a nivel mundial, con limitados efectos locales en término de empleo y encadenamientos productivos.

En términos generales, el nuevo régimen macro contribuyó en definir una estructura industrial conformada por un conjunto de actividades caracterizadas por fuertes ventajas comparativas de tipo estático, por otras largamente beneficiadas por políticas industriales específicas y por empresas

---

202   D. Aspiazu, E. Basualdo, M. Shorr, La industria 0 durante los años noventa: profundización y consolidación de los rasgos centrales de la dinámica sectorial post-sustitutiva. Buenos Aires: Área de Economía y Tecnología de la FLACSO, mayo 2001, [en línea] Disponible en: http://www.flacso.org.ar/publicaciones_vermas.php?id=171.

que sobrevivieron, primero a las condiciones de racionalización impuestas por el régimen de la convertibilidad y, luego, a la recesión mediante estrategias básicamente defensivas centradas en la reducción de los costos fijos y salariales (Fernández y Porta, 2008)[203].

Kulfas (2008)[204], resume el impacto que en la industria propuso el nuevo contexto macroeconómico en economías regionales a partir del importante dinamismo que impuso la coyuntura internacional y el alto valor de los commodities (se destaca en particular el crecimiento de los sectores asociados a servicios y de las industrias vinculadas al agro (en particular la de maquinaria agrícola) Estos sectores, sin incluir al sector de software y tecnologías de información el cual obedece a patrones de especialización diferentes al resto, han reaccionado favorablemente frente a las nuevas condiciones de precios relativos, reactivando capacidad instalada ociosa.

El crecimiento generalizado de la gran mayoría de las ramas es una característica subyacente, aunque existe una diversidad de ritmos de crecimiento que obedece, entre otros factores, a la naturaleza del régimen de competencia de cada actividad y al impacto particular del nuevo régimen de incentivos sobre la situación sectorial en el pico de la crisis. En el año 2007, solamente cinco sectores de actividad consolidaron dos terceras partes de la producción, todos habiendo acentuado su participación comparativamente a los años noventa: i) industrialización de productos naturales, ii) productos químicos, iii) la siderurgia, iv) la producción de aluminio y v) el sector automotor (Fernández y Porta, 2008)[205].

203   C. Fernández Bugna y F. Porta, El crecimiento reciente en la industria 0. Nuevo régimen sin cambio estructural, en Kosacoff, B. (ed), "Crisis, recuperación y nuevo dilemas. La economía 0 2002 - 2007", Documento de Proyecto. CEPAL, Buenos Aires, 2008.

204   M.   Kulfas,   Las   PYMES   0   en   el   escenario   post convertibilidad.   Políticas   públicas,   situación   y   perspectivas.   CEPAL   - Colección   Documentos   de   proyectos,   2008.   [en   línea].   Disponible   en: http://www.cepal.cl/publicaciones/xml/5/37175/DocW40.pdf

205   C. Fernández Bugna y F. Porta, El crecimiento reciente en la industria 0. Nuevo régimen sin cambio estructural, en Kosacoff, B. (ed), "Crisis, recuperación y nuevo dilemas. La economía 0 2002 - 2007", Documento de Proyecto. CEPAL, Buenos Aires, 2008.

Las posibilidades del sector manufacturero de recorrer un sendero sostenido de desarrollo, dependen de que se logre complementar un esquema macroeconómico que fomente la producción con una más amplia gama de políticas industriales, tecnológicas y financieras que permitan recomponer los encadenamientos del aparato productivo destruidos durante el proceso de ajuste estructural de los noventa, avanzar hacia eslabones superiores en la cadena de valor e impulsar la creación de nuevos sectores de base tecnológica (Donato, 2009)[206].

Según datos relevados por el Observatorio PYME para el año 2007 sobre el análisis del desempeño de las pequeñas y medianas empresas industriales por sector de actividad se observa, que en el subsector de Metales comunes y productos de metal y Automotores y autopartes se presenta una mayor proporción de empresas que han atravesado una etapa de crecimiento en 2007, coincidiendo con lo sucedido para el total de la industria nacional. Los datos sobre la evolución de las exportaciones de las PYMES hacia el 2007, indicaba que las ventas al exterior aumentaron a igual ritmo que las ventas dirigidas al mercado interno frenándose de esta manera la tendencia positiva observada en 2005 y 2006 de una mayor velocidad de las exportaciones.

En relación al punto anterior, se observa que el tamaño de las firmas constituye otra variable muy ligada con la posibilidad de exportar, ya que las que concentran la mayor parte de las exportaciones del segmento PYME industrial, son medianas. Conviene remarcar también que las condiciones de entorno no afectan de manera igualitaria a todos los tamaños de empresas. No sólo se observa una clara diferencia de desempeño entre las grandes empresas y el conjunto de las PYME a favor de las primeras sino que, si se profundiza el análisis en el interior de este último segmento industrial, se observa también importantes diferencias en el desempeño inversor y exportador entre las empresas pequeñas

206   V. Donato, La coyuntura de las PYMES industriales: 01-2009. Fund. Observatorio PYME, 1a ed., Buenos Aires, 30 pp., 2009.

Siguiendo con el estudio realizado por el Observatorio PYME, a pesar de un repunte del proceso inversor durante 2007, se observa desde 2004 un proceso de disminución de las proporciones de las ventas totales invertidas y también una disminución de las proporciones de las ventas invertidas en maquinarias y equipos. Aun así el destino de las inversiones correspondía principalmente al incremento de la capacidad productiva y el lanzamiento de nuevos productos, aunque en menor medida que en los años anteriores. En contrapartida, aumentó la proporción de empresas que invierte con el objetivo de disminuir los costos de producción.

La mayor propensión evidenciada de las PYMES a invertir en la eficiencia o ampliación de sus procesos productivos, responde a patrones de comportamientos que permiten pensar en respuestas a los sucesivos problemas que se presentan como cuellos de botella en la producción, impulsados principalmente por el crecimiento de la demanda interna.

Sin lugar a dudas, la dinámica macro a la que se enfrentan las PYMES, las obliga en buena medida a acelerar los procesos de aprendizaje, toda vez que impulsan la revisión de sus procesos productivos, ante continuos cambios en las señales del mercado. Las sucesivas etapas de supervivencia y expansión de las empresas de menor porte, retroalimentan sus capacidades de aprendizaje en el marco de rupturas de rutinas productivas y accesos a nuevos métodos y tecnologías de producción. Ejemplo de lo anterior, radica en el impulso que han tenido las herramientas de calidad en las PYMES, que invita a reconocer la importancia que el desarrollo de los mercados locales e internacionales a través de consumidores cada vez más exigentes, posee sobre la estructura de la oferta.

En un mercado protegido por una relación cambiaria favorable a la producción, la fuente de la mayor competitividad actual de las PYME industriales puede basarse: en efectos precio, y ser vulnerables a las condiciones macro que prevalezcan en la economía o en fundamentos más sólidos y sostenibles en el tiempo que representen cambios de mediano plazo en las formas y tipos de

112

producción. Los estándares de calidad, y su mayor cumplimiento fomentan en consecuencia la competitividad no-precio de las firmas, al brindar ellas un producto o servicio diferenciado sobre la base de criterios ampliamente aceptados de calidad.

En ese contexto específico, también los procesos de innovación tendrán efectos sobre la productividad, la competitividad, el crecimiento de las firmas, la cantidad y el tipo de empleo que se genera. Los resultados muestran que las empresas más innovadoras presentan tasas de crecimiento del empleo más elevadas, aunque predomina la compra de equipo nuevo o las modernizaciones sobre el equipo existente dentro del universo de actividades de innovación de las PYMES industriales (Lugones et al, 2007[207]; Novick, 2009[208]).

Principales antecedentes de la medición de la innovación de las PYMES industriales

La incorporación de innovaciones y tecnología en los procesos productivos y en los productos de las firmas permite, a nivel agregado, conformar un patrón de especialización productivo basado en la producción de bienes diferenciados, es decir, de productos que incorporen mayores niveles de valor agregado. De esta manera, la importancia de analizar la conducta innovadora de las PYME industriales reside en las ganancias de competitividad y en la generación de derrames tecnológicos que supone para una economía el hecho de contar con un conjunto numeroso de firmas innovadoras.

Las primeras encuestas en materia de innovación tecnológica fueron realizadas entre 1995 y 1997 por sólo cinco países de América Latina. Si bien

207   G. Lugones, D. Suarez y S. Gregorini, La innovación como fórmula para mejoras competitivas compatibles con incrementos salariales. Evidencias en el caso argentino. Centro de Estudios sobre Ciencia, Desarrollo y Educación Superior. Documento de Trabajo nº 36, 2007.

208   M. Novick, S. Rojo, S. Rotondo y G. Yoguel, La compleja relación entre innovación y empleo. Asociación de economía para el desarrollo de la 0, Congreso Anual 2009: "Oportunidades y Obstáculos para el Desarrollo de 0. Lecciones de la post-convertibilidad".

en forma aislada Uruguay en el año 1988 había realizado un esfuerzo para relevar el comportamiento innovador de sus empresas, se puede considerar que a 1995 no se habían realizado ejercicios para relevar esta información relacionada con esta temática. En la 0, particularmente, se llevó a cabo durante el trascurso del año 1997 (encuesta sobre la conducta tecnológica de las empresas industriales grandes y pequeñas en la 0 recabando información sobre el período 1992-1996).

Esta primera ronda de encuestas en la región no estuvo caracterizada por una coordinación racional, sino más bien se trató de iniciativas principalmente domésticas y autónomas, aunque su diseño fue, sin dudas, influenciado por el Manual de Oslo y el cuestionario de la primera Community Innovation Survey (CIS)[209]. De esta forma, mientras que aún no se había terminado de conformar el sistema de medición de la innovación en Europa, varios países latinoamericanos ya estaban haciendo su propia experiencia en la materia. El interés por las encuestas de innovación y la rápida propagación de la CIS y el Manual de Oslo en el ámbito de América Latina puede explicarse por la combinación de varios factores, entre los cuales pueden destacarse en el Cuadro 3.

---

209   CIS representa las siglas en inglés de la Encuesta Comunitaria de Innovación. Un interesante aporte acerca de la valoración de los indicadores que de esta encuesta emanan surge de Alcaide y Tortajada (2006).

Cuadro 3. Factores que impulsaron la medición de la Innovación en América Latina

	Descripción
Macroeconómicos	Los profundos cambios económicos que caracterizó a América Latina en la década de los noventas, producto de la liberalización comercial, la desregulación de la actividad económica, la privatización de las empresas públicas productoras de bienes y la llegada de importantes flujos de inversión extranjera directa que modificaron de manera profunda los sectores, las empresas y las estrategias dominantes en las economías de la región. Es así que a medidos de la década de los noventa la demanda de información sobre aspectos no cubiertos por los tradicionales sistemas estadísticos alentó la realización de nuevas indagaciones y encuestas. Estos cambios se dieron especialmente en países como I, Brasil, Chile, Colombia y México, siendo que sus especialistas estaban ávidos de datos que confirmaran o refutaran las bondades de las reformas que estaban sucediendo.

Nuevas definiciones de Política en Ciencia y Tecnología	Después de la segunda mitad de la década de los noventa, en la mayoría de los países de América Latina se empezaron a implementar políticas concretas sobre los temas de Ciencia y Tecnología, ya basadas en el concepto de Sistema Nacional de Innovación (Chudnovsky, 1999; Melo, 2001). A partir de aquí los países empezaron a darle un papel más protagónico a las actividades de innovación que ejercían las empresas dentro de los territorios, sobre todo a las realizadas por las empresas PYME (Thorn, 2005). Se empezaba tener en cuenta que las cuestiones referidas a la ciencia y tecnología ya no estaban circunscriptas sólo a los laboratorios y equipos de investigación ubicados en instituciones públicas, universidades y grandes empresas, sino se trataba de un fenómeno más amplio. En este sentido se estaba tratando ya de moldear y gestionar un sistema complejo que incluyera a las distintas esferas de actividad y a los distintos tipos de actores que estaban en juego dentro de esta temática. Como resultado de esto, se denotaba que existían nuevos requisitos de información y era necesario relevar aspectos relacionados con las actividades de innovación que realizan las empresas, las vinculaciones que componen el entramado científico y productivo, el acceso a información y a tecnología externa, los obstáculos y motivaciones que gobiernan su comportamiento y los logros alcanzados en materia de nuevos productos y procesos.

116

Nuevas contribuciones teóricas que brindaron el soporte intelectual a los nuevos estudios, relevamientos, y análisis de innovación en cada uno de los países de América Latina.	Los fundamentos teóricos evolucionistas y neo-schumpeterianos, que dieron soporte al Manual de Oslo, fueron fácil y rápidamente incorporados por los círculos de pensamiento de la época. Esto aseguró una buena capacidad de análisis y un manejo de los criterios básicos que dan fundamento a las encuestas de innovación. Como resultado, las encuestas de innovación encontraron múltiples apoyos que permitieron una rápida difusión y aplicación, aunque con objetivos no siempre coincidentes.

Fuente: Elaboración propia.

Este nuevo instrumento fue para algunos países la herramienta utilizada para confirmar que las reformas económicas estaban provocando una virtuosa modernización de la industria y, para otros, paso a ser un instrumento para el diseño y la gestión de los Sistemas de Innovación. De la misma forma, otros países le dieron importancia a las encuestas porque consideraron que podían ser una provechosa fuente de información para identificar los pilares de la competitividad de las empresas latinoamericanas. Por lo tanto, estos múltiples apoyos también implicaron condicionamientos en su diseño y diversidad en sus procesos de institucionalización.

Una vez implementada la primera ronda de encuestas y recabados los datos obtenidos de ellas, se evidenció, por parte de los especialistas latinoamericanos, que existían diferencias significativas entre los procesos de innovación que se desarrollaban en la región con respecto a lo que sucedía en otros países. Algunos rasgos característicos evidenciados fueron la ausencia de una organización formal para llevar adelante los procesos de innovación y la existencia de pocos proyectos. Asimismo, se pudo observar que la innovación se realizaba principalmente por medio de la adquisición de tecnología incorporada en maquinaria y en equipos, y, por otra parte, que el cambio organizacional tomaba un resultado importante de mejora en el desempeño de la firma.

Por último, se puso de manifiesto que existía una asignación de recursos hacia las actividades de innovación en forma escasa y que existía una notable fragmentación de los flujos de información en el interior de los Sistemas Nacionales de Innovación.

Uno de los principales foros donde se forjaron estos consensos fue la Red Iberoamericana de Indicadores de Ciencia y Tecnología (RICYT). Entre 1996 y 2000 se sucedieron tres talleres de la RICYT sobre indicadores de ciencia y tecnología y tres talleres específicos sobre indicadores de innovación, en los cuales se presentaron distintos aportes y análisis de los procesos de innovación en América Latina. A partir del estudio de los resultados obtenidos, con el apoyo financiero de la Organización de Estados Americanos, se redactó el Manual de Bogotá entre junio de 1999 y agosto de 2000, marcando un nuevo hito en la temática de las encuestas de innovación.

La principal contribución del Manual de Bogotá fue la de constituirse en el complemento del Manual de Oslo en materia de brindar algunas pautas adicionales para asegurar un adecuado registro de los procesos de innovación de América Latina. Lo que se buscó principalmente fue ampliar el foco conceptual del Manual de Oslo, que estaba centrado en el análisis de la actividad de innovación tecnológica con un sesgo sólo de producto o proceso, para ampliar también hacia el sesgo de esfuerzo tecnológico o gestión de la actividad innovadora.

Desde el punto de vista de la ampliación de los conceptos, el nuevo enfoque que aparecía obligaba a empezar a pensar en nuevos términos como capacidades de absorción e innovación organizacional. Es decir, en el plano conceptual, el proceso de obtención de innovaciones en la gestión, y en producto y proceso, empezaba a verse como una herramienta competitiva fundamental para las empresas. La generación y captación de conocimientos en el exterior, en especial de tipo científico y tecnológico, se considera un mecanismo fundamental para garantizar las fuentes de innovación en las firmas (Castellanos, 2003)[210].

---

210 J. Castellanos, De PYMES de sobrevivencia a PYMES innovadoras. En Revista

Si nos remitimos a la evidencia empírica surgida de la encuesta nacional de innovación período 2002-2004, las actividades de innovación (AI) comprenden tanto la generación de tecnología propia -investigación y desarrollo (I+D) interna y externa, ingeniería, diseño industrial y capacitación-como la adquisición de tecnología incorporada (maquinaria y equipo, hardware y software) y desincorporada (contratación de tecnología, consultorías, licencias, etcétera).

En principio, el cambio en los precios relativos implícito en el nuevo régimen de políticas habría redundado en el abaratamiento relativo de los gastos en (I+D) y otras actividades endógenas, con un alto componente de salarios, y en el encarecimiento relativo de la maquinaria y equipo, en su gran mayoría, de origen importado. Otros rubros que mermaron visiblemente su participación fueron la contratación de consultorías, la transferencia de tecnología y la adquisición de software, en ese orden; al tiempo que mejoraron su participación relativa las actividades de ingeniería y diseño industrial y compra de hardware.

Esta situación, respecto de la realidad del período 1998-2001 y siempre en relación con lo actuado por las empresas de mayor porte, ha implicado i) una intensificación relativa de las actividades realizadas por las PYMES en (I+D) interna, ingeniería y diseño industrial, ii) un mayor énfasis relativo puesto en la compra de bienes de capital y iii) un abandono relativo de las demás actividades, pero fundamentalmente en la adquisición de software y la contratación de consultorías (Lugones y Peirano, 2004)[211].

En términos más generales, la participación del gasto en (I+D) en el período 2002-2004 ha sido creciente respecto del período 1998-2001; pasando al 22% del total de gastos en AI -mientras que era tan sólo de 12% el periodo anterior, al tiempo que la participación en la adquisición de bienes de capital

---

EAN n° 47, Bogotá, 2003, [en línea]. Disponible en: http://journal.ean.edu.co/index.php/Revista/article/view/202/192

211   G. Lugones y F. Peirano, Segunda Encuesta 0 de Innovación (1998/2001). Resultados e implicancias metodológicas. Revista Iberoamericana de Ciencia, Tecnología y Sociedad - CTS, vol. 1 n°2, Abril, 2004.

se ha reducido del 65% al 60% entre ambos períodos. Este desarrollo relativamente más equilibrado o balanceado de las actividades innovadoras aumenta las posibilidades de un aprovechamiento más eficaz por parte de las empresas de sus esfuerzos tanto exógenos como endógenos (Lugones et al, 2007)[212].

En este mismo sentido, si bien los esfuerzos tecnológicos se continúan concentrando en la adquisición de bienes de capital independientemente del tamaño de la firma, la tendencia resulta más acentuada en el caso de las grandes empresas, al tiempo que las PYMES se destacan por un gasto en (I+D) relativamente mayor en proporción a sus ventas. En línea con el comportamiento observado durante la vigencia del régimen de Convertibilidad, la estructura de gastos en innovación de las PYMES continúa siendo más equilibrada que la de las grandes empresas[213].

Se destaca que la innovación no siempre arroja resultados mensurables para la firma y posee a la vez un riesgo asociado que se presenta, a menudo mayor en las pequeñas y medianas empresas. La realización de actividades de innovación no se traduce directamente en el logro de innovaciones, es por ello que las actividades de innovación que con más frecuencia se encuentran entre las PYMES industriales, suelen estar asociadas al tipo de actividades que las empresas realizan que, por lo general, no implican asumir altos riesgos, tratándose usualmente de la adquisición de tecnología incorporada, ya probada y utilizada en el mercado.

La estrategia de innovación de las PYMES industriales suele estar sesgada a los instrumentos más tradicionales. La adquisición de maquinaria y

212   G. Lugones, D. Suarez y S. Gregorini, La innovación como fórmula para mejoras competitivas compatibles con incrementos salariales. Evidencias en el caso argentino. Centro de Estudios sobre Ciencia, Desarrollo y Educación Superior. Documento de Trabajo n° 36, 2007.

213   Se debe destacar el mayor esfuerzo en innovar, en términos relativos, realizado por las empresas de menor tamaño, considerando sus limitaciones de escala y su menor disponibilidad de recursos humanos y financieros.

equipo constituye la principal vía elegida por las empresas para mejorar sus capacidades tecnológicas, esto es, la actividad de innovación está centrada en la adquisición de tecnología incorporada. En segundo lugar, en los dos últimos años poco menos de la mitad de las PYMES ha llevado adelante actividades de capacitación del personal y ha adquirido hardware y software en procura de lograr alguna innovación (Donato, 2009)[214].

Durante el período 2006-2007 las PYMES industriales se orientaron principalmente al logro de innovaciones de producto, ya sea a través de mejoras significativas en los productos ya existentes (56,2%) o mediante la incorporación de productos nuevos (41,6%). Por su parte, al observar la conducta innovadora de las grandes empresas industriales se advierte un patrón similar en lo que se refiere a innovaciones de producto: el 50,9% de las mismas introdujo mejoras significativas de un producto existente y el 40,6% innovó a través de la elaboración de nuevos productos (Donato, 2009)[215].

En tercer lugar, en el segmento PYME industrial el 32,3% innovó a través de la mejora significativa en otros aspectos relativos a la organización de la empresa y una proporción casi idéntica implementó modificaciones significativas en la organización del proceso productivo (Donato, 2009)[216].

La implementación de nuevos procesos de elaboración de productos fue lograda por una proporción menor de empresas (24,4%) dado que este tipo de innovaciones implican comprometer una cantidad de recursos superior a la necesaria para alcanzar otro tipo de innovaciones. De hecho, se observa una asociación positiva entre este tipo de logro innovador y el tamaño de las firmas: entre las grandes empresas industriales la proporción de firmas que ha implementado un nuevo proceso es del 36,7% (Donato, 2009)[217].

---

214   V. Donato, La coyuntura de las PYMES industriales: 01-2009. Fund. Observatorio PYME, 1a ed., Buenos Aires, 30 pp., 2009.

215   Idem.

216   Idem.

217   Idem.

De acuerdo al relevamiento del Observatorio PYME para el periodo 2007-2008, se observa que un 77,5% de las PYME industriales manifestaron haber encarado al menos una actividad en procura de lograr innovaciones de procesos, productos o de tipo organizacional. Dicha proporción es algo superior a la observada para el total de la industria manufacturera según los datos de la Encuesta Nacional a Empresas sobre Innovación, (I+D), realizada por la Secretaría de Ciencia, Tecnología e Innovación Productiva (SEC y T) y el INDEC. De acuerdo a esta encuesta, en el período 2002-2004 el 61% de las empresas realizó actividades en procura de innovar (Donato, 2009)[218].

En menor medida, aunque en una magnitud no despreciable, el 25% de los industriales PYME expresó haber realizado actividades de Investigación y Desarrollo (I+D) durante los últimos dos años. Se trata de un porcentaje alto teniendo en cuenta que una porción mínima de firmas pequeñas y medianas cuenta con un área o sector de su empresa dedicada a esta actividad. Dos sectores con relativa complejidad tecnológica explican en gran parte la elevada proporción de empresas que llevan adelante (I+D): Sustancias y productos químicos y Aparatos eléctricos, electrónicos e instrumentos de precisión. Por último, una escasa proporción de empresas manifestó realizar actividades de innovación a través de la contratación de tecnología, esto es, a través de la adquisición de licencias, know how, patentes, marcas, entre otras (Donato, 2009)[219].

En suma los relevamientos existentes invitan a pensar en ciertas características de los patrones de innovación que se observan de los estudios empíricos relevados en los últimos años:

-La nueva etapa de crecimiento económico iniciada a mediados del 2002 ha aumentado las posibilidades de las PYMES para aprovechar la coyuntura favorable por la que atraviesa la economía en el desarrollo de ventajas dinámicas, genuinas, sustentables y acumulativas y ha reorientado las

---

218   Idem.

219   Idem.

tendencias de especialización productiva hacia una creciente presencia de bienes de media y alta intensidad tecnológica en algunos sectores.

-Las bondades de la macroeconomía no colaboró para todas las PYMES por igual, aquellas que pertenecen a ramas más dinámicas aprovecharon más el contexto favorable que se les presentaba.

-Ello nos lleva a reconocer que existe una influencia muy importante de la macroeconomía y la configuración de sectores en el desempeño competitivo de las PYMES y en las actividades de innovación que ellas realizan.

-Se presentan diferentes desempeños en materia de innovación de acuerdo al tamaño de la empresa.

-Si bien la adquisición de tecnología incorporada representa la principal actividad de innovación, en los últimos años, fue creciendo la proporción de pequeñas y medianas empresas que emprenden innovaciones no tecnológicas.

-La implementación de nuevos procesos o sus mejoras fue lograda por una proporción menor de empresas, en relación aquellas que innovaron en nuevos o mejoras de productos. Ello implicaría reconocer la importancia del enfoque cliente o demanda en las fuentes de innovación de las empresas que innovan en productos nuevos o mejorados y una menor asignación de recursos a las actividades de innovación por parte de estas empresas relativo al segundo grupo.

-Si bien existen indicios que utilizan fuentes de información externa, las PYMES industriales que emprenden actividades de innovación suelen presentar escaza cooperación con otras empresas o instituciones del Sistema Nacional de Innovación y utilización de instrumentos de fomento destinado a ellas.

El análisis del contenido tecnológico de las exportaciones PYME muestra una mayor especialización en productos de más elevada intensidad tecnológica respecto de las firmas grandes.

-Al mismo tiempo existen indicios que aseveran la mejor performance de sus negocios para aquellas empresas que mantienen una relación equilibrada en actividades de innovación (AI), en relación a aquellas que concentran sus acciones sólo en algunas actividades.

CAPÍTULO 3: APLICACIÓN DE LA INVESTIGACIÓN

"...El contexto actual de globalización de los mercados, la liberación del comercio y el rápido cambio tecnológico impone nuevos retos a la empresas manufactureras. En este contexto, la capacidad innovadora de estas empresas es muy importante. Sin embargo esta capacidad de innovación no se limita a implementar los esfuerzos para introducir nuevos productos y servicios o nuevos procesos, a través de la inversión en (I+D) y la adquisición de nuevas tecnologías. También debe poder beneficiarse de las oportunidades creadas por las nuevas condiciones tecnológicas y desarrollar conocimiento y competencias distintivas, que no puede lograrse sin una estrecha cooperación entre los objetivos y los medios utilizados para alcanzarlos. Estrategias de negocios y la estrategia de innovación deben estar vinculados para que el esfuerzo innovador refleje la posición competitiva deseada de un negocio" Lefebvre L. y Lefebvre E. (1992)[220].

Tal y como se observa en la revisión de conceptual presentada a lo largo de los capítulos precedentes, las distintas líneas de investigación que han estudiado el fenómeno de innovación en empresas, se pretende analizar las conductas de las PYMES innovadoras 0 y desarrollar un modelo que relacione las actividades innovadoras y el desempeño competitivo, así como valorizar el rol de los factores moderadores.

En este sentido siguiendo a Cantwell[221], entendemos aquí la "competitividad" como la posesión de las capacidades necesarias en el desarrollo del crecimiento económico sustentable en un ámbito competitivo de dimensión internacional, en cuyo contexto hay otros (países, clusters o firmas individuales, dependiendo del nivel de análisis) que tienen un conjunto de capacidades equivalentes, pero

---

220   L.   Lefebvre   y   E.   Lefebvre,   Efforts   innovateurs   et positionnement   concurrentiel   des   PME   manufacturières.   En   L'Actualité économique,   vol.   68,   n° 3,   1992,   p.   453-476,   [en línea] Disponible en: http://id.erudit.org/iderudit/602076ar.pdf

221   J. Cantwell, Innovation & Competitiveness, en J. Fagerberg, y D.C. Mowery, eds. The Oxford handbook of Innovation, Oxford Universirty Press, Oxford, 2005.

diferenciadas. Cantwell[222] afirma que: "Los triunfadores de la innovación son aquellos que construyen las capacidades apropiadas, pero las capacidades están localizadas y nacionalmente diferenciadas; de modo que pueden existir muchos jugadores exitosos en el juego de la competitividad, cada uno de ellos aprendiendo de e interactuando con los distintos caminos de creación de capacidades adoptados por los otros.

Puesto en estos términos, pocos podrán objetar que la búsqueda de competitividad a través de la innovación es un objetivo laudable de la política nacional, y un objetivo de creciente importancia en tanto el rol de la innovación se ha vuelto determinante en la economía de-saber-moderno, incluso en países que empiezan desde abajo y quieren "ponerse al día". Asimismo, afirma que, si quiere ser significativa, la competitividad debe abarcar una comparación relativa de tasas de crecimiento para evaluar cuán bien le ha ido a cada participante en el desarrollo de capacidades para la innovación y el crecimiento, y no trabajar sobre el potencial de uno para dañar a los otros (una interpretación inconducente de la competitividad, criticada por Krugman). Es razonable esperar que, al menos en promedio, el derrame de beneficios hacia otros a partir de una buena actuación en un lugar puntual sea de mayor peso que los costos aparejados a la actividad de esos otros. Este argumento es aplicable tanto si la unidad de análisis son los países en la economía mundial o las firmas en una industria.

A nivel país, los esfuerzos de cada sistema nacional de innovación en la promoción de la competitividad de las empresas situadas en el ámbito local se vuelven cada día más complementario, si las comunidades científicas se han vuelto más internacionales y el flujo de conocimientos una constante. De este modo, gran parte del crecimiento alcanzado por las corporaciones líderes en una industria refleja el crecimiento más amplio de esa industria. La carrera competitiva entre firmas estimula la innovación, y esta innovación baja los costos y mejora la calidad del producto en la industria; y de aquí se sigue el incremento en la demanda de la industria. Todas las firmas se benefician de esa contribución exitosa a lo que a menudo es un proceso combinado e interactivo de innovación.

222   Idem.

En síntesis, para Cantwell[223], hay que insistir en que la competitividad deriva de la creación de las capacidades localmente diferenciadas para sostener el crecimiento en un entorno internacionalmente competitivo. Esas capacidades se crean a través de la innovación; y en tanto las capacidades son variadas y diferenciadas, y los procesos de aprendizaje creativos para la generación de capacidades son también abiertos y generalmente permiten muchos caminos de éxito, los cuales pueden mejorar su competitividad de manera conjunta.

La innovación es un juego de suma positiva que incluye los esfuerzos de muchos actores para desarrollar nuevos campos de creación de valor, en los cuales -haciendo un promedio- la complementariedad entre los innovadores tiende a contrapesar los intercambios negativos, incluso si alguno de los actores pierde terreno o fracasa. La conclusión básica es que los esfuerzos para promover la competitividad a través de la innovación no pueden ser comprendidos sin atender a lo que otros están logrando en simultáneo. Esto se aplica tanto si hablamos de países, de grupos nacionales de firmas en una industria, de regiones sub-nacionales o de compañías individuales. En efecto, vale la pena subrayar que el grado de interacción entre innovadores en la búsqueda de competitividad ha tendido a incrementarse substancialmente a lo largo de la historia, y ha alcanzado nuevas alturas en los recientes años.

En el mismo sentido Fagerberg y Godinho[224] muestran que durante gran parte del siglo diecinueve el líder tecnológico y económico del mundo capitalista fue el Reino Unido, con un PBI per cápita un cincuenta por ciento superior al promedio de los otros países capitalistas líderes. Sin embargo, durante la segunda mitad del siglo los EEUU y Alemania comenzaron un proceso de "puesta al día" (catch up) y redujeron substancialmente el liderazgo del Reino Unido. Ellos no hicieron esto a través de la mera imitación de las tecnologías más avanzadas en uso en el país líder, sino mediante el desarrollo de nuevas formas de organizar la producción y la distribución, por ejemplo, a través de la innovación.

---

223   Idem.

224   J. Fagerberg, y M.M. Godinho, Innovation & catching up, en J. Fagerberg, y D.C. Mowery, eds. The Oxford handbook of Innovation, Oxford Universirty Press, Oxford, 2005.

Como muestran en varios ejemplos, la exitosa "puesta al día" ha estado históricamente asociada no sólo a la adopción de técnicas existentes en industrias establecidas sino también con la innovación, particularmente la del tipo organizacional, y las incursiones en industrias nacientes. Ellos se preguntan ¿Qué pueden aprender los actuales países en desarrollo a partir de las "puestas al día" exitosas de ciertos países y de las fallidas de otros? Una lección importante es que no hay una única manera de "puesta al día" exitosa que estos países deban emular. Cada país debe encontrar su propio camino, a partir de la comprensión de (a) la dinámica tecnológica, institucional y económica global, (b) el comportamiento (y las necesidades) de los agentes relevantes (el principal de los cuales es la firma) y (c) el contexto específico en que la "puesta al día" tiene lugar y los factores más amplios que la influencian (económicos, tecnológicos, institucionales, políticos o culturales).

Existen recompensas potencialmente importantes en la asunción de la estrategia de poner como blanco-objetivo a los sectores tecnológicamente progresistas, como parte de un intento más amplio de transformar la economía, estimular el aprendizaje y la creación de nuevas habilidades. Sin embargo, no todos los países están equipados con las capacidades necesarias para incorporarse a tal estrategia. Por ejemplo, cuando en la mitad del siglo diecinueve Japón comenzó sus esfuerzos para ponerse al día con Occidente, el hiato tecnológico respecto a los países más avanzados era mucho menor (comparado a lo que los países en desarrollo enfrentan hoy), y su población tenía un nivel de educación no radicalmente desfavorable respecto del de la mayoría de los otros países de la época. Dado que los estándares educativos han crecido desde ese entonces, la inversión en educación puede resultar un buen sitio de comienzo para aquellos países que no han tenido éxito en abastecer esas necesidades todavía. Para los que sí lo han tenido, existe un amplio espectro de opciones, y para ellos algunas de las experiencias destacadas pueden resultar muy relevantes.

Por otra parte, en este caso se ha podido observar la necesidad de estudiar determinados aspectos relevantes del desempeño en innovación de las PYMES industriales, entre los que se destacan: En primer lugar, reconocer y evaluar los hechos estilizados del proceso de innovación de las PYMES manufactureras, durante el período 2006-2008, que permitirán inferir diferenciales de desempeño competitivos en función de características distintivas en alguno de los determinantes de la innovación planteados, bajo un enfoque multidimensional.

Se plantea analizar las actividades de innovación llevadas a cabo por las empresas manufactureras como una fuente de creación de valor, más allá de los procesos inherentes al funcionamiento y desempeño de la empresa, y la creación de los mecanismos necesarios para transformar esas actividades en valor tangible para los usuarios finales. Es por ello, que este trabajo se aparta de las consideraciones generales que propone una investigación que considera al output del proceso innovador, como nuevos productos o procesos o mejoras organizacionales, que a la vez se medirán en términos de las variables de desempeño competitivo.

Sin embargo, como ya se anticipó, para que una organización logre obtener ventajas competitivas deberá realizar el análisis de sus recursos, habilidades y conocimientos, valorando dichas variables no sólo en sí mismas, sino teniendo en cuenta a los competidores. Aquellos recursos o habilidades que muestren un mayor potencial competitivo serán considerados como críticos o estratégicos y las empresas deberán realizar las inversiones necesarias para mantenerlos y desarrollarlos en el medio y largo plazo. Los recursos a los que se hace mención, refieren a los recursos- físicos, técnicos, financieros, etc.- y a las habilidades y conocimientos -tecnológicos, organizativos, directivos, etc.- . Al mismo tiempo, el pequeño tamaño es fuente de ventajas en este factor competitivo por la menor burocracia, la comunicación fluida y frecuente entre las distintas áreas y, sobre todo, la gran capacidad de respuesta a los cambios del entorno.

Asimismo, el éxito competitivo de las empresas se asocia al desarrollo de nuevos productos, servicios o procesos que permitan responder a las necesidades de los clientes, adaptarse a los cambios en el entorno o bien, mejorar las oportunidades para alcanzar los objetivos de la empresa. Dada la importancia que adquiere, se ha optado por realizar una distinción entre PYMES manufactureras con diferenciales de desempeño competitivos. Para ello, se propone una serie de índices de desempeño competitivo que captan los diferenciales de las empresas de un mismo subsector y de otros subsectores dentro del sector manufacturero argentino, y que permiten explorar preliminarmente las relaciones existentes entre el desarrollo de actividades de innovación y la mejor performance competitiva[225].

Para ello y siguiendo a Nooteboom (1994)[226], es posible identificar una serie de factores moderadores en el marco de una teoría de organización industrial moderna que permita la retroalimentación permanente entre las conductas de innovación, la estructura de recursos y el contexto, las capacidades, y el desempeño competitivo.

225   Se recomienda al lector, dirigirse a los apartados empíricos del presente documento a los objetos de observar la construcción de estos índices.

226   B. Nooteboom, Innovation and diffusion in small firms: Theory and evidence. Small Business Economics, vol. 6 n° 5, octubre, 1994.

Figura 2. Conductas Innovadoras y Desempeño Competitivo.

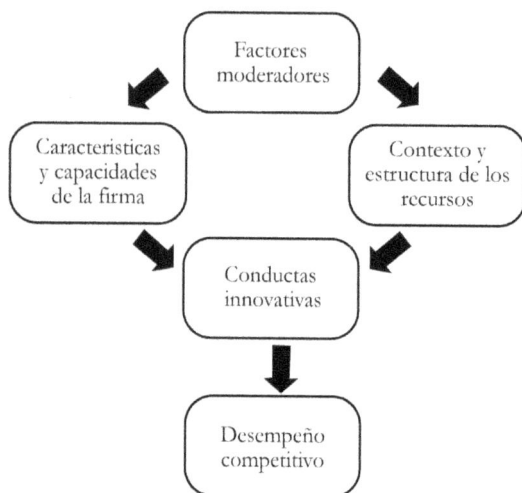

Fuente: Elaboración propia en base a Nooteboom (1994).

Los diferentes procesos de innovación por los que transitan las empresas, favorecerá la existencia de una creciente variabilidad en torno a las capacidades de las firmas. Esta variabilidad no sólo dependerá de los procesos de aprendizaje y dotación de recursos con la que cuenta cada empresa, sino también de cómo ha interactuado con el entorno, y a su vez cómo ha evolucionado este último incluyendo a sus pares y otras instituciones (Vega Jurado et al 2008)[227].

El contexto asume un rol principal en los procesos de innovación que llevan adelante las PYMES en tanto, que establece las condiciones para la mayor o menor inversión en capital físico, en capital humano y en capital intangible. Al respecto, las actividades de formación y la cultura hacia la calidad representan

227   J. Vega Jurado, A. Gutiérrez-Gracia, I. Fernández-de-lucio, ¿Cómo innovan las empresas españolas? Una evidencia Empírica. En Journal of Technology Management & Innovation, v.3, n.3, Santiago, 2008, [en línea]. Disponible en: http://www.scielo.cl/pdf/jotmi/v3n3/art10.pdf

capital intangible, en la medida en que se espera que se utilicen para producir nuevos productos o procesos. Este capital intangible supone, a su vez, un incentivo para la inversión en capital físico, dado que la existencia de una adecuada formación estimula la adquisición de nuevos equipos para potenciar su uso.

La inversión estimula la realización de más formación y aprendizaje creativo. Mejoras en la calidad del trabajo -conocimientos, habilidades y formación- son tanto una exigencia como un estímulo para el cambio tecnológico y constituyen, al mismo tiempo, otra forma de inversión: capital humano. El desarrollo de estas competencias tácitas representa un activo intangible poco transferible y puede transformarse en una barrera a la entrada que marque una diferenciación tanto en la creación de nuevos productos o nuevos métodos productivos que aseguren un mejor posicionamiento en el mercado.

Adicionalmente, las nuevas tecnologías han sido siempre internacionales en el ámbito de aplicación, actuando como un poderoso vehículo para la difusión de información a través de las comunidades distantes. Sería difícil imaginar la actual globalización de los mercados financieros sin la existencia de las nuevas tecnologías de la información y la comunicación, ya que han hecho posible realizar transacciones de instantáneas en todo el mundo. Por otro lado, el proceso de generar y difundir las nuevas tecnologías se ha moldeado y reforzado por los flujos de personas, mercancías y capitales (Archibugi et al, 1998)[228].

Dado los determinantes planteados, éstos llevan a pensar en términos que innovan aquellas empresas más proclives a mantener contactos fluidos con el entorno, ya sea mediante la adquisición de tecnología y conocimiento o bien estrechos vínculos con otras empresas (proveedoras-clientes) e instituciones del Sistema Nacional de Innovación. Asimismo, la limitación de recursos existente en este tipo de empresas hace que sea muchas veces imposible la

228   D. Archibugi, J. Howells y J. Michie, Innovation Systems in a Global Economy. CRIC Discussion Paper n° 18, agosto 1998, [en línea] Disponible en: http://www.cric.ac.uk/cric/pdfs/dp18.pdf.

creación de departamentos de (I+D), por eso la cooperación en la innovación es un arma estratégica al generar redes colectivas de conocimiento[229].

Las empresas que realizan innovaciones (principalmente las de producto) tienen fuertes incentivos para vigilar lo que está ocurriendo en el mercado. No es principalmente una cuestión de obtener una señal aislada sobre una nueva necesidad entre los usuarios. Es un proceso continuo de recopilación que podría entrañar costos considerables y recursos de información. En primer lugar, la empresa supervisará las innovaciones de proceso dentro de la firma. A menudo, las innovaciones de producto dentro de unidades del usuario implican cambios en la tecnología del proceso. Si una cierta innovación del producto se convierte en un éxito, podría abrir un nuevo mercado rápidamente el cual será creciente para los nuevos equipos del proceso.

Los cuellos de botella tecnológicos y las interdependencias tecnológicas observadas, ofrecen mercados potenciales para la empresa innovadora. Los usuarios de tecnologías complejas y cambiantes estarán involucrados en un proceso de aprendizaje por la práctica, la experiencia y los conocimientos acumulados en este proceso serán cruciales para la empresa. Por último, al desarrollar una innovación específica, la empresa debe tener en cuenta las competencias y la capacidad de aprendizaje de los usuarios para que se asegure con los menores costos posibles la difusión de la innovación (Lundvall, 1985)[230].

---

229   Cooke y Wills (1.999), sobre un trabajo empírico en empresas de Dinamarca, Irlanda y Reino Unido, afirman que una proporción considerable de la construcción de capital social (surgido a partir de programas de gobierno para promover la colaboración entre las PYMES para mejorar la capacidad de innovación mediante la creación de redes) se asoció con un rendimiento mejorado de negocio, el conocimiento y la innovación.

230   B. Lundvall, Product Innovation and User-Producer Interaction. Industrial Development Research Series No. 31, Aalborg University Press, 1985, [en línea]. Disponible en: http://vbn.aau.dk/ws/fbspretrieve/7556474/user-producer.pdf

Asimismo, otros autores como Cooke y Wills (1999)[231], mantienen que las empresas pocas veces son capaces de innovar de forma individual y que la introducción de productos o procesos nuevos en el mercado depende de su habilidad para establecer fuertes vínculos con agentes externos. Argumentos similares han sido ofrecidos también desde el campo de la gestión estratégica empresarial, donde se ha señalado que la búsqueda de nuevas ideas de producto, nuevas formas de organización e incluso soluciones a problemas existentes, ha trascendido las fronteras de la organización, abarcando cada vez más la exploración de las capacidades disponibles en otras empresas o instituciones (Teece 1997)[232].

También, los procesos de aprendizajes relativos a las PYMES, se suelen producir en el marco de un bajo grado promedio de calificación de la fuerza de trabajo contratada, destacándose la baja proporción de profesionales técnicos, ingenieros o egresados de ciencias básicas entre los planteles de las firmas de menor porte, y fuertemente asociados a la adquisición de tecnologías incorporada. Por cuanto poseerá una ventaja competitiva sustentable aquella que logre capacidades endógenas a partir de esfuerzos en investigación y desarrollo, comande periódicamente proyectos que impliquen nuevas aplicaciones en productos o procesos u otras mejoras productivas que sean difícilmente imitadas por sus perseguidores en el mercado.

La capacidad absorción, también permite que las firmas más desarrolladas obtengan de las actividades de innovación internas, no solo nuevo conocimiento a la firma, sino también que se transiten curvas de aprendizaje que les permita absorber las tecnologías desarrolladas por otras empresas en el mismo nivel de desarrollo. Esto significa que las empresas con capacidad de innovación también absorben conocimiento lo cual mantiene alta su capacidad de absorción.

231   P. Cooke y D. Wills, Small Firms, Social Capital and the Enhancement of Business Performance through Innovation Programmes. Small Business Economics n° 13, pp. 219-234, 1999.

232   D. Teece, G. Pisano, A. Shuen, Dynamic Capabilities and Strategic Management. Strategic Management Journal, vol. 18, n° 7, pp. 509-533, agosto, 1997.

En muchas ocasiones, al estar disponible la tecnología en el mercado internacional, la innovación representa un proceso de difusión de las distintas opciones tecnológicas y su mejor utilización o posibilidades de aplicación. Al momento que las empresas, principalmente de menor tamaño, de países en desarrollo, incorporan estas tecnologías, comienza una serie de cambios tecnológicos con su uso que desencadenan en nuevos aprendizajes, ya no presentes para la firma individual, sino que se propaga en el mercado, a través de nuevas aplicaciones brindadas a sus clientes, o mejoras en la operación con sus proveedores.

Al mismo tiempo, la mejora de competitividad relativa de la firma que primero introduce la innovación, incentivará la imitación de parte de las empresas competidores, o bien la iniciación en procesos de innovación que impliquen una mejora adicional a la planteada por la primera firma, para no quedar retrasada tecnológicamente, perder participación en el mercado y disminuir beneficios.

De ello se desprende, que la configuración del mercado y la naturaleza de los agentes que se encuentran dentro de él, determinará en buena medida, el grado de apropiación de las capacidades tecnológicas por parte de las firmas. Las mejoras de competitividad en empresas que provienen de incorporaciones de tecnologías incorporadas a los bienes de capital que adquieren, poseen menos chances de apropiarse de las ventajas competitivas, a partir que el proceso de difusión de esa tecnología diferenciadora en el corto plazo se encuentra disponible para los competidores que pueden acceder a ella.

Por el contrario, aquellos esfuerzos innovadores tendientes generar aumento de capacidades endógenas de las firmas ya sea en investigación y desarrollo de nuevas aplicaciones en productos o procesos u otras mejora productivas nacidos en el seno de las firmas, producirá no solo una mejora de la competitividad más sustentable para la firma que primero introduce la innovación sino que obligará a un esfuerzo adicional de sus competidores, que repercutirá en una mejora sustancial de la competitividad sistémica (Rearte, 1993)[233].

---

233   A. Rearte, Factores determinantes de la competitividad de las firmas: El

Ello implica que un doble efecto sobre el énfasis puesto en las conductas de innovación: mientras que la incorporación de conocimientos externos supone esfuerzos previos en la identificación y evaluación de los activos a incorporar, su utilización también consolida nuevos aprendizajes hacia el interior de la firma. Por otro lado, en aquellas actividades de innovación al interior de la firma, también se producen aprendizajes que permiten que identificar, evaluar e identificar tecnologías desarrolladas por competidoras, clientes y proveedoras. Precisamente el mercado define las características del proceso de absorción, y en definitiva del de innovación, toda vez que ofrece premios y castigos a los esfuerzos de las empresas.

A partir de los resultados obtenidos en las principales investigaciones empíricas centradas en este tema, se propone un modelo capaz de capturar todas y cada una de las actividades de innovación realizadas por una empresa, que distinga a la vez diferentes conductas llevadas a cabo en materia de innovación. Seguidamente, se pretende inferir el grado de influencia de dichas conductas de innovación sobre el desempeño competitivo de las PYMES manufactureras.

En definitiva, lo que se pretende es, en primer lugar, identificar todo un conjunto de variables que aproximen, de una forma más exhaustiva, la capacidad innovadora de una PYME. Posteriormente, la contrastación empírica del modelo permitirá señalar aquellos factores que, en mayor medida, influyen sobre el desempeño competitivo de las mismas. En caso afirmativo, se podrán extraer todo un conjunto de variables, distintas de la adquisición de tecnologías incorporadas, pero igualmente vinculadas a la realización de actividades de innovación que podrían relacionarse con el mayor desempeño competitivo de las empresas. De esta forma, este conjunto de variables podría

caso de la industria textil marplatense. Documento de Trabajo CEPAL n° 36, Buenos Aires, mayo 1993 [en línea]. Disponible en: http://www.eclac.cl/publicaciones/xml/2/25962/5factoresdeterminantes.pdf

integrar las inversiones en tecnologías incorporadas e incrementar el poder explicativo de los actuales modelos centrados en el estudio del desempeño competitivo que se han presentado hasta la fecha.

En suma es posible identificar, que el desarrollo de actividades de innovación de PYMES industriales en los últimos dos años, se concentran mayoritariamente en torno a la adquisición de tecnologías externas. Pese a ello, aquellas empresas cuyos esfuerzos no vienen dados solamente por aspectos tecnológicos externos, sino que integran además la investigación y desarrollo, la formación y mejoras organizacionales son los que en definitiva plantean las mejores performance de negocios.

El modelo empírico a estimar se enmarca en una encuesta de alcance nacional, que pone el acento en el desempeño de negocios de las empresas y su vinculación con las Actividades de Innovación (AI). De esta manera, el enfoque metodológico impone una causalidad que va desde la decisión de innovar y luego cómo innovar al aumento de la competitividad y, de allí, a un mejor desempeño de negocios. Se utiliza una estrategia de estimación econométrica que, permite controlar por la simultaneidad que podría existir entre comportamiento innovador, desempeño competitivo y otras variables que describen el fenómeno.

Con esta aproximación se pretende superar una de las limitaciones más importantes de las principales investigaciones; a saber, el sesgo de infravaloración que caracteriza las investigaciones que aproximan la actividad innovadora de las empresas, única y exclusivamente a partir de la incorporación de tecnologías incorporadas.

Como se puede observar de los capítulos precedentes, el desempeño de las actividades y factores que influyen en la caracterización de la innovación en las PYMES, la convierten en un fenómeno multidimensional definido por la interacción de un gran número de variables de distinta clase y en diferentes niveles de análisis.

Construcción de una tipología de PYMES Industriales con diferentes conductas de innovación

Como se supone previamente, las empresas innovadoras -firmas que declararon realizar actividades de innovación durante el período relevado- se espera presenten mejores indicadores respecto a evolución de ventas al mercado interno, exportaciones, productividad del empleo, inversiones y capacidad de producción que las firmas no innovadoras.

Asimismo, podemos analizar que, dentro de las firmas innovadoras es posible observar tres clases de conductas, asociadas también, a distintas evoluciones en los indicadores de desempeño. Las conductas observadas estarían asociadas, en principio, a las características de los esfuerzos realizados por las firmas. En particular, se espera que aquellas firmas que han sostenido una conducta balanceada entre ciertas actividades de innovación endógenas (I+D interna, I+D externa, ingeniería y diseño industrial, formación y nuevos métodos de comercialización) y adquisición de tecnologías incorporadas (Adquisición de maquinaria y equipo informático, adquisición de otros conocimientos externos) son las que presentan una performance superior dentro del conjunto de firmas innovadoras. Esto parecería estar asociado, a su vez, a la búsqueda de nuevos productos y procesos capaces de accionar desarrollo competitivo superior.

La información disponible permite plantear la hipótesis que afirma que las empresas de conducta balanceada presentan mejores trayectorias de ventas, exportaciones, inversiones, y productividad del empleo que las empresas sesgadas y, por supuesto, que las empresas no innovadoras. Sin embargo, se observa que la conducta predominante entre las firmas 0 es aquella sesgada hacia la adquisición bienes de capital, esto es, firmas que han destinado la mayor parte de sus esfuerzos innovadores a la compra de tecnología incorporada. Las empresas balanceadas, por el contrario, serían un grupo reducido dentro de la estructura industrial.

Como se comentará a continuación, las características de la muestra implicaron que para cada uno de los dominios se elaborara una matriz con

138

entradas por ramas de actividad consideradas y dominios. Cada marca de la matriz implica la inclusión en forma desagregada de la rama de actividad detallada en la columna para el dominio geográfico correspondiente. De esta forma se puede observar que las muestras no son homogéneas en cuanto a la apertura de las ramas de actividad en los dominios. Pese a ello, esta metodología permite destacar el análisis de determinadas actividades que a priori se consideran relevantes en cada una de las regiones.

De este modo, se conformó un panel de 3,767 firmas, de las cuales algunas no realizaron actividades de innovación durante todo el período analizado (empresas no innovadoras). El hecho de que se haya decidido analizar las conductas innovadoras durante un período de antigüedad mínima de las firmas del panel, constituye una restricción importante, en especial para las firmas pequeñas. Particularmente entre las no innovadoras (donde predominan empresas pequeñas y de desempeño económico inferior al resto de las firmas) es plausible suponer que la tasa de mortalidad sea mayor.

Entre las empresas innovadoras, es decir, las que sí declaren haber realizado actividades de innovación en el período de análisis, se espera observar que: i) presentaron un mejor desempeño en materia de negocios relativo a aquellas empresas que no realizaron actividades de innovación; ii) en el período abarcado por la encuesta co-existieron diversas conductas en relación con la introducción de innovaciones tecnológicas y organizacionales tendientes a lograr un mejor desempeño en los mercados, iii) las diferencias entre las conductas parecen estar fuertemente correlacionadas con la presencia de diferencias también en las trayectorias de las firmas, particularmente en materia de desempeños competitivos, iv) algunas trayectorias revelan mayores logros de competitividad que otras y con mayor continuidad o permanencia en el tiempo, lo que a la vez sugiere mejores perspectivas de incremento o acumulación futura.

A tal efecto, en este trabajo se prosiguió en la determinación de cinco índices (Productividad Empleo, Evolución Capacidad Producción, Evolución Inversiones Productivas, Evolución Ventas Mercado Interno y Evolución Ventas Mercado Externo), que dimensionan el desempeño competitivo de las firmas industriales, los cuales han sido conformados por las variables disponibles a partir del relevamiento empírico. Aun cuando se considera que podría perder representatividad, en su conjunto estas variables permiten describir empresas con desempeños competitivos diferentes, lo cual es muy útil a los objetos de estudiar los objetivos e hipótesis parciales de este trabajo que serán puestas a prueba en este y el próximo capítulo. Por otra parte, de las posibles observaciones surgirán sobre todo si se presta atención a las diferencias en las actividades de innovación realizadas, una taxonomía de empresas innovadoras según el destino de los esfuerzos en innovación que realicen.

Para ello se adoptará una clasificación y de acuerdo a las fundamentos que aportaran Lugones et al (2004)[234]; Buesa y Molero (1996)[235]; Evangelista et al (1997)[236]; Bell y Pavitt (1995)[237]; consistente en un grupo de firmas innovadoras al que se denominará Sesgadas A, las cuales podremos caracterizar por concentrar fuertemente sus esfuerzos innovadores en la adquisición de tecnologías incorporadas (Adquisición de maquinaria y equipo informático específicamente comprado para realizar nuevos o sensiblemente mejorados productos y/o procesos y adquisición de otros conocimientos externos. Ejemplo: Compra de derecho de uso de patentes y de invenciones no patentadas, licencias, know-how, marcas de fábrica).

234   G. Lugones y F. Peirano, Segunda Encuesta 0 de Innovación (1998/2001). Resultados e implicancias metodológicas. Revista Iberoamericana de Ciencia, Tecnología y Sociedad - CTS, vol. 1 n°2, Abril, 2004.

235   M. Buesa y J. Molero, Tamaño empresarial e innovación tecnológica en la economía española". Documento de Trabajo Instituto de Análisis Económico y Financiero, Universidad Complutense de Madrid, 1996, [en línea]. Disponible en: http://www.ucm.es/BUCM/cee/iaif/001/001.htm

236   R. Evangelista, F. Rapiti, G. Perani y D. Archibugi The Nature and impact of Innovation in manufacturing industry: some evidence from the Italian innovation survey. ESRC Centre for Business Research, University of Cambridge, Working Paper n° 66, 1997. [en línea]. Disponible en: http://www.cbr.cam.ac.uk/pdf/wp066.pdf

237   M. Bell y K. Pavitt, The Development of Technological Capabilities. En Trade, technology, and international competitiveness. Irfan-ul-Haque, R. Ed. Economic Development of The World Bank, Cap. 4, 1995.

Otro grupo de compañías, denominadas Sesgadas B (en el que se presume que se va presentar un sesgo inverso al invertir en maquinaria y equipo informático o conocimientos externos) si realizan actividades de innovación consistente con (I+D) interna, (I+D) externa, ingeniería y diseño industrial, formación y nuevos métodos de comercialización. Se define, por último, un tercer grupo de empresas innovadoras que se estima que van a mostrar una conducta más equilibrada, reflejando esfuerzos innovadores en ambas direcciones. Este último grupo de empresas se las denomina Balanceadas, y es este grupo el que va mostrar en principio, los logros más promisorios en materia de ventajas competitivas. El foco de atención de la tarea a realizar se va a centrar justamente en las empresas innovadoras y en particular en este grupo.

Figura 3. Conductas de Innovación de las PYMES industriales.

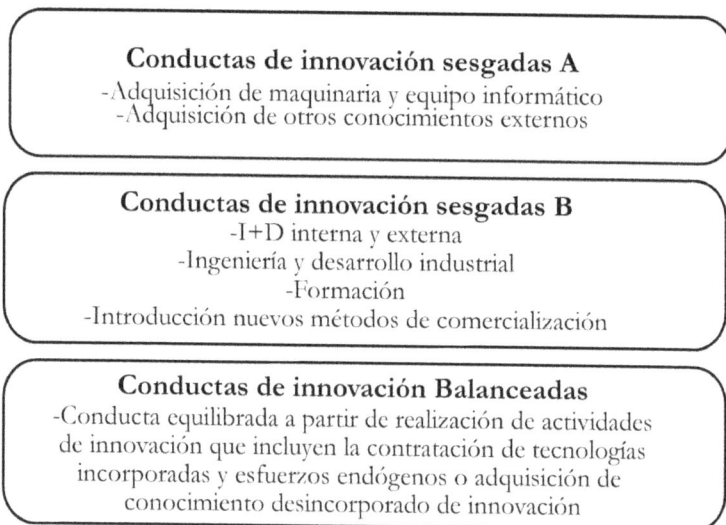

Conductas de innovación sesgadas A
-Adquisición de maquinaria y equipo informático
-Adquisición de otros conocimientos externos

Conductas de innovación sesgadas B
-I+D interna y externa
-Ingeniería y desarrollo industrial
-Formación
-Introducción nuevos métodos de comercialización

Conductas de innovación Balanceadas
-Conducta equilibrada a partir de realización de actividades de innovación que incluyen la contratación de tecnologías incorporadas y esfuerzos endógenos o adquisición de conocimiento desincorporado de innovación

Fuente: Elaboración propia.

Desempeños competitivos diferenciales de las PYMES Industriales con respecto a las conductas de innovación que se llevan a cabo

El concepto de competitividad, siempre asume cierta ambigüedad en un autor y es sujeto de crítica por otros autores. En el plano microeconómico, puede aceptarse la idea de que la competitividad expresa la capacidad de las empresas para situarse en una posición ventajosa con respecto a sus rivales. Para ello, es necesario establecer indicadores apropiados para conocer el lugar que ocupan las empresas con respecto a sus competidores.

En general, las coincidencias en este campo se encuentran en torno a la idea de que las empresas que realizan actividades de innovación logran forjar una posición competitiva sustentable en el marco de un mejor desempeño relativo. La innovación tecnológica de las empresas constituye actualmente la clave más importante para mantener y mejorar su posición en el mercado. El logro de las ventajas competitivas está ligado, a la vez, a la utilización más productiva de los insumos, lo que requiere un proceso de innovación continua.

Por otra parte, las innovaciones no tecnológicas se las representan en la actualidad como a nuevos modelos tendenciales, en que la política de producción y la política social se combinan permanentemente. Se implementan, así, nuevos modelos de gestión de la fuerza de trabajo, ya que la prioridad dada a la calidad transforma al recurso humano en decisivo, emergiendo en ese proceso una nueva lógica de la organización. Esta forma de tecnología de gestión se implementa en aquellos procesos en donde se intenta tener en la producción más flexibilidad y a menor costo, sin utilizar tecnología incorporada, necesariamente. Esta flexibilidad viene dada por la búsqueda de una mayor integración y coordinación del sistema de organización de las empresas en su conjunto y, más aún, con todo el entorno que la rodea, proveedores, clientes y sociedad.

El ejercicio de agrupación procura respaldar la hipótesis de que una gestión apropiada del proceso de innovación necesita de otros sistemas de gestión, en especial de aquellos que contribuyen al posicionamiento de la empresa dentro de la cadena de valor, la creación y utilización eficiente del conocimiento, la mejora continua de procesos empresariales y, sobre todo, una vinculación permanente con el entorno.

A modo de conclusión se puede afirmar, que son aquellas empresas que llevan a cabo conductas balanceadas de innovación las que presentan mejor desempeño competitivo relativo, seguidas por aquellas que realizaron actividades de innovación con sesgo contrario a la adquisición de equipamiento y conocimiento externo (Sesgadas B) y por último aquellas empresas que se han catalogado como Sesgadas A. En cualquiera de los casos, haber realizado actividades de innovación de cualquier índole la posiciona con mayor participación relativa dentro del grupo de desempeño competitivo alto frente a las empresas que no realizaron actividades de innovación.

Una equilibrada combinación entre las distintas actividades de innovación (A1) incrementa el impacto positivo de las mismas en materia de desempeño competitivo. Una estrategia innovadora debe ser balanceada, esto es, debe combinar esfuerzos exógenos como esfuerzos endógenos.

En el marco propuesto, se intentará relevar la incidencia que las conductas de innovación poseen en el desempeño competitivo de las firmas. Aunque el objetivo no es analizar la causalidad de la relación, es dable consignar la significación entre ambos factores.

Figura 4. Factores fuerzas determinantes en el desempeño
competitivo e innovación en PYMES industriales

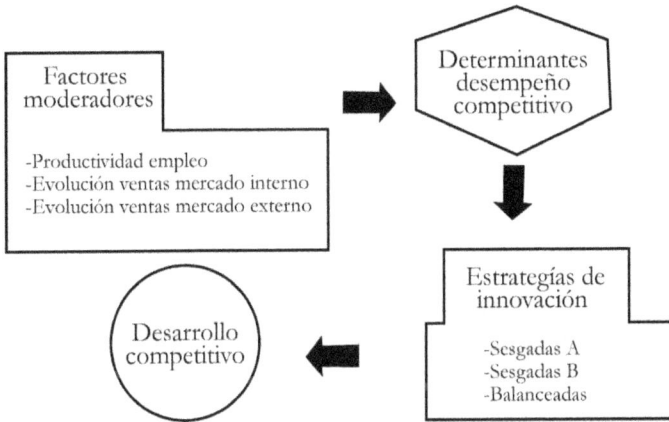

Fuente: Elaboración propia.

Determinantes de las conductas de innovación de las PYMES Industriales

De los modelos interactivos de innovación se deriva que la capacidad innovadora de las empresas es un factor fundamental a la hora de llevar a cabo con éxito proyectos de innovación, que sólo se obtiene mediante un proceso de acumulación de experiencia.

El aprendizaje organizacional explica la manera en que una empresa construye y complementa su base de conocimientos respecto a tecnologías, productos y procesos de producción para desarrollar y mejorar la utilización

144

de las habilidades de sus recursos humanos. Este dominio se puede obtener mediante (I+D) o laboratorios propios, personal cualificado, transferencias tecnológicas o buenos flujos de información con el entorno.

Por último, las relaciones con el entorno, incluyendo los flujos de información, la transferencia tecnológica y la cooperación en este campo, asumen un rol preponderante en la capacidad de absorción de la empresa. Teniendo en cuenta el concepto interactivo de la innovación, queda claro que la capacidad de absorción de las nuevas tecnologías por parte de las empresas no sólo depende de su potencia y capacidad individual sino también de un proceso interactivo con otras empresas y su entorno.

Los enfoques microeconómicos de la innovación, se inspiran en buena medida en las propuestas metodológicas de la economía industrial y adopta también elementos de la economía de la empresa, de manera que se desenvuelve a partir de un esquema analítico en el que se trata de poner en relación las características de las empresas y sus actividades con sus resultados competitivos (Buesa y Zubiaurre, 2000)[238].

Se procede al planteamiento de ciertos determinantes del proceso innovador que conforman los efectos moderadores de investigación y que sustentan al siguiente modelo propuesto:

238   M. Buesa y A. Zubiaurre, Patrones Tecnológicos y Competitividad: Un análisis de las empresas innovadoras en el País Vasco. En Invenia Madrid, 2000, [en línea] Disponible en: http://eprints.ucm.es/6700/1/20-00.pdf

Figura 5. Desempeño competitivo de las PYMES industriales y conductas de innovación.

Fuente: Elaboración propia.

De esta forma, dichas hipótesis se enuncian a partir de los factores determinantes del desempeño innovador en las firmas, presentados en el marco de trabajo construido a partir de la revisión de la literatura. Se procederá a continuación a describir el diseño de la investigación empírica para finalmente comenzar en los próximos capítulos a analizar la información recopilada.

CAPÍTULO 4: BASES PARA EL RELEVAMIENTO EMPÍRICO

Diseño de la estrategia de recolección de datos para el presente estudio

Para esta investigación se consideró que la estrategia general, no experimental, que permitía contrastar más claramente las hipótesis de la investigación con información sobre características de la población, era la metodología de la encuesta. En efecto, se consideró este diseño de inquisición de datos por ser una de las formas más utilizadas para indagar sobre las características principales de un segmento poblacional, siendo el ideal para conocer las opiniones, experiencias y expectativas de los grupos poblacionales.

Determinada la recolección de datos por medio de encuestas, del tipo personalizada y de manera periódica, se tuvieron que delinear una serie de consideraciones a tener presente para el logro de este objetivo de recolección de datos. Las tareas de campo debían incluir la necesidad de realizar una capacitación previa con todos los encuestadores que implementarían las encuestas y/o coordinaran la recolección de los datos. Esta capacitación debía incluir la redacción de un breve manual de instrucción, donde se despejarán todas las inquietudes respecto a cómo se realizar el proceso de encuesta, de la selección propia de los entrevistados y se aclaran todos los aspectos generales y específicos del cuestionario (principalmente aquellos vinculados a preguntas que corren el riesgo de ser mal interpretadas o que susciten mayor cantidad de problemas de comprensión).

Todas estas actividades debían estar supervisadas por personal idóneo en la implementación de este tipo de tareas, pretendiendo evitar que durante la puesta en práctica del estudio los encuestadores cometan errores en la metodología de trabajo y en la formulación de las preguntas, además de buscar evitar la adulteración de los cuestionarios o los errores de consistencia.

Mecanismos seleccionados para la realización de las encuestas

Para el cumplimiento de los parámetros establecidos precedentemente sobre la metodología de recolección de los datos empíricos, se eligió el mecanismo de monitoreo aplicado a Pequeñas y Medianas Empresas.

-El mismo está centrado en los siguientes aspectos críticos:

-Dimensión cuantitativa del sector, exportaciones, inversión, innovación tecnológica, cantidad de ocupados, producción y financiamiento entre otros.

-Dinámicas sectoriales de los últimos cinco años y nuevas modalidades de articulación e integración en cadenas de valor, complejos productivos, etc.

-Factores que restringen su competitividad y el crecimiento sostenido de mediano plazo.

-Utilización de instituciones públicas y sus iniciativas de promoción: conocimiento de las mismas y evaluación de los resultados.

El principal objetivo es la recopilación de información relativa a las características de las empresas PYME, tales como su actividad principal, naturaleza jurídica, inicio de actividades, cantidad de locales de la empresa, valor bruto de producción, consumo intermedio, estructura del empleo, operaciones de capital, operaciones de crédito, participación en el comercio exterior, y expectativas del empresariado entre otras.

A partir de la información obtenida se realizan diversos análisis acerca de las características estructurales, coyunturales y económicas de las PYMES de nuestro país. Asimismo, la información confiable, dinámica y actualizada generada por permite la aplicación de eficientes políticas y aporta sustento estadístico para la planificación de los servicios públicos y la definición de políticas sociales.

Metodología propuesta

El peso de las empresas PYMES varía considerablemente entre los diferentes sectores de actividad, siendo particularmente importante en ciertas actividades comerciales, servicios empresariales y personales, turismo, agro-alimentos, industrias metal-mecánicas, manufacturas de cuero, indumentaria, plásticos, industrias de autopartes y repuestos, entre otros.

Selección de la muestra

La selección de la muestra se elaboró a partir de información proveniente de las guías de empadronamiento del Censo Nacional Económico acotadas a los locales que poseen más de 4 y hasta 250 ocupados.

La selección de la muestra de locales se llevó a cabo empleando la técnica de Permanent Random Number (PRN) para una selección proporcional al tamaño, siendo la medida de tamaño el Personal Ocupado. Debido a errores de marco (error de codificación de actividad, empresas del Estado, Grandes Empresas, etc.), se debieron reemplazar algunos locales de la muestra.

Con el fin de establecer las características de la muestra de cada uno de los dominios se elaboró una matriz con entradas por ramas de actividad consideradas y dominios. Cada marca de la matriz implica la inclusión en forma desagregada de la rama de actividad (detallada en la columna) para el dominio geográfico correspondiente.

De esta forma se puede observar que las muestras no son homogéneas en cuanto a la apertura de las ramas de actividad en los dominios.

Esta metodología permite destacar el análisis de determinadas actividades que a priori se consideran relevantes en cada una de las regiones. En este sentido en el sector industrial fueron seleccionadas muestras para las ramas de actividad más destacadas de cada dominio, y se conformó una muestra para el resto de industria en donde quedan incluidas en forma conjunta todas aquellas ramas industriales no destacadas.

Aquellos locales que no pertenecen a la muestra han sido excluidos por diversos motivos, entre los cuales podemos destacar los siguientes: locales que pertenecen a grandes empresas, grupos extranjeros, instituciones sin fines de lucro, dispersión geográfica, unidades auxiliares, sector público, entre otros. Asimismo, quedan por fuera del universo las actividades agropecuarias (ramas 01 y 02), pesca (rama 05), minería (ramas 10 a 14), electricidad y gas (rama 40) y construcción (rama 45). Asimismo, fueron excluidas las ramas de actividad que poseen más del 90% de las empresas con registros de 0-4 ocupados ya que se consideran microempresas.

Desde el punto de vista de las expansiones, la muestra apunta a dar estimaciones a nivel dominio geográfico y a cada rama de actividad de Industria, Comercio y Servicios definida como de interés en cada uno de ellos[239].

Elaboración de la Encuesta a PYMES del presente trabajo de investigación

Con el objetivo de asegurar la fiabilidad de los datos, el cuestionario fue cuidadosamente diseñado, revisado, discutido con expertos en prueba piloto. Así, dicho cuestionario fue testeado a partir de una muestra pequeña de empresas con el objetivo de evaluar si las preguntas eran respondidas por las PYMES industriales, si las respuestas eran coherentes a las hipótesis planteadas originalmente y, sobre todo, para comprobar la existencia de errores que podrían obstaculizar la recogida de la información y el posterior análisis de los datos.

---

239   Para mayores precisiones se recomienda ver "Matriz de dominios por rama de actividad". - Informe de Resultados Onda 005 - Mayo 2008. MAPA PYME - SEPYME, Secretaría de Industria del Ministerio de Producción de la Nación.

La implementación de la encuesta supuso el seguimiento de un procedimiento que se inició con el diseño en donde se realizó la formulación de los objetivos e interrogantes, la elección de opciones metodológicas y continuó con la construcción de la muestra, puesto que se decidió guardar representatividad estadística.

En carácter paralelo se operacionalizaron las dimensiones y variables bajo indagación, a partir de su traducción en un cuestionario guía de preguntas para el encuestador. Por último, el procedimiento de implementación de encuestas implicó la puesta en práctica de la recolección de datos, el procesamiento, el análisis de la información y la presentación final de los resultados.

En este sentido, para la elaboración conceptual de cada una de las preguntas, si bien se tomó como base el Manual de Oslo (2005), ya que forma parte de la serie de manuales evolutivos que se consagraron a la medida y a la interpretación de los datos relativos a la Ciencia, la Tecnología y a la Innovación desarrollado conjuntamente por la Eurostat y la OCDE, se utilizaron otras fuentes puesto que no se adapta perfectamente a las particularidades propias de nuestro universo en estudio.

El enfoque que se le debía dar a la encuesta suponía la consideración de una temática más amplia que la prevista en el Manual de Oslo (2005), ya que, para los países de América Latina, era necesario incluir aspectos tales como Esfuerzo Tecnológico, Gestión de la Actividad Innovadora o Acumulación de Capacidades Tecnológicas para relevar datos más certeros sobre lo que sucede en el país.

Es decir, por ejemplo, mientras el Manual de Oslo presenta una definición de innovación, que es seguida por muchos autores, la encuesta debía tener otro sesgo más amplificativo de la definición, con el fin de, además, poder captar por medio de las preguntas los rasgos característicos que adoptan los procesos innovadores en la 0, pudiendo abarcar el conjunto de todas las estrategias empresariales que determinen los verdaderos esfuerzos tecnológicos de las empresas del país.

Ahora bien, en el intento de considerar las condiciones particulares en las que se desenvuelven las actividades de innovación de PYMES, y el esfuerzo de desplazar el eje del análisis desde la innovación hacia el esfuerzo tecnológico o la gestión de la actividad innovadora llevó a revalorizar, a los fines de este estudio al Manual de Bogotá (2001), el cual propone las pautas fundamentales para la normalización y construcción de los indicadores de innovación tecnológica. Este Manual reconocía la necesidad de medir la información de la materia en estudio sin ambigüedades y con criterios estandarizados entre los países de la región, llegando a justificar simplificaciones que tienden a eludir los problemas, tanto conceptuales como instrumentales, que se presentan en nuestros países en relación con estos ejercicios.

Los principales aportes que introdujo el Manual de Bogotá (2001), y que fueron tenidos en cuenta para la elaboración de esta encuesta particular e inédita para la PYMES Industriales, fueron los de poder vincular el estudio de la actividad innovadora en los países en desarrollo con los esfuerzos de reconversión que las firmas estás encarando en respuesta a las condiciones generadas por la apertura y la globalización de los mercados.

En este sentido, la visualización que aportó el Manual de Bogotá (2001) de la necesidad de introducir la dimensión organizacional en el análisis de la innovación fue de gran aporte, ya que la modernización organizacional, especialmente en las PYMES, suele aparecer como mecanismo esencial de la reconversión en la empresa, sobretodo en el contexto de la Gestión de la Actividad Innovadora.

La complejidad asociada a la realización del cuestionario viene dada por la población a la cual se dirige. Como el sector de PYMES Industriales de, no resulta un grupo tradicional para los estudios de innovación desarrollados en 0, donde las firmas multinacionales y las grandes empresas concentran el gasto en (I+D) del país, se llegó a la conclusión de que los relevamientos existentes presentan imperfecciones en adaptarse a la realidad del estudio, motivo por el cual se procedió a conceptualizar una encuesta particular e inédita para la investigación.

Es por ello que, los resultados arrojados en el presente trabajo no pueden generalizarse al total de firmas industriales del país, ya que sólo se limita a empresas PYMES del sector industrial. En este sentido, la encuesta requirió el desarrollo de una conceptualización específica en el marco del abordaje del tema, que combinó fuentes de diversas encuestas de innovación y que dio como resultado la confección de un cuestionario cuyas preguntas respondían a alguna de las fuentes descriptas anteriormente, el cual se presenta en el Anexo I de este documento.

Unidad estadística y de observación

De acuerdo a los datos relevados por la muestra, se considera como unidad estadística el local industrial. Si bien la innovación es un proceso desarrollado por la firma en su conjunto se adoptó esta unidad de medida, atento a las ventajas que supone en términos de identificar la localización geográfica y la rama de actividad a un alto grado de desagregación.

En todos los casos, los locales industriales relevados poseen más de 4 y hasta 250 ocupados, lo que infiere la presencia exclusiva de pequeñas y medianas empresas de acuerdo a los estándares internacionales. De acuerdo a la muestra relevada, la distribución de locales por empresa presenta la siguiente estructura:

Gráfico 1. Distribución por cantidad de locales de las PYMES industriales is.

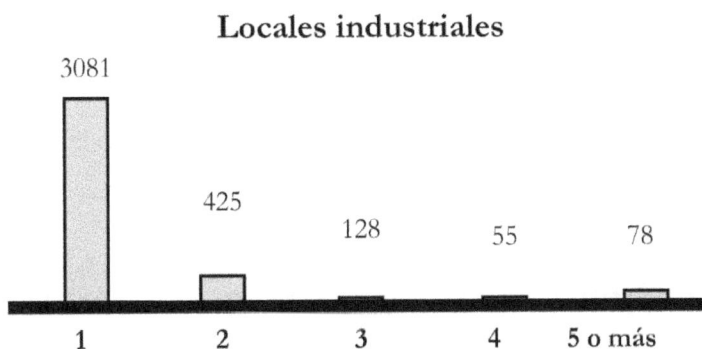

Locales industriales

3081

425

128   55   78

1   2   3   4   5 o más

Fuente: Elaboración propia.

Características finales de la muestra y ficha técnica

El grado de respuesta fue máximo, y todas las empresas respondieron al cuestionario. No obstante, en una prueba piloto realizado con anterioridad se había detectado inconsistencias propias de la no comprensión de los términos utilizados en el cuestionario. En consecuencia, en el relevamiento que convoca este trabajo, se trabajó en un Manual para el Encuestador, con los principales términos que en el capítulo de innovación se vertían, y adicionalmente sobre el cuerpo conceptual de preguntas se destacaba la definición que correspondía, permitiendo la rápida orientación para el encuestado. A pesar de ello, no se descarta la posibilidad que existen sesgos de selección en las respuestas producidas por la inexactitud de las preguntas para el encuestado final.

154

Sobre la base del Censo Nacional, en donde se exponen la existencia de 84,100 PYMES Industriales (manufactureras), se consideró al universo de estudio como finito, motivo por el cual, debido al tamaño de la población, se consideró que un error aceptable para el diseño de la muestra estaría dado por debajo del 2%. El cálculo de la muestra óptima estuvo dado de la siguiente forma:

N= población

n= tamaño de la muestra

E= error obtenido

Entonces n= N / 0.0004*(N-1) +1 = 2,427 casos

De lo cual se desprende la siguiente ficha técnica que se tendría que considerar:

Ficha Técnica de la muestra

Universo	84,100 Empresas PYMES industriales, según Censo Nacional
Relevamiento de los Datos	Por método de encuesta de relevamiento
Forma de relevamiento	En forma personal
Espacio temporal de la muestra	En forma periódica
Población muestral	84,100 Empresas PYMES industriales
Tamaño de la muestra	Mínimo 2,427 casos
Error muestral	2%

A partir del relevamiento que se ha realizado de la muestra obtenida, se evidencia que finalmente el número muestral logrado de la población de PYMES Industriales es mayor al mínimo de casos necesarios para cubrir un margen de error del 2%. Con lo cual, recalculando el diseño de la muestra para los 3,767 casos encontrados, debido a que obtuvimos más casos de los necesarios, podemos inferir finalmente que con la muestra obtenida el error que se está cometiendo en los resultados de la presente investigación, con respecto a la población total, está en el orden del 1.5924 %.

CAPÍTULO 5: ANÁLISIS DE LOS RESULTADOS

"...las funciones de la innovación son múltiples: es la fuerza motriz que impulsa a las empresas hacia objetivos ambiciosos a largo plazo y la que conduce a la renovación de las estructuras industriales y a la aparición de nuevos sectores de la actividad económica".

Datos generales de la muestra utilizada

Como se puede observar, la muestra fue seleccionada, a partir de las consideraciones que del último Censo Nacional Económico se desprenden, respecto a la configuración del entramado industrial argentino. Al respecto se destaca la Elaboración de productos alimenticios y bebidas (20%) y Fabricación de productos elaborados de metal, excepto maquinaria y equipo (10.4%) como las principales actividades de las PYMES. A continuación, se puede apreciar la variedad de los sectores industriales

Tabla 1. Empresas que han realizado esfuerzos de innovación.

Subsector Industrial	Número Empresas	Porcentaje sobre la muestra
Confección de prendas de vestir; terminación y teñido de pieles	165	4.4
Curtido y terminación de cueros; fabricación de artículos de marroquinería, talabartería y calzado y de sus partes	292	7.8
Edición e impresión; reproducción de grabaciones	251	6.7
Elaboración de productos alimenticios y bebidas	753	20.0
Fabricación de autopartes, repuestos vehículos automotores, remolques y semirremolques	202	5.4

Fabricación de maquinaria y aparatos eléctricos n.c.p.	84	2.2
Fabricación de maquinaria y equipo n.c.p.	330	8.8
Fabricación de metales comunes	48	1.3
Fabricación de muebles y colchones; industrias manufactureras n.c.p.	101	2.7
Fabricación de papel y de productos de papel	118	3.1
Fabricación de productos de caucho y plástico	267	7.1
Fabricación de productos elaborados de metal, excepto maquinaria y equipo	391	10.4
Fabricación de productos minerales no metálicos	198	5.3
Fabricación de productos textiles	174	4.6
Fabricación de sustancias y productos químicos	279	7.4
Otras actividades	114	3.0
Total	3,767	100

Fuente: Elaboración propia sobre datos encuesta.

El siguiente gráfico muestra la composición sectorial de la muestra. En ella se pueden observar los sectores participantes en el estudio con carácter industrial:

158

Gráfico 2. Distribución por subsectores industriales de las PYMES

Subsector	Valor
Elaboración de productos alimenticios y bebidas	753
Elaboración de productos elaborados de metal, excepto maquinaria y equipo	391
Fabricación de maquinaria y equipo n. e. p.	330
Curtido y terminación de cueros, fabricación de artículos de marroquinería, talabartería y calzado y de sus partes	292
Fabricación de sustancias y productos químicos	279
Fabricación de productos de caucho y plástico	267
Edición e impresión, reproducción de grabaciones	251
Fabricación de autopartes, repuestos, vehículos automotores, remolques y semirremolques	202
Fabricación de productos minerales no metálicos	198
Fabricación de productos textiles	174
Confección de prendas de vestir, terminación y teñido de pieles	165
Confección de papel y productos de papel	118
Otras actividades	114
Fabricación de muebles y colchones; industrias manufactureras n. e. p.	101
Fabricación de maquinaria y aparatos eléctricos n. e. p.	84
Fabricación de metales comunes	48

Fuente: Elaboración propia sobre datos de la encuesta.

El tamaño medio de las empresas analizadas, medido en número de empleados es de 45.40 empleados. En concreto, las empresas encuestadas fueron 929 con menos de 10 empleados, 1,714 de 11 a 50 empleados y 1,066 con dotación de empleados superior a 50.

La antigüedad promedio de las empresas relevadas es 19.93 años, con una escaza participación de empresas de reciente creación (276 empresas con antigüedad menor a los 3 años). De las nuevas empresas industriales localizadas en 0, se destacan aquellas que pertenecen a Elaboración de productos alimenticios y bebidas (21%) y Fabricación de productos elaborados de metal, excepto maquinaria y equipo (18.1%). Asimismo, se localizaron principalmente en la Región Centro (35.5%, demostrando una tasa superior a la localización de la totalidad de las empresas de la muestra) y Región Pampeana (37.3%, denotando una tasa inferior a la totalidad de las empresas de la muestra).

Asimismo, se observa una baja participación de origen extranjero en el capital de las empresas, atento a que la media alcanza al 95.95% de participación del capital nacional en las empresas.

Tabla 2. Estadísticos descriptivos sobre antigüedad, empleo y origen capital accionario.

	Mínimo	Máximo	Media	Desv. típ.
Antigüedad	1.00	112.00	19.9389	15.37719
Personal Ocupado	1.00	875.00	45.4028	56.07886
% Origen Nacional Capital Empresarial	0.00	100.00	95.9526	18.58493

Fuente: Elaboración propia sobre datos de la encuesta.

Del total de la muestra un 38.1% de las PYMES industriales declararon realizar Actividades de Innovación (AI) durante el periodo 2.006-2.008.

160

Tabla 3. Empresas que han realizado esfuerzos de innovación.

		Número empresas	% muestra sobre la
PYMES industriales 0	Empresas sin esfuerzos de innovación	2,332	61.9%
	Empresas con esfuerzos innovadores	1,435	38.1%

Fuente: Elaboración propia sobre datos de la encuesta.

Gráfico 3. PYMES industriales que han realizado actividades de innovación

38.1

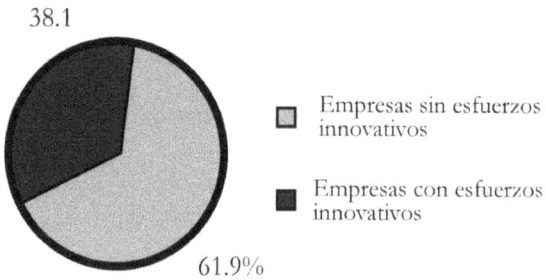

61.9%

□ Empresas sin esfuerzos innovativos

■ Empresas con esfuerzos innovativos

Fuente: Elaboración propia sobre datos de la encuesta.

Resultados respecto al desempeño innovador de las empresas relevadas

De aquellas empresas que manifestaron realizar actividades de innovación, se destaca por sobre el resto la actividad de i) Adquisición de maquinaria y equipo informático (944 empresas respondieron positivamente haberla realizado), ii) I+D interna (517), iii) Diseño u otros preparativos para producción y/o distribución (455) y iv) Actividades internas o externas de comercialización (446).

Gráfico 4. Actividades de Innovación en PYMES industriales

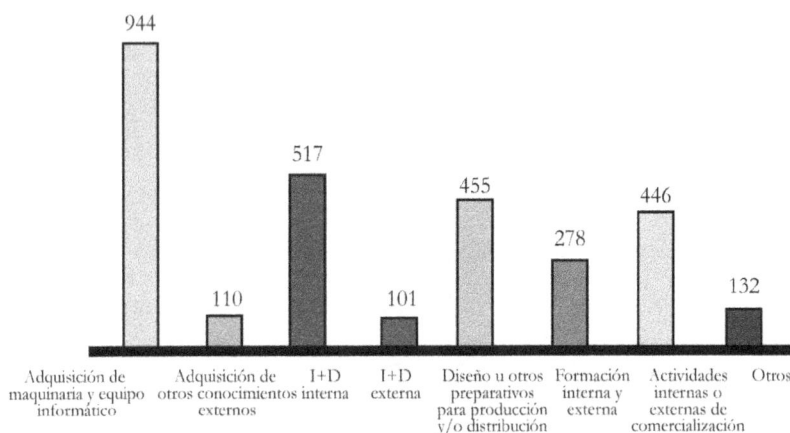

Fuente: Elaboración propia sobre datos de la encuesta.

Entre los efectos sobre el producto del desarrollo de actividades de innovación, las empresas reconocieron la mejora de calidad de producto como el principal efecto (42.9%), seguido por el aumento de la gama de producto (28.6%).

162

Tabla 4. Efectos sobre el producto de las AI

Efectos sobre el producto de las AI	Número Empresas	Porcentaje sobre la muestra
Aumento gama de productos	405	28.6
Mayor acceso a mercados	348	24.6
Mejoras de calidad de producto	608	42.9
No reconoce efectos	56	4.0
Total	1,417	100.0

Fuente: Elaboración propia sobre datos de la encuesta.

Respecto al impacto del desarrollo de las Actividades de Innovación sobre los procesos se identifica las mejoras de la flexibilidad y capacidad de producción como el principal resultado (67.4%) seguido por la reducción de costos materiales y laborales (12.7%).

Tabla 5. Efectos sobre los procesos de las AI.

Efectos sobre el proceso de las AI	Número Empresas	Porcentaje sobre la muestra
Mejoras de Producción	953	67.4
Cumplimiento de Normas Internacionales	85	6.0
Reducciones de Costos	179	12.7
No reconoce efectos	196	13.9
Total	1,413	100.0

Fuente: Elaboración propia sobre datos de la encuesta.

En lo que respecta a otros efectos del desarrollo de Actividades de Innovación, se destacan nuevamente el cumplimiento de Reglamentos o Normas de Seguridad e Higiene que regulan la actividad (41.5%) por sobre aspectos asociados a la reducción del impacto ambiental (17.6%).

Tabla 6. Otros efectos de las AI.

Otros efectos de las AI	Número Empresas	Porcentaje sobre la muestra
Cumplimiento de Reglamentos o Normas	577	41.5
Reducción impacto ambiental	244	17.6
No reconoce efectos	569	40.9
Total	1,390	100.0

Fuente: Elaboración propia sobre datos de la encuesta.

Innovación en producto

El 22.8% de las empresas encuestadas reconoce que realizó innovación de producto durante los años 2006 a 2008. Una innovación de producto es un bien o un servicio nuevo o sensiblemente mejorado con respecto a sus características básicas, especificaciones técnicas, software incorporado u otros componentes intangibles, finalidades deseadas o prestaciones. Los cambios de naturaleza únicamente estética, así como la mera venta de innovaciones completamente producidas y desarrolladas por otras empresas, no deben ser tenidos en cuenta.

164

Tabla 7. Empresas que han innovado en producto.

Innovación en producto	Número Empresas	Porcentaje sobre la muestra
NS/NC	2,325	61.7
No innova	584	15.5
Sí innova	858	22.8
Total	3,767	100.0

Fuente: Elaboración propia sobre datos de la encuesta.

Al relevarse sobre el desarrollo de esos productos nuevos o sensiblemente mejorados, una amplia mayoría respondió que lo desarrolló en forma propia, sin cooperación alguna con el entorno y con los medios y recursos propios de la empresa (76.57%). Adicionalmente, de aquellas que recibieron cooperación en la innovación de producto, se destacan otras empresas, como la fuente primaria de cooperación (13.05%).

Gráfico 5. Empresas que han innovado en productos

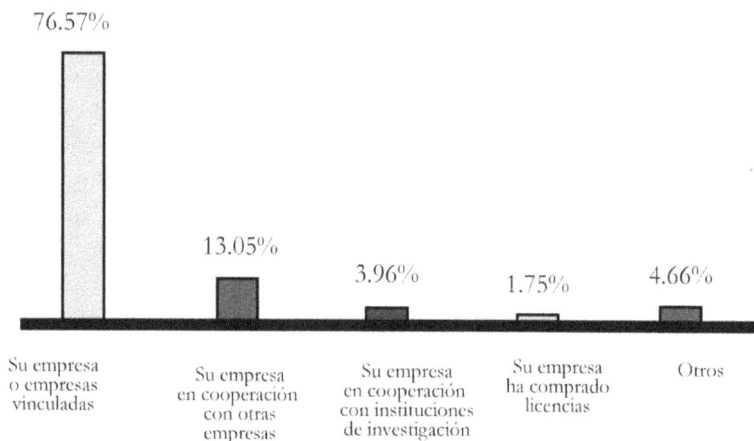

76.57%

13.05%

3.96%

1.75%

4.66%

| Su empresa o empresas vinculadas | Su empresa en cooperación con otras empresas | Su empresa en cooperación con instituciones de investigación | Su empresa ha comprado licencias | Otros |

Fuente: Elaboración propia sobre datos de la encuesta.

Respecto al grado de novedad de las innovaciones de productos, un grupo reducido de empresas (34) declararon que las innovaciones de productos introducidas en los últimos dos años, son novedosas en el plano internacional, en tanto que 243 empresas afirmaron desarrollar innovaciones de productos orientadas al mercado nacional. Por último, un grupo mayoritario de empresas (581) reconocieron que la innovación de productos era de novedad a nivel firma.

Gráfico 6. Grado de novedad de las innovaciones de producto desarrolladas por las empresas.

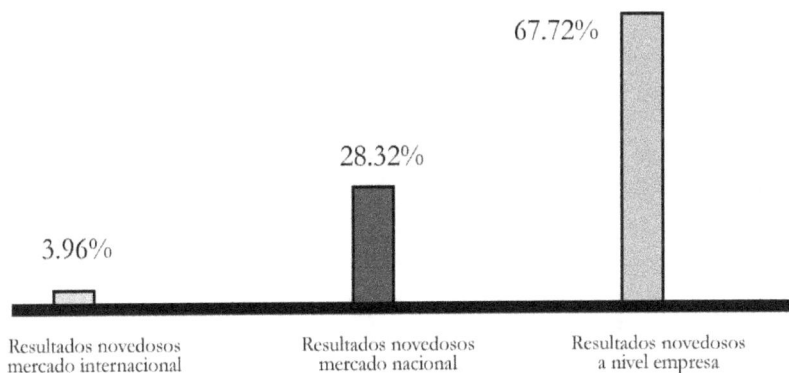

Fuente: Elaboración propia sobre datos de la encuesta.

Si se indaga respecto a los sectores que pertenecen las empresas que afirmaron haber alcanzado resultados novedosos en distintos planos geográfico, se puede observar primero que cinco subsectores industriales lideran las observaciones positivas: i) Elaboración de productos alimenticios y bebidas (151 empresas en total), ii) Fabricación de maquinaria y equipo n.c.p. (133 empresas en total); iii) Fabricación de productos de caucho y plástico (76 empresas en total); iv) Fabricación de sustancias y productos químicos (96 empresas en total), v) Fabricación de autopartes, repuestos vehículos automotores, remolques y semirremolques (59 empresas en total).

Tabla 8. Empresas que han innovado en producto. Novedad de la innovación y sector al que pertenecen.

Subsector Industrial	Resultados novedosos Mercado Internacional		Resultados novedosos Mercado Nacional		Resultados novedosos a nivel Empresa		Total Empresas que innovaron en productos	
	Número Empresas	Porcentaje sobre el Grupo	Número Empresas	Porcentaje sobre el Grupo	Número Empresas	Porcentaje sobre el Grupo	Número Empresas	Porcentaje sobre el Grupo
Elaboración de productos alimenticios y bebidas	4	11.8	29	11.9	118	20.3	151	17.6
Fabricación de autopartes, repuestos vehículos automotores, remolques y semirremolques	4	11.8	18	7.4	37	6.4	59	6.9
Fabricación de maquinaria y equipo n.c.p.	9	26.5	50	20.6	74	12.7	133	15.5
Fabricación de productos de caucho y plástico	2	5.9	26	10.7	48	8.3	76	8.9
Fabricación de sustancias y productos químicos	6	17.6	22	9.1	68	11.7	96	11.2
Otras actividades	9	26.4	98	40.3	236	40.6	343	39.9
Total	34	100.0	243	100.0	581	100.0	858	100.0

Fuente: Elaboración propia sobre datos de la encuesta

Del mismo relevamiento se puede observar que aquellas empresas que declararon haber realizado innovaciones de productos con alcance internacional, la mayor participación se produce en los subsectores industriales de i) Fabricación de autopartes, repuestos vehículos automotores, remolques y semirremolques (6.8%), ii) Fabricación de maquinaria y equipo n.c.p. (6.8%) y iii) Fabricación de sustancias y productos químicos (6.3%). Al mismo tiempo, aquellas empresas que declararon innovaciones de productos a nivel nacional, se destaca por su importancia el subsector de i) Fabricación de maquinaria y equipo n.c.p. (37.6%), ii) Fabricación de productos de caucho y plástico (34.2%) y iii) Fabricación de autopartes, repuestos vehículos automotores, remolques y semirremolques (30.5%). Por último, para el caso de las empresas que reconocen a la innovación de producto como novedosa a nivel intra-firma, se destaca en primer lugar de aparición aquellas que pertenecen al subsector industrial de i) Elaboración de productos alimenticios y bebidas (78.1%), ii) Fabricación de sustancias y productos químicos (70.8%) y iii) Fabricación de productos de caucho y plástico (63.2%).

Gráfico 7. Grado de novedad de las innovaciones de producto y subsectores a los que pertenecen las empresas.

Fuente: Elaboración propia sobre datos de la encuesta.

Innovación y abandono

Un reducido número de firmas (3,5%) de las encuestadas han manifestado alguna vez abandonar los procesos de innovación. Más específicamente si nos limitamos a las empresas que innovan, el 39,4% de las empresas que abandonaron la innovación realizaban alguna actividad de innovación. Asimismo, sólo un 17,4% del total de empresas que abandonaron la innovación habían realizado innovación de producto.

Tabla 9. Abandono de la innovación.

Abandono de la Innovación	Número Empresas	Porcentaje sobre la muestra
No	1,233	32.7
Sí	132	3.5
NS/NC	2,402	63.8
Total	3,767	100.0

Fuente: Elaboración propia sobre datos de la encuesta.

En los factores que limitan la capacidad de innovación, fundamentalmente se destacan los costos de innovación demasiados elevados, los riesgos económicos que se perciben excesivos y la falta de financiación. En el otro extremo, las barreras de normas y estándares, la falta de información sobre mercados y tecnología no resultan ser factores que las empresas hayan caracterizado como limitantes a la innovación.

Tabla 10. Factores que limitan la capacidad de innovar.

Factores que limitan la capacidad de innovar [No (0) / Sí (1)]	Media	Desv. Típica
Costos de innovación demasiado elevados	0.580	0.494
Los riesgos económicos se perciben excesivos	0.561	0.496
Falta de financiación	0.525	0.499
Falta de personal calificado	0.216	0.412
Falta de sensibilidad de los clientes a nuevos bienes o servicios	0.168	0.374
Rigideces de organización en la empresa	0.104	0.305
Barreras de normas y estándares	0.070	0.255
Falta de información sobre mercados	0.066	0.249
Falta de información sobre tecnología	0.051	0.220

Fuente: Elaboración propia sobre datos de la encuesta.

Investigación y Desarrollo

Según la Tabla 11, el 24.4% de las empresas afirma realizar Actividades de I+D. Específicamente un 63.7% de las empresas que declararon realizar Actividades de Investigación y Desarrollo, innovaron en producto.

Tabla 11. Realiza Actividades de Investigación y Desarrollo.

Realiza Actividades de Investigación y Desarrollo	Número Empresas	Porcentaje sobre la muestra
NS/NC	52	1.4
No	2,794	74.2
Sí	921	24.4
Total	3,767	100.0

Fuente: Elaboración propia sobre datos de la encuesta.

Tabla 12. Realiza Actividades de Investigación y Desarrollo
e Innovación en Producto.

	Realiza Actividades de Investigación y Desarrollo					
	NS/NC		No		Sí	
	Número Empresas	%	Número Empresas	%	Número Empresas	%
Innovación de Producto NS/NC	49	94.2	2,141	76.6	135	14.7
No	2	3.8	390	14.0	199	21.6
Sí	1	1.9	263	9.4	587	63.7
Total	52	100.0	2,794	100.0	921	100.0

Fuente: Elaboración propia sobre datos de la encuesta.

El 64.5% realiza actividades de investigación y desarrollo con carácter continuo, frente al 35.46 que lo hace en forma ocasional. Adicionalmente el 69.2% de las empresas que realizan (I+D) con carácter continuo, realizan innovación de producto. El porcentaje se reduce al 53.9% de las empresas que realizan I+D con carácter ocasional.

Gráfico 8. Carácter de las Actividades de Investigación y Desarrollo.

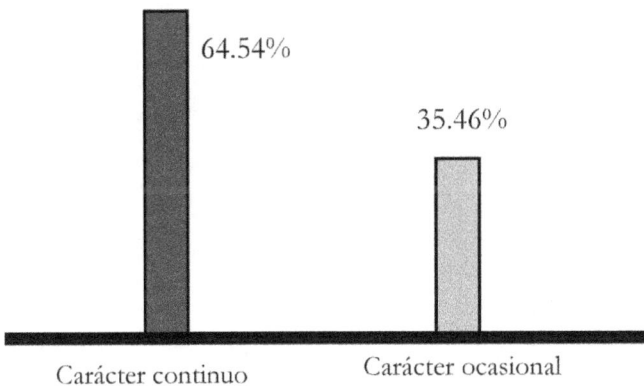

64.54%

35.46%

Carácter continuo   Carácter ocasional

Fuente: Elaboración propia sobre datos de la encuesta.

Previsiblemente, aquellas empresas que realizan actividades de investigación y desarrollo de carácter continuo, en un amplio porcentaje posee departamento de (I+D) (61.2%) en tanto que la presencia de departamentos disminuye al 29.7% en aquellas empresas que realizan (I+D) ocasional.

Tabla 13. Realiza Actividades de Investigación y Desarrollo y Departamento I+D.

		Realiza Actividades de Investigación y Desarrollo			
		Continuas		Ocasionales	
		Número Empresas	%	Número Empresas	%
Posee Departamento de I+D	No	228	38.8	227	70.3
	Sí	360	61.2	96	29.7
	Total	588	100.0	323	100.0

Fuente: Elaboración propia sobre datos de la encuesta.

Respecto al personal dedicado a las actividades de I+D se verifica que en promedio las empresas poseen 2.5 personas con dedicación a tiempo completo y 1,76 personas a tiempo parcial. De acuerdo a la Tabla 15, el promedio de investigadores a tiempo completo por empresa es mayor al promedio (2.8 personas) en el caso de empresas más grandes (mayor a 50 empleados) y menor al promedio (2.3 personas) en el caso de las empresas de menor dotación de empleados. La tendencia se revierte para el caso de los profesionales con dedicación part-time, puesto que se evidencia una participación mayor de estos profesionales en las microempresas (menor a 10 empleados), con 2 profesionales dedicados a I+D en forma ocasional en promedio. Pese a ello, el peso de las observaciones indica que son las empresas de mayor tamaño las que poseen la mayor cantidad de personal con dedicación full time (50.1%) y personal en I+D con dedicación part-time (40.4%).

Tabla 14. Personal I+D.

Profesionales en I+D	Tamaño	Indicador	Valor
Cant. de profesionales Con dedicación full time	Micro – Menor a 10 empleados	Media	2.28
		Desv. típ.	1.82
		Mínimo	1
		Máximo	8
	Pequeña – Entre 11 y 50 empleados	Media	2.09
		Desv. típ.	2.46
		Mínimo	1
		Máximo	23
	Medianas – Mayor a 50 empleados	Media	2.81
		Desv. típ.	3.85
		Mínimo	1
		Máximo	27
Cant. de profesionales Con dedicación part time	Micro – Menor a 10 empleados	Media	2.00
		Desv. típ.	1.44
		Mínimo	1
		Máximo	6
	Pequeña – Entre 11 y 50 empleados	Media	1.61
		Desv. típ.	0.99
		Mínimo	0
		Máximo	6
	Medianas – Mayor a 50 empleados	Media	1.79
		Desv. típ.	1.21
		Mínimo	0
		Máximo	6

Fuente: Elaboración propia sobre datos de la encuesta.

Fuentes de información para la innovación

Las fuentes de información para la innovación más valoradas son internas, proveedores de equipos y los congresos, ferias y exposiciones. En el otro extremo, las menos valoradas corresponden a competidores, organismos públicos de investigación y apoyo técnico y universidades.

Tabla 15. Fuentes de información para la innovación.

Fuentes de información para la innovación [No (0) / Sí (1)]	Media	Desv. típ.
Fuentes internas del local	0.194	0.396
Proveedores de equipo	0.193	0.395
Congresos, ferias y exposiciones	0.114	0.318
Clientes	0.105	0.307
Proveedores de insumos	0.101	0.301
Otras empresas vinculadas	0.062	0.240
Otras	0.053	0.224
Revistas profesionales	0.050	0.218
Competidores	0.044	0.206
Organismos públicos de investigación y apoyo técnico	0.040	0.197
Universidades	0.023	0.149

Fuente: Elaboración propia sobre datos de la encuesta.

Protección de la innovación

Los registros de modelos, diseño o marcas es el mecanismo de protección de patentes más utilizado por las empresas (68.56%), seguido de la utilización de patentes (29.66%).

Gráfico 9. Métodos de protección de innovaciones.

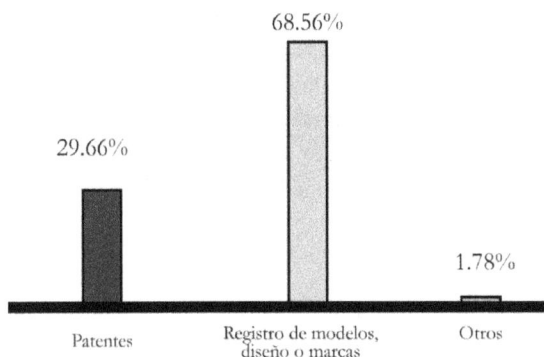

Fuente: Elaboración propia sobre datos de la encuesta.

Tabla 16. Patentes introducidas y % sobre ventas de las mismas.

	Número Empresas	Máximo	Media	Desv. típ.
Cantidad Patentes introducidas	250	3	2.244	0.914
% de las ventas que corresponde a productos con métodos de protección utilizados	539	100	45.465	44.610

Fuente: Elaboración propia sobre datos de la encuesta.

Analizada la relación entre los métodos de protección utilizados y la participación en ventas de los productos que se valieron de la salida al mercado por alguno de los métodos de protección mencionados, se evidencia una clara relación entre la introducción de patentes y la participación en ventas positiva de los productos patentados, indicando que el riesgo de introducir una patente al mercado no se condice con cuestiones inherentes a su salida comercial. La relación no es tan intensa respecto al registro de modelos, diseño o marcas donde la proporción es del 47.9% de los casos.

Gráfico 10. Métodos de protección innovaciones y su incidencia en las ventas.

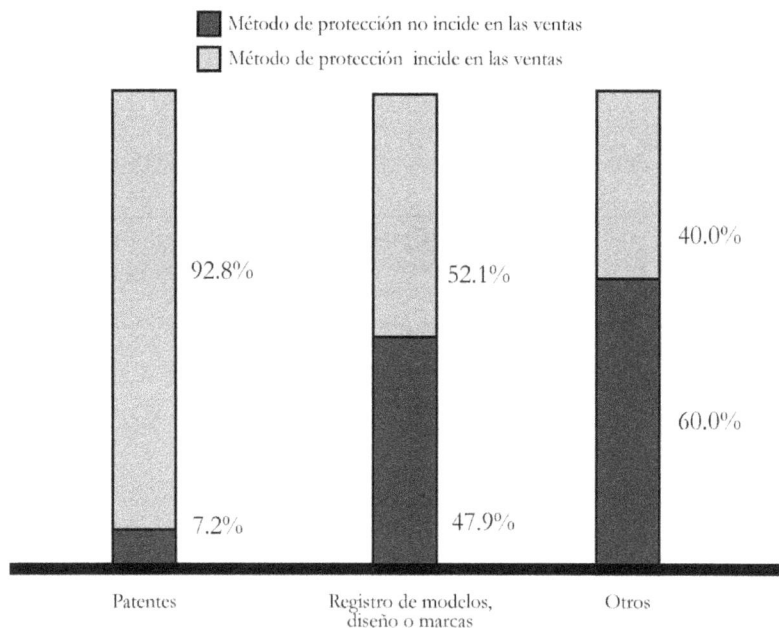

■ Método de protección no incide en las ventas
□ Método de protección incide en las ventas

92.8% 52.1% 40.0%

7.2% 47.9% 60.0%

Patentes   Registro de modelos, diseño o marcas   Otros

Fuente: Elaboración propia sobre datos de la encuesta.

Conclusiones respecto a la dinámica de innovación de las PYMES

En síntesis, un adecuada gestión de la innovación implicaría considerar como variables relevantes: i) el monitoreo del entorno, de modo de anticipar cambios y tendencias en el conocimiento y la tecnología y de estar al tanto, de manera anticipada, de las necesidades de los clientes; ii) la focalización en una meta a alcanzar, lo que definirá la estrategia innovadora de la firma, es decir, el objeto y las formas particulares que tendrá el proceso innovador; iii) la capacitación de los recursos humanos y la compra o producción del equipamiento adecuado para que, una vez decidida la estrategia innovadora, se concentren en la firma las competencias, habilidades y la infraestructura necesaria, para emprender exitosamente el sendero innovador; iv) la implantación de la innovación, entendida como el conjunto de decisiones y acciones positivas que debe tomar la empresa para hacer realidad el fenómeno innovador; y v) el aprendizaje que se generará como resultado de todo el proceso de gestión de la innovación y que, a través de la retroalimentación, incrementará las capacidades de gestión futura de la empresa.

Como se observó, la actividad de innovación por excelencia desarrollada por las PYMES innovadoras industriales en 0 durante los años 2006 a 2008, es la Adquisición de maquinaria y equipo informático seguida de la I+D Interna. Entre aquellas empresas que han realizado actividades de innovación, destacan que los efectos más importantes se concentraron en torno a la Mejora de Calidad de los productos y en segunda instancia al aumento de la gama de productos. Entre los efectos asociados a los procesos, se distingue claramente la flexibilidad y capacidad de producción como los resultados del desarrollo de actividades de innovación. Entre otros efectos, se distinguen tanto el cumplimiento de reglamentos y normas como el principal resultado del desarrollo de actividades de innovación.

Al mismo tiempo, las innovaciones de productos introducidas, se caracterizan generalmente por surgir a partir de fuentes internas de información, y son desarrolladas principalmente en forma propia o a lo sumo con otras empresas o consultoras. Asimismo, un reducido número de empresas, introduce productos novedosos en el plano internacional y sí lo hace mayoritariamente a nivel nacional e intrafirma. Dentro de las empresas que introducen productos novedosos en el plano nacional, se destaca por su importancia el subsector de i) Fabricación de maquinaria y equipo n.c.p. (37.6%), ii) Fabricación de productos de caucho y plástico (34.2%) y iii) Fabricación de autopartes, repuestos vehículos automotores, remolques y semirremolques (30,5%). Estos tres subsectores mencionados, son los que relativamente más innovaciones aportan al mercado internacional y nacional. En el otro extremo, Elaboración de productos alimenticios y bebidas y Fabricación de sustancias y productos químicos son los que más innovaciones a nivel empresa albergan.

En los factores que limitan la capacidad de innovación, fundamentalmente se destacan los costos de innovación demasiados elevados, los riesgos económicos que se perciben excesivos y la falta de financiación. De las empresas que realizan Actividades de I+D se destaca el carácter continuo de las mismas, y la mayor participación de personal estable a tiempo completo respecto a los de tiempo parcial. Asimismo, el carácter continuo de la I+D contribuye a la conformación de Departamentos de I+D. En tanto que la relación no es tan intensa entre el carácter ocasional y la conformación de Departamentos.

Las fuentes de innovación por excelencia son las internas a la firma, proveedores de equipos y congresos, ferias y exposiciones. Ello tiene que ver por el peso que las actividades innovadoras de Adquisición de maquinaria y equipo informático seguida de la I+D Interna poseen por sobre el resto.

Desempeño competitivo de las PYMES innovadoras

Las PYMES suelen presentar ventajas competitivas importantes referidas a su tamaño y flexibilidad que les permite una respuesta rápida a los cambios del entorno y facilita su integración como eslabón en cadenas productivas; como proveedores eficientes de bienes intermedios o finales y de servicios en esquemas de subcontratación nacionales o internacionales que alimentan el surgimiento de empresas nacionales más grandes. En relación a sus competidores nacionales, las empresas innovadoras se consideran, en general, superiores en todos los terrenos. Los índices de valoración -todos ellos con valores mayores que el que corresponde a la igualdad con los rivales- son más altos en los ítems referentes a la calidad de los productos, los servicios al cliente y el nivel tecnológico de la empresa, y muestran cuantías algo más moderadas en la evaluación de la posición comercial y, sobre todo, de la capacidad de competir en precios.

La orientación al mercado provee a las empresas de fuertes direccionamientos y señales que provienen tanto de los clientes como competidores que deben ser complementados con una apropiada estructura organización, procesos flexibles y adaptados a las necesidades y una permanente cultura hacia el cambio y favorable hacia la adquisición de conocimiento (Slater y Narver, 1995)[240].

Si bien en este apartado del documento no se indagan las causalidades vigentes entre ambas variables, el resultado exploratorio permite suponer que cuanto mayor es el volumen comercializado por la empresa, mayor es la probabilidad de que ésta lleve a cabo actividades de innovación, ya sea porque las ventas en crecimiento repercutirán en la faz financiera de la empresa mediante la generación de nuevos recursos pudiendo ser aplicados a la innovación, así como también por los resultados de la innovación que permitirían desarrollar nuevos mercados o la especialización dentro del mismo con la generación o ganancias de cuota de mercados.

Lo primero implica reconocer que crecimiento en ventas no siempre genera recursos libres a las empresas para destinarse a innovaciones, la aptitud de la empresa para obtener resultados superiores depende fundamentalmente de su habilidad para adquirir y coordinar recursos situando al efecto empresa y al marco teórico que lo sustenta, la teoría de recursos y capacidades, en el centro del análisis de la competitividad empresarial.

240   S. Slater y J. Narver, Market Orientation and the learning Organization. Journal of Marketing, vol. 59, n°3, pp. 63-74, julio 1995.

El segundo término indicaría suponer que crecimiento en ventas de las empresas impactarían en sus posiciones de mercado y la capacidad de la empresa para adaptarse mejor a los entornos dinámicos y complejos, luego de afrontar los constantes cambios en las tecnologías, en los productos y servicios, así como en las preferencias de los consumidores, estableciendo los mecanismos que fomenten la innovación tanto en el nivel de producto como de proceso productivo y de gestión. En virtud del relevamiento realizado, se observa que en aquellas empresas que realizaron actividades de innovación, crecieron sus ventas en un porcentaje sustancialmente mayor a las que no innovaron.

Tabla 17. Evolución ventas totales e innovación

		PYMES industriales is			
		Empresas que no realizaron actividades de innovación		Empresas que realizaron actividades de innovación	
		Número Empresas	%	Número Empresas	%
Evolución de las Ventas al Mercado Interno	Ventas en crecimiento	1,132	48.5%	942	65.6%
	Ventas sin crecimiento	371	15.9%	183	12.8%
	Ventas en descenso	829	35.5%	310	21.6%

Fuente: Elaboración propia.

Significación Chi-cuadrado de Pearson (χ2): 110.356(a); 2gl; 0.000[241]. a.0 casillas (0.0%) tienen una frecuencia esperada inferior a 5. La frecuencia mínima esperada es 211.04. Aquellas empresas que implementaron innovaciones en los dos años anteriores al relevamiento industrial, presentaron un mejor desempeño en ventas orientadas al mercado externo y ambos mercados conjuntamente (66.6% y 64.7% sobre estas categorías respectivamente).

Las empresas que no innovaron se orientaron en términos relativos hacia el mercado interno o sufrieron disminución en sus cuotas de mercado (61.1% y 70.9% sobre estas categorías respectivamente). Ello supone una especialización muy pronunciada de las empresas que innovan a aprovechar las ganancias de la innovación hacia la orientación externa e interna en detrimento de aquellas empresas que no innovan y que sólo se benefician del mercado interno.

---

241   Se utiliza en este trabajo, la prueba de independencia del Chi-cuadrado, parte de la hipótesis que las variables objetivos son independientes; es decir, que no existe ninguna relación entre ellas y por lo tanto ninguna ejerce influencia sobre la otra. El objetivo de esta prueba es comprobar la hipótesis mediante el nivel de significación, por lo que sí el valor de la significación es mayor o igual que el Alfa (0.01), se acepta la hipótesis, pero si es menor se rechaza. Para calcular el valor de significación, el Chi-cuadrado mide la diferencia global entre los Empresas de casilla observados y los Empresas esperados. Entre mayor sea el valor del Chi-cuadrado, mayor será la diferencia entre los Empresas observados y esperados, lo que nos indica que mayor es la relación entre las variables. Para mayor información dirigirse al Anexo II.

Tabla 18. Evolución ventas por cada mercado e innovación.

		PYMES industriales is			
		Empresas que no realizaron actividades de innovación		Empresas que realizaron actividades de innovación	
		Número Empresas	%	Número Empresas	%
Dinámica de Mercados	Crecimiento en ventas en ambos mercados	121	5.2%	241	16.8%
	Crecimiento en ventas externas	48	2.1%	88	6.1%
	Crecimiento en ventas internas	963	41.3%	613	42.7%
	Ventas estacionales en baja	1200	51.5%	493	34.4%

Fuente: Elaboración propia.

Significación Chi-cuadrado de Pearson ($\chi 2$): 223.601(a); 3gl; 0.000. a.0 casillas (0.0%) tienen una frecuencia esperada inferior a 5. La frecuencia mínima esperada es 51,81.

En correlato con lo observado anteriormente, un alto porcentaje de las empresas que no innovan orientan su producción al mercado interno (66.5%) sacrificando la llegada al mercado externo, esta tendencia se revierte para las empresas innovadoras con un porcentaje inferior de firmas que se orientan únicamente al mercado interno (46.7%).

Tabla 19. Evolución exportaciones e innovación.

		PYMES industriales is			
		Empresas que no realizaron actividades de innovación		Empresas que realizaron actividades de innovación	
		Número Empresas	% col.	Número Empresas	% col.
Evolución y continuidad de las exportaciones	No exportó años 2007 y 2008	1,550	66.5%	670	46.7%
	Exportó en algunos de los dos años	676	29.0%	641	44.7%
	Exportó en los dos años	106	4.5%	124	8.6%

Fuente: Elaboración propia.

Significación Chi-cuadrado de Pearson (χ2): 145.843(a); 2gl; 0.000.
a.0 casillas (0.0%) tienen una frecuencia esperada inferior a 5. La frecuencia mínima esperada es 87.62.

Como corolario final al desempeño de mercado de las empresas que innovan, encontramos que de acuerdo a los resultados de la muestra un 53.3% de las empresas innovadoras lograron exportar durante el período 2007 y 2008 en tanto que sólo un 33.5% lo había realizado de las empresas que no innovaron.

Toda vez que el crecimiento de la firma resulta en un factor imprescindible para el aseguramiento de cierta cuota de mercado, se consideró oportuno considerar la inversión productiva como aquella acción que intenta la búsqueda de una performance de negocios distintiva que pudiera presentarse para diferentes grupos de empresas. Al efecto, la evidencia indicaría en principio que son las empresas que innovaron las que suponían un crecimiento de la inversión superior para el año en curso en mayor porcentaje (67.0%), en lo relativo a las que no innovaron (28.4%).

Tabla 20. Evolución inversiones productivas e innovación.

| | | PYMES industriales is | | | |
| | | Empresas que no realizaron actividades de innovación | | Empresas que realizaron actividades de innovación | |
		Número Empresas	%	Número Empresas	%
Evolución Inversiones Productivas	No invirtió años 2007 y 2008	1,220	52.3%	486	33.7%
	Invirtió en algunos de los dos años	986	42.3%	696	48.5%
	Invirtió en los dos años	126	5.4%	256	17.8%

Fuente: Elaboración propia.

Significación Chi-cuadrado de Pearson ($\chi 2$): 211.593(a); 2gl; 0.000. a.0 casillas (0.0%) tienen una frecuencia esperada inferior a 5. La frecuencia mínima esperada es 142.52.

Finalmente, y dada la estrecha relación entre competitividad y productividad, se procedió a realizar un variable proxy de esta última construida a partir de considerar el diferencial de crecimiento en ventas y el diferencial de crecimiento en empleo, lo que supone ante distintos patrones de crecimiento, ganancias o pérdidas en término de productividad del empleo. Al respecto, se procedió a clasificar las empresas según el desempeño productivo:

Tabla 21. Productividad Empleo e Innovación.

		PYMES industriales is			
		Empresas que no realizaron actividades de innovación		Empresas que realizaron actividades de innovación	
		Número Empresas	%	Número Empresas	%
Productividad Empleo	Aumentó 2007-2008	659	28.3%	459	32.0%
	Disminuyó 2007-2008	954	40.9%	589	41.0%
	Sin modificaciones 2007-2008	719	30.8%	387	27.0%

Fuente: Elaboración propia.

Significación Chi-cuadrado de Pearson ($\chi 2$): 8.678a); 2gl; 0.013.a.0 casillas (0.0%) tienen una frecuencia esperada inferior a 5. La frecuencia mínima esperada es 421.32.

Conclusiones respecto al desempeño competitivo de las PYMES

La construcción de los respectivos índices de desempeño competitivo tal como fueran configurados, así como las pruebas de significación entre las variables, evidencia que aquellas empresas que realizaron actividades de innovación poseen un desempeño competitivo mayor.

Si se le asignara un puntaje de cada categoría (desempeño bajo, moderado, alto) de 1 a 3 respectivamente, el valor medio de cada índice refleja diferencias sustantivas según el grupo que se trate sea el de las empresas no innovadoras o aquellas que manifestaron realizar actividades de innovación.

Tabla 22. Índices de desempeño competitivo respecto al grupo de empresas que innovaron y las que no lo hicieron[242].

Indicador	Valor Medio	PYMES industriales is que no realizaron actividades de innovación	PYMES industriales is que realizaron actividades de innovación
Evolución de las Ventas al Mercado Interno	2,187	2,094	2,339
Evolución y continuidad de las exportaciones	1,544	1,409	1,762
Evolución Inversiones Productivas	1,649	1,531	1,842
Evolución Productividad Empleo	1,889	1,874	1,901

Fuente: Elaboración propia.

242   Para cada índice utilizado, se construyeron categorías correspondientes con los siguientes Valores establecidos, 1 – Desempeño Bajo, 2 – Desempeño Moderado, 3 – Desempeño Alto.

Cómo se observó, se utilizaron una serie de variables proxy que representan los diferenciales en términos de desempeño competitivo de las firmas. En función de las diferentes pruebas de independencia y el valor medio de los diferentes indicadores que se han utilizado para medir el desempeño competitivo en empresas que han realizado actividades de innovación y aquellos que declararon no hacerlo, se está en condiciones de aceptar que:

En virtud de los resultados se concluye que las PYMES que han llevado a cabo actividades de innovación presentan un mejor desempeño competitivo en los últimos dos años que aquellas que no desarrollaron actividades innovadoras.

Si bien se ha expuesto, una pauta general expresada en los valores medios de las variables consideradas y las respectivas pruebas de significación estadística que considerara los efectos de las respectivas variables independientes respecto al desempeño innovador de las firmas; para poder concluir las relaciones significativas entre innovación y las diferentes aristas del desempeño competitivo, es preciso realizar un análisis multivariado donde se pueda aislar el efecto de las innovaciones del resto del conjunto de variables explicativas del desempeño competitivo. Con ese objetivo, en el próximo capítulo se estimará un modelo de regresión logística, un tipo de modelo habitualmente utilizado en análisis de fenómenos similares[243].

A pesar de la simplicidad adoptada en el modelo que se propone, es relevante considerar que oculta un aspecto esencial del fenómeno de la innovación como es el que éste se desarrolle de manera diferenciada entre los agentes que participan de ella. Si se observa que al interior de este conjunto las firmas se diferencian por aspectos estructurales (tamaño, localización, rama productiva a la que pertenecen, etc.), y otros aspectos referidos al desempeño económico y relación con el entorno. La evidencia sugiere que las firmas 0 han presentado estrategias de crecimiento diferenciadas, las que se manifiestan a su vez, en

---

243   Al respecto se detallan las características generales del Modelo de Regresión Logística en el Anexo III del presente documento, conjuntamente con los resultados de aplicación del Modelo al presente estudio.

patrones diferenciados de búsqueda y/o sostenimiento de la competitividad (Lugones et al, 2005)[244].

A la vez, las actividades de innovación desarrolladas serán el determinante de los esfuerzos realizados y la forma en que la firma sostiene y amplía su participación en el mercado y su desarrollo competitivo. La innovación es, en este contexto, el único medio para lograr mejoras competitivas sustentables y acumulativas, pero no la única estrategia de competitividad posible. Así, el estudio de las conductas de innovación se vuelve clave para avanzar en la comprensión de los fenómenos de competitividad, tanto micro como macro, en la medida que la estrategia elegida determinará las características que tendrá la demanda de recursos por parte de la firma, el tipo de inserción internacional que la mismo alcance y el impacto en el entorno en términos de ingresos y procesos de aprendizaje (Suarez, 2006)[245].

En síntesis, esta primera aproximación empírica permitió distinguir a PYMES industriales agrupadas en un primer grupo que se corresponde en gran medida con el de las empresas no innovadoras, esto es, las que no han llevado a cabo acciones en procura de introducir novedades en productos, en procesos o en organización de la producción. Por otro lado, existen las innovadoras, es decir, las que realizaron Actividades de Innovación (AI) con el propósito de producir mejoras competitivas. Como se señaló, los datos disponibles muestran claras diferencias en el desempeño competitivo de uno y otro grupo de empresas, con ventajas significativas para las innovadoras.

Sin embargo, y como se analiza principalmente en el próximo capítulo, existirán diferentes comportamientos innovadores de las empresas que suponen un predominio de la incorporación de tecnologías incorporadas al proceso dentro de las actividades de innovación realizadas. Ello supone, no

---

244   G. Lugones, F. Peirano y P. Gutti, Potencialidades y limitaciones de los procesos de innovación en 0. Observatorio Nacional de Ciencia, Tecnología e Innovación (SECYT). Centro Redes. Buenos Aires, 2005.

245   D. Suarez, National Specificities and Innovation Indicators. Ponencia presentada en Globelics India, Trivandrum, Kerala, India, octubre 4-7, 2006.

obstante, considerar que la adquisición de tecnologías externas incorporadas en bienes de capital, know how, licencias, patentes, etc., para las empresas 0 puede ser una condición necesaria pero no suficiente para activar procesos de desarrollo endógeno y acumulativo. Sin embargo, y en sentido que propone Katz (1998)[246], la empresa que adopta la nueva tecnología transferida aumenta su stock de capacidad tecnológica y va acumulando capacidad para innovaciones futuras, al modificarse ciertas rutinas asociadas a la nueva utilización de la tecnología.

Para ello, resulta relevante indagar el desempeño de aquellas empresas que han realizado exclusivamente innovaciones a través tecnologías incorporadas a partir de esfuerzos externos, y aquellos que han impulsado complementariamente esfuerzos internos, o en carácter exclusivo han desarrollado actividades de innovación internamente.

La ruptura de rutinas representa el carácter esencial para activar procesos de aprendizaje, y se presenta en relación al nuevo núcleo de los recursos tecnológicos empleados para la transferencia tecnológica. Se trata de recursos de distinto tipo (conocimientos técnicos, competencias específicas y experiencia) empleados en estudios de factibilidad, en la elaboración de proyectos, en la adopción de nuevos bienes de capital, en la definición de nuevos procedimientos operativos, en la gestión general del proceso de adquisiciones, transformación e integración de los diversos elementos en capacidad productiva. Sólo a través de una real adquisición de esta clase de recursos se logra que el stock de competencias de la empresa se incremente.

No se puede garantizar una transferencia automática de este tipo de competencias con la transferencia de la tecnología en sí, es que resulta crucial la intervención de las administraciones públicas. Los instrumentos públicos deberán crear condiciones, entonces, para transferir este segundo componente ya sea a través de una acción directa o de agencias especializadas. Por ello, se requiere que más allá de acciones destinadas a incrementar las

246   Jorge Katz, Aprendizaje tecnológico ayer y hoy. Revista de la CEPAL. Santiago de Chile. N° Extraordinario, pp. 63-76, 1998.

actividades de I + D de los países menos desarrollados y potenciar una política de formación y actualización profesional, es preciso prestar mayor atención a los procesos de aprendizaje de las empresas que se activan en el proceso mismo de transferencia de tecnología, o bien, en el seno de la organización cuando se propone introducir innovaciones de procesos o productos o no tecnológicas y se vale de sus propios conocimientos para materializar la ventaja en el mercado. Con ello, se intenta que, hacia el interior de la firma, vayan produciéndose especializaciones y aprendizajes que tengan que ver con la articulación de mecanismos que posibiliten el desarrollo de actividades de innovación en un adecuado equilibrio entre adquisición de tecnologías incorporadas y otras actividades de innovaciones de carácter interno.

Determinantes conductas de innovación de las PYMES

A los fines de la introducción al análisis, se ha procedido a conformar una variable que recoja las conductas de innovación que llevaron a cabo las PYMES industriales en 0, para el período 2.006-2.008, en línea con lo detallado oportunamente en los objetivos del trabajo. En la conformación de los grupos se consideraron aquellas firmas que han sostenido una conducta balanceada entre ciertas actividades de innovación endógenas (I+D interna, I+D externa, ingeniería y diseño industrial, formación y nuevos métodos de comercialización) y adquisición de tecnologías incorporadas (Adquisición de maquinaria y equipo informático, adquisición de otros conocimientos externos) o bien aquellas con sesgo hacia alguna de los dos grupos.

A tal efecto se procede a clasificar a la totalidad de las firmas, presentándose la siguiente distribución:

Gráfico 11. Conductas de innovación.

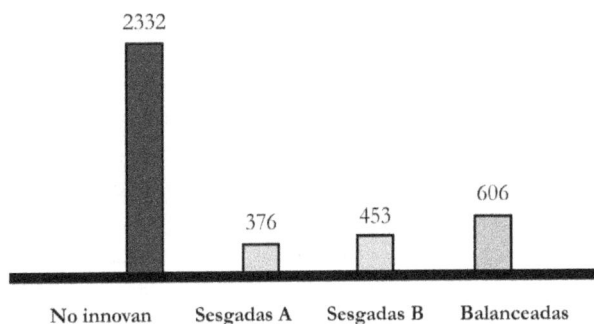

No innovan   Sesgadas A   Sesgadas B   Balanceadas

2332 / 376 / 453 / 606

Fuente: Elaboración propia sobre datos de la encuesta.

Las respectivas clasificaciones confluyen en cuatro grupos, de acuerdo a los siguientes criterios:

Gráfico 12. Conductas de Innovación y Actividades de Innovación.

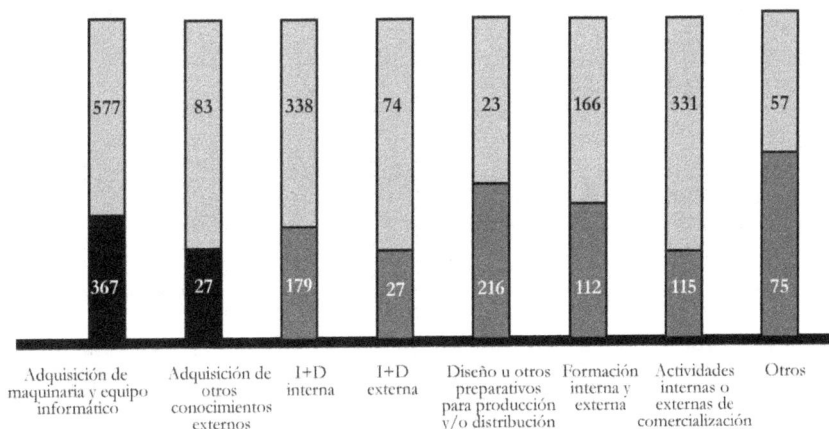

Fuente: Elaboración propia sobre datos de la encuesta.

Características estructurales de las firmas

Respecto al tamaño de las empresas 0 y conductas de innovación adoptadas, existe una tendencia estadísticamente significativa que vincula al mayor tamaño con conductas balanceadas de innovación. En efecto, aquellas empresas que desarrollan actividades de innovación balanceadas, un 61.7% son medianas empresas (con dotación de empleo superior a 50). En el caso del grupo de empresas con conductas sesgadas de innovación, la tendencia se revierte logrando una mayor participación aquellas con dotación hasta 25 empleados.

Tabla 23. Tamaño y Conductas de Innovación.

		Conductas de Innovación						
		No innovan		Sesgadas A		Sesgadas B		Balanceadas	
		Número Empresas	%	Número Empresas	%	Número Empresas	%	Número Empresas	%
Tamaño Empresa	Pequeña – Menor a 25 empleados	1,227	52.6	120	31.9	144	31.8	123	20.3
	Pequeña – Entre 25 y 50 empleados	513	22.0	97	25.8	110	24.3	109	18.0
	Medianas – Mayor a 50 empleados	592	25.4	159	42.3	199	43.9	374	61.7

Fuente: Elaboración propia sobre datos de la encuesta

Significación Chi-cuadrado de Pearson ($\chi 2$): 355.57(a); 6 gl.; 0.000.
a. 0 casillas (0.0%) tienen una frecuencia esperada inferior a 5. La frecuencia mínima esperada es 82.75.

Observada la trayectoria empresarial y las conductas de innovación se evidencia la importancia relativa de las conductas Sesgadas A entre las empresas jóvenes (entre 3 a 15 años de antigüedad) y la mayor presencia relativa entre las empresas que desarrollaron conductas balanceadas de innovación de aquellas más maduras (más de 15 años de antigüedad). La tendencia evidencia ciertos procesos de aprendizaje organizacionales y la vulnerabilidad que suelen presentar las PYMES al entorno, que implican que a medida que transcurra el tiempo se encuentren más proclives a la adquisición de nuevos aprendizajes (en parte influenciados por la propia trayectoria), y complementan las adquisiciones de tecnologías incorporadas con el desarrollo de actividades internas de innovación, en la medida que la capacidad de absorción se hace cada vez más intensa.

Tabla 24. Tamaño y Conductas de Innovación.

		Conductas de Innovación							
		No innovan		Sesgadas A		Sesgadas B		Balanceadas	
		Número Empresas	%	Número Empresas	%	Número Empresas	%	Número Empresas	%
Antigüedad Empresa	Nueva (<= 3 años)	195	8.4	14	3.7	29	6.4	38	6.3
	Joven (entre 3 y 15 años)	1,024	44.0	177	47.1	208	46.1	268	44.2
	Maduras (más de 15 años)	1,110	47.7	185	49.2	214	47.5	300	49.5

Fuente: Elaboración propia sobre datos de la encuesta.

Significación Chi-cuadrado de Pearson ($\chi2$): 12.997(a); 6 gl.; 0.043.
a. 0 casillas (0.0%) tienen una frecuencia esperada inferior a 5. La frecuencia mínima esperada es 27.59.

Cuando el análisis se realiza sobre las ramas productivas, se revelan diferencias significativas entre determinadas actividades industriales que concentran la mayor cantidad de empresas innovadoras dedicadas a ellas, y otras que presentan menor performance. Entre las primeras se encuentran: Fabricación de maquinaria y equipos n.c.p. (55.2% de las empresas del total de la rama declararon haber innovado previamente), Fabricación de sustancias y productos químicos (52%), Fabricación de autopartes, repuestos vehículos automotores, remolques y semirremolques (49%), Fabricación de maquinaria y aparatos eléctricos n.c.p. (47.6%) y Fabricación de productos de caucho y plástico (43.4%). En tanto que las actividades industriales con menor proporción de empresas innovadoras son: la Fabricación de metales comunes (22.9%), Curtido y terminación de cueros; Fabricación de artículos de marroquinería, talabartería y calzado y de sus partes (24.7%), Fabricación de productos elaborados de metal, excepto maquinaria y equipo (27.6%), Fabricación de muebles y colchones n.c.p. (27.7%), Confección de prendas de vestir; terminación y teñido de pieles (29.7%) y Elaboración de productos alimenticios y bebidas (33.9%).

Tabla 25. Actividades económicas e innovación.

		Conductas de Innovación			
		No innovan	Sesgadas A	Sesgadas B	Balanceadas
ACTIVIDAD PRODUCTIVA	Confección de prendas de vestir; terminación y teñido de pieles	70.3	9.7	6.7	13.3
	Curtido y terminación de cueros; fabricación de artículos marroquinería, talabartería y calzado y partes	75.3	7.9	9.9	6.8
	Edición e impresión; reproducción de grabaciones	67.3	15.9	3.2	13.5
	Elaboración de productos alimenticios y bebidas	66.1	8.4	12.6	12.9
	Fabricación de autopartes, repuestos vehículos automotores, remolques y semirremolques	51.0	9.9	16.8	22.3
	Fabricación de maquinaria y aparatos eléctricos n.c.p.	52.4	9.5	21.4	16.7
	Fabricación de maquinaria y equipo n.c.p.	44.8	10.6	15.8	28.8
	Fabricación de metales comunes	77.1	8.3	6.3	8.3
	Fabricación de muebles y colchones; industrias manufactureras n.c.p.	72.3	4.0	12.9	10.9
	Fabricación de papel y de productos de papel	59.3	16.1	10.2	14.4
	Fabricación de productos de caucho y plástico	56.6	12.4	13.5	17.6
	Fabricación de productos elaborados de metal, excepto maquinaria y equipo	72.4	7.2	7.4	13.0
	Fabricación de productos minerales no metálicos	59.1	15.2	13.1	12.6
	Fabricación de productos textiles	60.9	16.1	13.2	9.8
	Fabricación de sustancias y productos químicos	48.0	3.2	17.9	30.8
	Otras actividades	55.3	14.0	12.3	18.4

Fuente: Elaboración propia sobre datos de la encuesta.

Significación Chi-cuadrado de Pearson ($\chi 2$): 270.805(a); 15gl; 0.000. a. 0 casillas (0.0%) tienen una frecuencia esperada inferior a 5. La frecuencia mínima esperada es 4.79.

196

En lo referente a conductas de innovación desarrolladas, es relevante destacar que aquellas ramas productivas con mayor tasa de innovación hacia su interior, representan a la vez, la mayor tasa de innovación balanceada (Fabricación de sustancias y productos Químicos 30.8%, Fabricación de maquinaria y equipo n.c.p. 28.8%, Fabricación de autopartes, repuestos vehículos automotores, remolques y semirremolques, 22.3% y Fabricación de productos de caucho y plástico 17.6%). Aquellas empresas que innovan con conductas Sesgadas A, se destacan principalmente en la Fabricación de productos textiles (16.1% del total de la rama), Fabricación de papel y productos de papel (16.1%) y Edición e impresión; reproducción de grabaciones (15.9%).

Respecto a la localización geográfica de las PYMES industriales de 0, la misma sigue el criterio adoptado en la configuración de la muestra, no obstante, al relevar para cada distrito la tasa de innovación (en % medido como cantidad de empresas innovadoras/total empresas de cada distrito) surgen diferencias sustanciales entre distritos.

La innovación no ocurre como un suceso aislado, sino en el marco de ciertas redes de actores (más fuertes o más débiles), las cuales determinan en gran medida la posibilidad de difusión tecnológica y de generación de sinergias que favorezcan al tejido regional-territorial en su conjunto. A la vez a nivel del territorio, la innovación puede aportar simultáneamente a las dimensiones del crecimiento y de la equidad, facilitando procesos de endogeneización del desarrollo. En consecuencia, la innovación no se limita a la firma individual, puesto que sus efectos se extienden sobre toda la red en que ella se inserta. Incluso en la adopción de nuevas tecnologías el entorno social ejerce su influencia, estableciendo oportunidades y restricciones para la innovación (Alburquerque, 2004)[247].

El territorio representa, una agrupación de relaciones sociales siendo el área de encuentro de las relaciones de mercado y las formas de regulación social, que determinan formas de organización de la producción, habilidad

247   F. Alburquerque, Desarrollo económico local y descentralización. Revista de la CEPAL, n° 82, Abril, 2004.

en los procesos innovadores y pautas de cambio técnico que conducen a una diversificación de la producción y sus técnicas, determinando con ello diferentes senderos de desarrollo empresarial (Alburquerque, 2004)[248].

Las características culturales y sociales del territorio definen también su dinamismo innovador. Las conductas de innovación para el desarrollo económico local constituyen una apuesta a largo plazo, que requieren un apoyo importante y sostenido por parte de los gestores y agentes sociales locales, entre ellos los organismos públicos competentes. Tal como afirma Alburquerque (2004)[249]:

"...Los sistemas productivos locales son, pues, los referentes territoriales o unidades en los que las economías de producción dentro de las empresas se funden con las economías externas locales; se supera así el análisis según tipos de empresa, ya que lo importante es la interacción de las diversas economías locales."

Aquí se propone indagar a prima fase, si existen relaciones causales entre localización geográfica de las firmas y desempeños innovadores. Si bien se reconoce que esta relación no depende exclusivamente de las variables consideradas, influenciando por ello otros condicionantes no considerados, resulta relevante distinguir dónde se encuentran mayoritariamente las empresas que realizaron actividades de innovación en los últimos dos años y si responde esa localización a particularidades distintivas que presentan los territorios. No se intenta con ello, estudiar la existencia de Sistemas Locales de Innovación, puesto que excede el ámbito de este estudio, pero si se investiga la incidencia del territorio en el desempeño innovador de las firmas.

---

248   Idem.

249   Idem.

Tabla 26. Actividades económicas

		Región de localización					
		CENTRO	CUYO	NEA	NOA	PAMPEANA	PATAGONIA
	Actividad Confección de prendas de vestir; industrial terminación y teñido de pieles	1.83%	3.90%	0.00%	5.17%	4.75%	2.54%
	Curtido y terminación de cueros; Fabricación de artículos de marroquinería, talabartería y calzado y de sus partes	5.48%	2.60%	25.00%	1.72%	3.93%	4.24%
	Edición e impresión; reproducción de grabaciones	5.02%	3.25%	1.79%	5.17%	6.71%	8.47%
	Elaboración de productos alimenticios y bebidas	19.18%	33.77%	33.93%	41.38%	9.66%	14.41%
	Fabricación de autopartes, repuestos vehículos automotores, remolques y semirremolques	10.73%	1.30%	5.36%	1.72%	7.04%	2.54%
	Fabricación de maquinaria y aparatos eléctricos n.c.p.	4.34%	3.25%	0.00%	1.72%	2.45%	0.00%
Actividad industrial	Fabricación de maquinaria y equipo n.c.p.	18.95%	5.19%	3.57%	5.17%	11.62%	12.71%
	Fabricación de metales comunes	0.68%	0.00%	0.00%	1.72%	1.15%	0.00%
	Fabricación de muebles y colchones; industrias manufactureras n.c.p.	2.05%	3.25%	5.36%	1.72%	1.31%	1.69%
	Fabricación de papel y de productos de papel	2.05%	3.25%	1.79%	1.72%	4.75%	2.54%
	Fabricación de productos de caucho y plástico	6.62%	12.99%	10.71%	0.00%	9.00%	5.08%
	Fabricación de productos elaborados de metal, excepto maquinaria y equipo	5.48%	5.84%	3.57%	5.17%	8.67%	14.41%
	Fabricación de productos minerales no metálicos	5.25%	4.55%	3.57%	13.79%	3.11%	18.64%
	Fabricación de productos textiles	0.91%	4.55%	1.79%	1.72%	7.53%	7.63%
	Fabricación de sustancias y productos químicos	9.59%	9.74%	0.00%	6.90%	13.26%	2.54%
	Otras actividades	1.83%	2.60%	3.57%	5.17%	5.07%	2.54%
	Total	28.00%	12.70%	4.40%	4.50%	42.70%	7.60%

Fuente: Elaboración propia sobre datos de la encuesta.

Significación Chi-cuadrado de Pearson (χ^2): 556.123(a); 75gl; 0.000. a. 0 casillas (0.0%) tienen una frecuencia esperada inferior a 5. La frecuencia mínima esperada es 2.13.

Desempeño Competitivo de las PYMES industriales con diferentes conductas de innovación

Al respecto, habiendo relevado el crecimiento de las ventas al mercado interno, y contemporáneamente el crecimiento en la contratación del personal, se realiza una aproximación a un índice de productividad que refleja las diferencias entre ambos conceptos y se los ordena de acuerdo a su impacto en la firma. Al relevar la evolución de la productividad empleo en la firma, se llega a la conclusión que aquellas empresas que innovaron con conductas Sesgadas A, presentan comportamientos más erráticos que las demás empresas. En efecto, un 34.3% de las empresas mejoran la productividad del empleo, y esta proporción es superior al resto de las empresas que adoptaron otras conductas, pero también un 43.4% vieron reducida la productividad del empleo y se presenta ello en mayor importancia respecto a las otras conductas.

Tabla 27. Productividad, empleo e innovación.

		Conductas de Innovación							
		No innovan		Sesgadas A		Sesgadas B		Balanceadas	
		Número Empresas	%	Número Empresas	%	Número Empresas	%	Número Empresas	%
Productividad del Empleo	Reducción de la productividad empleo	954	40.9	163	43.4	173	38.2	253	41.7
	Productividad empleo sin cambio	719	30.8	84	22.3	138	30.5	165	27.2
	Mejora de la productividad empleo	659	28.3	129	34.3	142	31.3	188	31.0

Fuente: Elaboración Propia sobre datos de la encuesta.

Significación Chi-cuadrado de Pearson ($\chi 2$): 15.717(a); 6gl; 0.015. a. 0 casillas (0.0%) tienen una frecuencia esperada inferior a 5. La frecuencia mínima esperada es 110.39.

Analizadas la evolución de las inversiones productivas, se observa una mayor predisposición de las empresas que implementan conductas balanceadas de innovación a realizar inversiones productivas de diversa índole, respecto a las empresas que llevaron a cabo otras conductas. Adicionalmente, se destaca el carácter excluyente que la adquisición de tecnología externa, en el caso de las empresas que desarrollaron conductas sesgadas A, posee sobre el resto de las inversiones productivas en la empresa, representando un 35.1% del total de las empresas que declararon incorporar tecnologías externas, pero no haber realizado inversiones productivas.

Tabla 28. Evolución inversiones productivas e innovación.

Evolución Inversiones Productivas	Conductas de Innovación							
	No innovan		Sesgadas A		Sesgadas B		Balanceadas	
	Número Empresas	%	Número Empresas	%	Número Empresas	%	Número Empresas	%
No invirtió años	1,220	52.3	132	35.1	184	40.6	167	27.6
Invirtió en alguno de los dos años	986	42.3	180	47.9	212	46.8	304	50.2
Invirtió los dos años	126	5.4	64	17.0	57	12.6	135	22.3

Fuente: Elaboración propia sobre datos de la encuesta.

Significación Chi-cuadrado de Pearson (χ2): 246.673(a); 6gl; 0.000. a. 0 casillas (0.0%) tienen una frecuencia esperada inferior a 5. La frecuencia mínima esperada es 38.13.

Las PYMES suelen presentar ventajas competitivas importantes referidas a su tamaño y flexibilidad que les permite una respuesta rápida a los cambios del entorno y facilita su integración como eslabón en cadenas productivas; como proveedores eficientes de bienes intermedios o finales y de servicios en esquemas de subcontratación nacionales o internacionales que alimentan el surgimiento de empresas nacionales más grandes (Rothwell, 1994)[250].

Si bien en este apartado del documento no se indagan las causalidades vigentes entre ambas variables, el resultado exploratorio permite suponer que cuanto mayor es el tamaño de la empresa, mayor es la probabilidad de que ésta lleve a cabo actividades de innovación, ya sea porque las ventas en crecimiento repercutirán en la faz financiera de la empresa mediante la generación de nuevos recursos pudiendo ser aplicados a la innovación, así como también por los resultados de la innovación que permitirían desarrollar nuevos mercados o la especialización dentro del mismo con las consiguientes ganancias de cuota de mercado.

Suponer lo primero implica reconocer que el crecimiento en ventas no siempre genera recursos libres a las empresas para destinarse a innovaciones, la aptitud de la empresa para obtener resultados superiores depende fundamentalmente de su habilidad para adquirir y coordinar recursos situando al efecto empresa y al marco teórico que lo sustenta, la teoría de recursos y capacidades, en el centro del análisis de la competitividad empresarial.

El segundo término indicaría suponer que crecimiento en ventas de las empresas impactarían en sus posiciones de mercado y la capacidad de la empresa para adaptarse mejor a los entornos dinámicos y complejos, luego de afrontar los constantes cambios en las tecnologías, en los productos y

250   R. Rothwell, Towards the fifth-generation innovation process, International Marketing Review, vol. 11, n° 1. pp. 7-31, 1994.

204

servicios, así como en las preferencias de los consumidores, estableciendo los mecanismos que fomenten la innovación tanto en el nivel de producto como de proceso productivo y de gestión.

Los resultados destacan la mayor estabilidad en el mercado interno de las empresas que llevan a cabo innovaciones sesgadas hacia la adquisición de tecnología externa, ya que en promedio son las que mayores empresas se ubicaron en los segmentos de crecimiento en venta estable o en ascenso. Pese a ello, son las empresas con conductas balanceadas de innovación que más crecieron en el mercado interno, si uno observa la proporción de empresas dentro del grupo, que se encuentran en este segmento.

Tabla 29. Dinámica Ventas al Mercado Interno e innovación.

		Conductas de Innovación							
		No innovan		Sesgadas A		Sesgadas B		Balanceadas	
Dinámica de Ventas al Mercado Interno		Número Empresas	%	Número Empresas	%	Número Empresas	%	Número Empresas	%
	Ventas en retroceso mercado interno	412	18.3	49	13.4	99	22.1	124	20.7
	Ventas estables mercado interno	879	39.0	132	36.0	126	28.2	143	23.9
	Ventas en ascenso mercado interno	963	42.7	186	50.7	222	49.7	331	55.4

Fuente: Elaboración propia sobre datos de la encuesta.

206

Significación Chi-cuadrado de Pearson (χ2): 66,769(a); 6gl; 0,000. a. 0 casillas (0,0%) tienen una frecuencia esperada inferior a 5. La frecuencia mínima esperada es 68,47.

Sorprendentemente aquellas empresas que implementaron innovaciones en los dos años anteriores al relevamiento industrial, concentrándose exclusivamente en la incorporación de tecnología externa (Sesgadas A), presentan un claro perfil productivo hacia el mercado interno. En tanto que son las empresas con conductas balanceadas de innovación las que mejor pueden aprovechar las oportunidades de negocios en el mercado externo. Ambos grupos de empresas, así como las denominadas Sesgadas B, presentan mejor performance en ventas de mercado respecto a las que no innovan. Ello supone una especialización muy pronunciada de las empresas que innovan a aprovechar las ganancias de la innovación hacia la orientación externa e interna en detrimento de aquellas empresas que no innovan y que se benefician principalmente del mercado interno.

Tabla 30. Dinámica Ventas al Mercado Externo e innovación.

	Conductas de Innovación							
	No innovan		Sesgadas A		Sesgadas B		Balanceadas	
Dinámica de Ventas al Mercado Externo	Número Empresas	%	Número Empresas	%	Número Empresas	%	Número Empresas	%
No exporta	1,888	81.0	282	75.0	249	55.0	287	47.4
Exporta – Ventas estacionales o a la baja al mercado externo	272	11.7	57	15.2	102	22.5	125	20.6
Crecimiento en ventas al mercado externo	172	7.4	37	9.8	102	22.5	194	32.0

Fuente: Elaboración propia sobre datos de la encuesta.

Significación Chi-cuadrado de Pearson ($\chi 2$): 395.203(a); 6 gl; 0.000.
a. 0 casillas (0.0%) tienen una frecuencia esperada inferior a 5. La frecuencia
mínima esperada es 50.41.

Recursos y Capacidades de la firma

Los resultados para las empresas, evidencian una clara tendencia que vincula a
conductas de innovación con dotación de Recursos Humanos. En efecto, son
las empresas que llevan a cabo Conductas Sesgadas B, las que mejor se valen
de sus Recursos Humanos para llevar a cabo las actividades de innovación,
seguidas por las que llevan a cabo conductas de innovación Sesgadas A y
Balanceadas. Ello es coherente, con las exigencias que imponen las diferentes
conductas en una causalidad que en principio implicaría considerar las
conductas desplegadas y luego el resultado en términos de poseer el personal.
Aquellos que menos reconocen limitaciones se encuentran en condiciones de
desarrollar actividades de innovación endógenas con mayores requerimientos
de Capital Humano asociado.

Tabla 31. Capital Humano y conductas de innovación.

| | | Conductas de Innovación | | | | | | |
| | | No innovan | | Sesgadas A | | Sesgadas B | | Balanceadas | |
		Número Empresas	%	Número Empresas	%	Número Empresas	%	Número Empresas	%
Capital Humano	No posee RRHH calificados o en cantidad	716	30.7	71	18.9	84	18.5	121	20.0
	Posee Recursos Humanos calificados o en cantidad	1,616	69.3	305	81.1	369	81.5	485	80.0

Fuente: Elaboración propia sobre datos de la encuesta.

Significación Chi-cuadrado de Pearson ($\chi 2$): 60.547(a); 3 gl; 0.000.
a. 0 casillas (0.0%) tienen una frecuencia esperada inferior a 5. La frecuencia mínima esperada es 90.02.

El fenómeno del intercambio de tecnología como el motor principal de un sistema de difusión y acumulación de conocimiento se encuentra enraizado en los procesos de aprendizajes de las firmas. De modo que la adecuada gestión tecnológica conlleva a la vez, a un aumento de las capacidades de las empresas y la mejora de su competitividad.

Se presenta así una fuente de disparidad entre las PYMES industriales atento al menor o mayor acceso que puedan tener respecto al capital. A la problemática del acceso al financiamiento que tienen las PYMES en general, se le agrega como éste influye, por medio de inversiones edilicias o en los sistemas de producción, a la competitividad de las mismas. En síntesis, se puede afirmar que todo lo expuesto infiere, que la mayor dotación de capital en las empresas en estudio, determina en forma consecuente, la capacidad económica que tienen a la hora de realizar inversiones que influyen en su desempeño innovador. Relevadas estas aristas, se presenta una mayor capacidad financiera para la expansión productiva en empresas con conductas de innovación balanceadas, y Sesgadas A en segundo orden.

Tabla 32. Capacidad Financiera y conductas de innovación.

Posee Capacidad Financiera para una expansión		Conductas de Innovación									
		No innovan		Sesgadas A		Sesgadas B		Balanceadas	
		Número Empresas	%	Número Empresas	%	Número Empresas	%	Número Empresas	%
No		1,839	78.9	253	67.3	346	76.4	371	61.2
Si		493	21.1	123	32.7	107	23.6	235	38.8

Fuente: Elaboración propia sobre datos de la encuesta.

212

Significación Chi-cuadrado de Pearson (χ2): 90.866(a); 3 gl; 0.000.
a. 0 casillas (0.0%) tienen una frecuencia esperada inferior a 5. La frecuencia
mínima esperada es 95.62.

Respecto al potencial de expansión de las empresas, aquellas con conductas
Sesgadas A son las que en proporción presentan mayor capacidad ociosa.
Asimismo, las empresas con conductas de innovación Sesgadas B, presentaron
menor capacidad de expansión de la producción, dentro del grupo de las
innovadoras.

Tabla 33. Capacidad Expansión de la Producción e innovación.

Capacidad Expansión de la Producción		Conductas de Innovación							
		No innovan		Sesgadas A		Sesgadas B		Balanceadas	
		Número Empresas	%	Número Empresas	%	Número Empresas	%	Número Empresas	%
	No	706	30.3	70	18.6	114	25.2	125	20.6
	Si	1,626	69.7	306	81.4	339	74.8	481	79.4

Fuente: Elaboración propia sobre datos de la encuesta.

Significación Chi-cuadrado de Pearson ($\chi 2$): 39.398(a); 3 gl; 0.000. a. 0 casillas (0.0%) tienen una frecuencia esperada inferior a 5. La frecuencia mínima esperada es 101.30.

En el caso de las PYMES industriales, la brecha entre las que innovan y aquellos que no lo hacen respecto a certificaciones de productos e implementación de herramientas de calidad, es muy importante.

Adicionalmente dentro de las empresas innovadoras, son las que desarrollaron conductas balanceadas de innovación las que más han llevado a cabo prácticas en mejora de la calidad.

Tabla 34. Utiliza herramientas de calidad y conductas de innovación.

		Conductas de Innovación							
		No innovan		Sesgadas A		Sesgadas B		Balanceadas	
		Número Empresas	%	Número Empresas	%	Número Empresas	%	Número Empresas	%
Utiliza herramientas de calidad	No utiliza	2,059	88.3	295	78.5	309	68.2	335	55.3
	Utiliza alguna de las herramientas de calidad	273	11.7	81	21.5	144	31.8	271	44.7

Fuente: Elaboración propia sobre datos de la encuesta.

216

Significación Chi-cuadrado de Pearson (χ2): 365.542 (a); 3 gl; 0.000. a. 0 casillas (0.0%) tienen una frecuencia esperada inferior a 5. La frecuencia mínima esperada es 76.76.

Ahora bien, desde el punto de vista estricto de las herramientas de Calidad que se correlacionan positivamente con la innovación, por ejemplo, desde la perspectiva de los recursos intangibles, podemos mencionar la gestión de los recursos humanos, los recursos organizacionales, los recursos comerciales, y la gestión del conocimiento como fuente de ideas innovadoras. Todos estos determinantes tienen que ver con prácticas relacionadas con la gestión de las herramientas de calidad como lo son: la motivación y el empowerment de los empleados, el trabajo en equipo, el liderazgo, la cooperación, la orientación al mercado, o el enfoque en el Cliente (Perdomo Ortiz et al 2004)[251].

Los resultados apoyan estas premisas, en el sentido que son las empresas que innovan las que mayor énfasis ponen en la realización de actividades de capacitación.

251   J. Perdomo Ortiz, J. González Benito, J. Galende del Canto, La Gestión de la Calidad Total como un antecedente de la Capacidad de Innovación Empresarial. En Documentos de Trabajo Nuevas Tendencias en Dirección de Empresas N° 2004-09 Universidades de Valladolid, Burgos y Salamanca (España), 2004, [en línea] Disponible en: http://ideas.repec.org/s/ntd/wpaper.html

Tabla 35. Capacitación y conductas de innovación.

			Conductas de Innovación							
		No innovan		Sesgadas A		Sesgadas B		Balanceadas		
		Número Empresas	% col.	Número Empresas	% col.	Número Empresas	% col.	Número Empresas	% col.	
Realiza Capacitación	No	1,375	59.0	122	32.4	123	27.2	79	13.0	
	Sí	957	41.0	254	67.6	330	72.8	527	87.0	

Fuente: Elaboración propia sobre datos de la encuesta.

218

Significación Chi-cuadrado de Pearson (χ2): 515.853 (a); 3 gl; 0.000.
a. 0 casillas (0.0%) tienen una frecuencia esperada inferior a 5. La frecuencia
mínima esperada es 169.58.

Interacción con el entorno

De acuerdo a las observaciones, son las empresas con conductas Balanceadas
de Innovación las que más interactúan con el entorno ya sea en búsqueda de
financiamiento para desarrollar la actividad productiva, capacitación para el
personal de la empresa, Realizar mejoras en el bien o servicio que ofrece este
local y/o en los procesos productivos y/o comerciales, Fortalecer vínculos para
el desarrollo regional, en la búsqueda de beneficios de promoción comercial o
Acceder a mercados externos. En este aspecto, las posiciona a este grupo de
empresas en un lugar de mayor dinamismo, coincidentemente con la mayor
predisposición a cooperar en la innovación.

Tabla 36. Obstáculos a la innovación.

		Conductas de Innovación						
		No innovan		Sesgadas A		Sesgadas B		Balanceadas	
		Número Empresas	%	Número Empresas	%	Número Empresas	%	Número Empresas	%
Intensidad Interacción Entorno	No interactúa	1,468	63.0	174	46.3	179	39.5	166	27.4
	Interactuar con un solo objetivo específico	546	23.4	114	30.3	147	32.5	167	27.6
	Interactúa con más de un objetivo específico	318	13.6	88	23.4	127	28.0	273	45.0

Fuente: Elaboración propia sobre datos de la encuesta.

220

Significación Chi-cuadrado de Pearson (χ2): 388.606 (a); 6 gl; 0.000.
a. 0 casillas (0.0%) tienen una frecuencia esperada inferior a 5. La frecuencia
mínima esperada es 80.45.

Resulta interesante realizar una clasificación de las instituciones a las cuales las
empresas que innovan acuden, y se detecta que las empresas que innovan con
conductas balanceadas interactúan con mayor intensidad con Instituciones que
tienen un rol destacado en el Sistema de Innovación Nacional (INTI, INTA,
SECYT, FONTAR y Secretaría de Ambiente y Desarrollo Sustentable). En
tanto que se presentan cierto favoritismo por las empresas que han realizado
innovaciones Sesgadas A en la interacción con instituciones de apoyo a
PYMES.

Tabla 37. Interacción con el entorno e innovación.

		Conductas de Innovación							
		No innovan		Sesgadas A		Sesgadas B		Balanceadas	
		Número Empresas	% Col.	Número Empresas	% Col.	Número Empresas	% Col.	Número Empresas	% Col.
	No interactúa	1,716	73.6	215	57.2	254	56.1	247	40.8
Interactúa con instituciones del Sistema Nacional	Con Instituciones de apoyo a PYME del ámbito nacional	331	14.2	82	21.8	80	17.7	112	18.5
	Con instituciones de generación de conocimiento del ámbito nacional	285	12.2	79	21.0	119	26.3	247	40.8

Fuente: Elaboración propia.

222

Significación Chi-cuadrado de Pearson (χ2): 322.761 (a); 6 gl; 0.000.
a. 0 casillas (0.0%) tienen una frecuencia esperada inferior a 5. La frecuencia
mínima esperada es 60.39.

La gestión de la innovación es afectada por el vínculo y la interacción con
entidades públicas de apoyo a la innovación. Estos son, centros de investigación
y de creación de conocimiento -centros de innovación, cámaras de comercio,
consultoras, universidades y centros tecnológicos-, desde los cuales se suelen
obtener no sólo recursos materiales sino también el conocimiento científico
y/o tecnológico necesario para el desarrollo de nuevos productos, procesos
o nuevas formas de organizar la producción. La teoría subyacente del
sistema de innovación representa el análisis sobre los procesos de aprendizaje
imperfectos, aunque racionales de agentes y organizaciones.

Las organizaciones y los agentes tienen una capacidad para aumentar
sus competencias a través de la búsqueda y el aprendizaje y que lo hacen
en interacción con otros agentes, y que esto se refleja en los procesos de
innovación y los resultados en forma de innovaciones y nuevas competencias.
Los procesos de la creación de competencias y la innovación son el punto
focal del sistema de innovación en el análisis. La atención se centra en la
manera duradera de las relaciones y patrones de dependencia y la interacción,
las cuales se establecen, evolucionan y se disuelven con el tiempo (Lundvall,
2007)[252].

Por otra parte, la difusión de nuevas tecnologías solo es posible a través de
instituciones locales capaces de constituirse a sí mismas como el nexo de
difusión tecnológica entre los responsables de las innovaciones y el tejido
empresarial local, ya se trate de organismos gubernamentales, institutos
tecnológicos, organismos financieros, entre otros.

---

252   B. Lundvall, Innovation System Research. Where it came from and where it might
go. The Global Network for Economics of Learning, Innovation, and Competence Building
System Working Paper N° 2007-01. México, septiembre 2007, [en línea]. Disponible en:
http://dcsh.xoc.uam.mx/eii/workingpapers.html

Se trata entonces de alcanzar un nuevo instrumento de desarrollo productivo y empresarial territorial, creado a partir de la interacción entre agentes públicos y privados locales. Los datos relevados indican que son las empresas con conductas Balanceadas de innovación las que más interactúan con Instituciones en los dos planos geográficos (Nacional y Local).

Tabla 38. Interacción con el entorno e innovación.

Interacción con Instituciones Gubernamentales	Número Empresas	%	Número Empresas	%	Número Empresas	%	Número Empresas	%
No interactúa	1,468	63.0	174	46.3	201	44.4	181	29.9
Con Instituciones del ámbito nacional	286	12.3	97	25.8	86	19.0	165	27.2
Con Instituciones del ámbito local	248	10.6	41	10.9	53	11.7	66	10.9
Con ambas	330	14.2	64	17.0	113	24.9	194	32.0

Fuente: Elaboración propia.

Significación Chi-cuadrado de Pearson (χ2): 322.761 (a); 6 gl; 0.000.
a. 0 casillas (0.0%) tienen una frecuencia esperada inferior a 5. La frecuencia
mínima esperada es 60.39.

El modelo de desarrollo endógeno implica a su vez, considerar un Estado que
genera un ambiente favorable a la inversión creando ciertas externalidades,
entregando bienes públicos, y regulando las distorsiones económicas. Sin
embargo, otros actores pasan a ser claves para el desarrollo: los clusters o
redes productivas de menor intensidad, las asociaciones, y las organizaciones
de la sociedad civil en general.

Específicamente cobra relevancia, en lo que a innovación en PYMES
respecta, son las relaciones (formales e informales) que se producen dentro
de las redes empresariales, las cuales se caracterizan por un entrelazamiento
de la competencia -en precio, calidad, diseño y condiciones de entrega- y la
cooperación -en planificación, producción, diseño de nuevas tecnologías-,
formando un conjunto de externalidades tecnológicas internas al área
que reducen la incertidumbre del proceso innovador. Esta circulación de
conocimiento e información entre las firmas locales presenta su mayor
importancia en cuanto al conocimiento no codificable y no fácilmente
transferible que se da a nivel de territorio.

Los resultados se condicen con lo expuesto anteriormente atento la mayor
participación de las empresas con conductas balanceadas de innovación
interactuando tanto con las Universidad y Centro tecnológicos como las
Cámaras y otras instituciones no gubernamentales.

Tabla 39. Interacción con el entorno e innovación.

	Conductas de Innovación							
	No innovan		Sesgadas A		Sesgadas B		Balanceadas	
	Número Empresas	% Col.	Número Empresas	% Col.	Número Empresas	% Col.	Número Empresas	% Col.
No interactúa	1,797	77.1	250	66.5	266	58.7	250	41.3
Interactuar con Universidades y Centros tecnológicos	109	4.7	24	6.4	50	11.0	98	16.2
Interactúa con Cámaras y otras instituciones no gubernamentales	426	18.3	102	27.1	137	30.2	258	42.6

Fuente: Elaboración propia.

Significación Chi-cuadrado de Pearson ($\chi2$): 88.941 (a); 3 gl; 0.000.
a. 0 casillas (0.0%) tienen una frecuencia esperada inferior a 5. La frecuencia mínima esperada es 110.69.

"Si una determinada configuración actividad es beneficiosa para todas las empresas dentro de una industria dada, esta configuración es poco probable que sea una fuente de ventaja competitiva sustentable, porque los competidores son proclives a adoptar esta configuración, tarde o temprano. Del mismo modo, si las interacciones entre un conjunto de actividades es común entre las empresas, este conjunto de actividades de es probable que sea más fácil de imitar por los competidores, con lo cual la ventaja competitiva es menos sostenible." (Porter y Siggelkow, 2001)[253]

Modelo Propuesto

Como observamos en el capítulo anterior, se identificaron una serie de factores que determinaron las diferentes conductas de innovación de las PYMES industriales en los últimos dos años y puede concluirse que las variables que dan cuenta del fenómeno son de naturaleza múltiple y se relacionan tanto con los recursos y capacidades que las empresas hayan desarrollado, las trayectorias en el mercado que hayan perseguido, las características subyacentes a la gestión del proceso innovador, como la estimulación por parte del Estado y demás instituciones del Sistema Nacional de Innovación y el grado de acceso y procesamiento de la información y los atributos determinantes del capital social.

Cabe preguntarse, entonces, si existen determinantes específicos según la estrategia de innovación que adopte en la empresa. De acuerdo al marco teórico presentado, se seleccionan como factores moderadores a tener en cuenta para proponer una clasificación de las conductas de innovación: i) las características estructurales de las firmas; ii) el desempeño competitivo iii) los recursos y capacidades previas, iv) la gestión de la innovación y v) la relación con el entorno, los cuales se encuentran acordes con lo propuesto en el marco teórico del presente trabajo y las hipótesis planteadas en el Capítulo 4.

---

253   M. Porter y N. Siggelkow, Contextuality within Activity Systems, Academy of Management Proceedings. Harvard Business Review, 2001.

Un paso previo a la construcción del modelo consistió en investigar, para cada una de las conductas de innovación definidas, la existencia de asociación estadísticamente significativa con el conjunto de variables independientes consideradas. Al ser discretas cada una de las variables, se emplea la prueba Chi cuadrado, las cuales fueran expuestas en el Capítulo anterior para cada una de las relaciones mostradas en las respectivas tablas.

Del resultado de estadística descriptiva del Capítulo anterior, también fue posible, si se presta atención a las diferencias en las actividades de innovación realizadas, construir una taxonomía de empresas innovadoras según el destino de los esfuerzos en innovación que realicen, y coincidente con las especificaciones que ya se ha realizado: conductas de innovación Sesgadas A, Sesgadas B y Balanceadas.

El modelo planteado en cada uno de los casos, dimensiona el impacto y los determinantes que ayudan a explicar el desarrollo de una estrategia determinada de innovación respecto a las empresas que no innovan, con el objetivo de captar las diferencias contextuales entre los tres grupos de empresas bajo estudio. Ello es la razón por la cual se estimó el mismo modelo para cada una de ellas. El estudio empírico desarrollado en este apartado sigue una perspectiva similar a la anteriormente señalada y aborda el análisis desde cuatro aspectos fundamentales:

-Los determinantes de las conductas de innovación adoptadas por las PYMES manufactureras

-Los factores que influyen en la adopción de las diferentes conductas de innovación.

-El efecto de las conductas de innovación sobre el desempeño competitivo de la empresa.

-Las relaciones existentes entre las diferentes conductas de innovación.
A fin de avanzar en la contrastación empírica de las hipótesis, la metodología

consistirá en el análisis de la evolución y conducta innovadora de un conjunto de firmas que participaron en las encuestas de innovación implementadas en forma directa . A partir del análisis econométrico multi-variante se pretende identificar conductas diferenciadas así como también impactos diferenciados en el desempeño competitivo de las firmas.

De confirmarse las respectivas hipótesis, esto es, si se acepta que la innovación alcanza su mayor impacto cuando ésta es el resultado de la combinación de esfuerzos endógenos y exógenos, entonces los incentivos para la búsqueda de innovaciones deberían orientar a las empresas a invertir de forma balanceada.

Finalmente, si la identificación de conductas innovadoras es el medio para identificar diferentes trayectorias competitivas, entonces el relevo de información sobre las características del esfuerzo o realización de actividades de innovación se vuelve un factor clave para el desarrollo de políticas capaces de traccionar el desarrollo industrial.

Especificación del modelo

A los fines de contraste el modelo se utilizará la técnica de la Regresión Logística Multinomial[254]. El modelo considera cuatro dimensiones que reagrupan una serie de variables, surgidas del análisis exploratorio y del marco teórico comentado durante el desarrollo de este documento, que explican las conductas de innovación llevadas a cabo por las empresas:

---

254   Los detalles de la técnica estadística asociada y el procedimiento llevado a cabo, se detalla en el Anexo III del presente documento.

Figura 6. Grupo de variables independientes a incluir en el modelo.

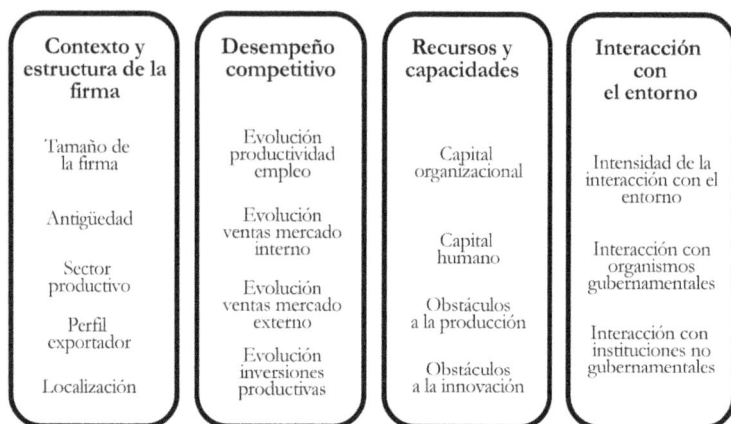

Contexto y estructura de la firma	Desempeño competitivo	Recursos y capacidades	Interacción con el entorno
Tamaño de la firma Antigüedad Sector productivo Perfil exportador Localización	Evolución productividad empleo Evolución ventas mercado interno Evolución ventas mercado externo Evolución inversiones productivas	Capital organizacional Capital humano Obstáculos a la producción Obstáculos a la innovación	Intensidad de la interacción con el entorno Interacción con organismos gubernamentales Interacción con instituciones no gubernamentales

Fuente: Elaboración propia.

Variable dependiente: Conductas Innovadoras

El manual de Bogotá que fue desarrollado específicamente para los países en desarrollo, adoptó una definición más amplia de la innovación, incluyendo no sólo la innovación tecnológica sino también organizativa. Además, la adquisición de tecnología contenida en bienes de capital y know how, licencias, patentes etc., fue incluida como una actividad innovadora. Dada la importancia que esta última actividad innovadora supone en las PYMES, de acuerdo a los últimos relevamientos empíricos, se procede a adoptarla con un tratamiento diferencial respecto del resto de actividades de innovación.

Ello supone una complejidad, atento a la heterogeneidad vigente en las PYMES, ya que los conocimientos tecnológicos no son compartidos igualmente entre las empresas, ni es fácilmente imitado o transferido a través de las ellas. La transferencia requiere necesariamente aprendizaje porque ciertas tecnologías se presentan en forma tácitas y sus principios subyacentes no se comprenden siempre claramente. Por lo tanto, simplemente obtener el dominio de una nueva tecnología requiere habilidades, el esfuerzo y la inversión por la empresa receptora, y el grado de maestría logrado es incierto y necesariamente varía según la empresa de acuerdo con estas entradas.

Una vez que los cambios tecnológicos a nivel de empresa son entendidos como un proceso continuo para absorber o crear conocimiento técnico, determinado en parte por insumos externos y en parte por último en la acumulación de conocimientos; resulta evidente que la innovación puede ser definida mucho más ampliamente para cubrir todo tipo de esfuerzo de búsqueda y mejora (Lall, 1992)[255]

Generalmente, las mejoras de competitividad en empresas que provienen de adquisiciones de tecnologías incorporadas, poseen menos chances de apropiarse de las ventajas competitivas, a partir que el proceso de difusión de esa tecnología diferenciadora en el corto plazo se encuentra disponible para los competidores que pueden acceder a ella. Por el contrario, aquellos esfuerzos innovadores tendientes a generar aumento de capacidades endógenas de las firmas ya sea en investigación y desarrollo de nuevas aplicaciones en productos o procesos u otras mejora productivas nacidos en el seno de las firmas, repercutirá en la mejora de la competitividad más sustentable para la firma y la competitividad sistémica (Rearte, 1993)[256].

Por otra parte, Bell y Pavitt (1995)[257], afirman que el desarrollo dinámico de las organizaciones descansa precisamente en la existencia de capacidades

255   S. Lall, Technological Capabilities and Industrialization. World Development, Vol. 20, No. 2, pp. 165-186, 1992.

256   A. Rearte, Factores determinantes de la competitividad de las firmas: El caso de la industria textil marplatense. Documento de Trabajo CEPAL n° 36, Buenos Aires, mayo 1.993 [en línea]. Disponible en: http://www.eclac.cl/publicaciones/xml/2/25962/5factoresdeterminantes.pdf

257   M. Bell y K. Pavitt, The Development of Technological Capabilities. En Trade, technology, and international competitiveness. Irfan-ul-Haque, R. Ed. Economic Development of The World Bank, Cap. 4, 1995.

232

internas para generar y administrar el cambio en las tecnologías utilizadas en la producción. Esas capacidades obedecen a recursos humanos altamente calificados, a menudo concentrado en actividades de innovación o a lo sumo investigación.

Evangelista et al (1997),[258] sobre un estudio en empresas de Italia encuentran una significativa asociación entre la innovación en pequeñas empresas, mediante la adquisición de conocimiento incorporado en maquinaria y equipos frente a aquella innovación realizadas por las empresas más grandes caracterizada por la mayor propensión a general el conocimiento internamente. Mientras que las actividades de diseño se presentan mayoritariamente en empresas medianas.

Buesa y Molero (1996),[259] afirman que actividades de innovación complementarias (internas y externas), permitirán la obtención de resultados innovadores en el marco que esas actividades se orienten hacia oportunidades originadas en las fuentes del conocimiento científico y técnico disponibles, del grado de apropiación de los frutos de la innovación y de los recursos que se destinen a llevarlas a cabo.

Freeman (1998)[260] destaca al respecto, que la adecuada complementación de las etapas de diseño, desarrollo, producción y comercialización es una de las condiciones necesarias para el éxito del proceso innovador, incluso en muchas

258   R. Evangelista, F. Rapiti, G. Perani y D. Archibugi The Nature and impact of Innovation in manufacturing industry: some evidence from the Italian innovation survey. ESRC Centre for Business Research, University of Cambridge, Working Paper n° 66, 1997. [en línea]. Disponible en: http://www.cbr.cam.ac.uk/pdf/wp066.pdf

259   M. Buesa y J. Molero, Tamaño empresarial e innovación tecnológica en la economía española". Documento de Trabajo Instituto de Análisis Económico y Financiero, Universidad Complutense de Madrid, 1996, [en línea]. Disponible en: http://www.ucm.es/BUCM/cee/iaif/001/001.htm

260   C. Freeman, The economics of technical change. Archibugi, D. y J. Michie (eds.), Trade, Growth and Technical Change, Cambridge University Press, 1998. Versión traducida al español por COTEC, [en línea].Disponible en:http://www.imedea.uib.es/public/cursoid/html/textos/Bibliograf%EDa%20curso/Innovacion%20Landau-FreemanCOTEC.pdf

organizaciones habituadas a contratar (I+D) externa, presentan mejores desempeños si se complementan con otras actividades. Porter y Siggelkow (2000),[261] afirman que el potencial de desarrollo de los conocimientos se amplía como resultado de combinar las actividades de innovación interna y externa. En la gestión del proceso de innovación, la comprensión de las posibles fuentes de complementariedad entre las actividades de innovación resulta a la vez en una fuente de ventajas competitivas sostenibles.

Lugones (2004),[262] demostraron que los esfuerzos tecnológicos, según el último relevamiento disponible, se continúan concentrando en la adquisición de bienes de capital independientemente del tamaño de la firma. Sin embargo, las PYMES se destacan por un gasto en (I+D) relativamente mayor en proporción a sus ventas, respecto a las grandes empresas; resultando una estructura de gastos en innovación de las PYMES que continúa siendo más equilibrada que la de las grandes empresas.

Adicionalmente, sobre otros estudios empíricos, confirman que las empresas que innovan con estrategias balanceadas esto es, que combinó los gastos en maquinaria y equipo con otros esfuerzos asociados con las actividades de cambio organizacional, diseño, ingeniería e I+D, presentaron mejores indicadores de performance en ventas, productividad, empleo y exportaciones que aquellas que innovaron con estrategias sesgadas ya sea hacia la incorporación de tecnología exógena -bienes de capital- o bien hacia la incorporación de tecnología endógena.

Finalmente, Milesi y Aggio (2000)[263] sobre un estudio en PYMES de Latinoamérica observan que la adquisición de tecnología incorporada es el

261   M. Porter y N. Siggelkow, Contextuality within Activity Systems, Academy of Management Proceedings. Harvard Business Review, 2001.

262   G. Lugones y F. Peirano, Segunda Encuesta 0 de Innovación (1998/2001). Resultados e implicancias metodológicas. Revista Iberoamericana de Ciencia, Tecnología y Sociedad - CTS, vol. 1 n°2, Abril, 2004.

263   D. Milesi y C. Aggio, Éxito exportador, innovación e impacto social. Un estudio exploratorio de PYMES exportadoras latinoamericanas. Banco Interamericano de Desarrollo Working Paper, junio 2008, [en línea] Disponible en: http://www.fundes.org/publicaciones/Documents/Exito%20exportador,%20innovacion%20e%20 impacto%2 0social.pdf

rubro que presenta mayor frecuencia, mientras que el desarrollo de tecnología es menos significativo entre aquellas empresas innovadoras. Estos aportes constituyen los fundamentos que motivan la taxonomía sobre las conductas innovadoras que en este trabajo se propone, con la particularidad esencial que los objetivos de investigación se concentran en torno a inferir los impactos que ciertos factores producen sobre cada uno de los grupos de empresas definidos y no en relevar las motivaciones que hicieron a las empresas a adoptar determinada conducta.

A la vez, si bien no existe un consenso pleno, a menudo los mejores resultados de innovación de las PYMES se encuentran asociadas, a las innovaciones tecnológicas de procesos puesto que más fácilmente se las vincula a la vez con innovaciones incrementales que llevan menores esfuerzos en términos de recursos y presenta resultados con menores riesgos asociados. En tanto que las innovaciones tecnológicas de producto, son lideradas principalmente por los clientes, a los cuales las PYMES poseen mayor cercanía. No es común observar, modelos de innovación en PYMES caracterizados por el empuje de la ciencia tal como mencionáramos en el segundo capítulo del presente documento.

Con respecto a las innovaciones no tecnológicas u organizacionales, se presenta un vínculo estrecho con la gestión de la innovación, ya que la introducción de nuevos métodos de producción o distribución, demanda la reorganización de las rutinas empresariales, lo que puede provocar la introducción de nuevas prácticas de negocios o nuevos modelos organizativos.

Se podría suponer, en cuanto a los factores determinantes de ambos tipos de innovaciones, y siguiendo los modelos interactivos de innovación mencionados en el Capítulo 1, que la decisión de innovar está impulsada principalmente por las mismas fuerzas, independientemente del tipo de innovación. Asimismo, los resultados serán mayores en la medida que las PYMES combinen innovaciones tecnológicas y no tecnológicas.

Esto también plantea, la cuestión de la probable interacción entre las distintas actividades de innovación y objetivos buscados. En caso de resultados similares, la innovación tecnológica y la innovación no tecnológica podrían representar diferentes aspectos de una estrategia innovadora de una empresa y la medición de ambos tipos, proporcionan poca información adicional sobre si una empresa está llevando a cabo una estrategia deliberada de innovación. En síntesis, realizar este supuesto permite enfocarnos exclusivamente en las conductas de innovación que se llevan a cabo y no en los factores que las motivan.

Asimismo, el reconocimiento de los agentes externos como una fuente importante de conocimiento para el desarrollo de los procesos de innovación ha hecho que las empresas tengan que hacer frente a una decisión importante: generar o adquirir externamente el conocimiento tecnológico que precisan. Debido a sus implicaciones, esta decisión se ha convertido en un tema de creciente interés entre los académicos y estudiosos de la innovación, propiciando el desarrollo de toda una literatura, teórica y empírica, sobre los factores y motivaciones que inciden en la misma (Vega Jurado et al, 2008).[264]

A los objetos de este estudio se propone en consecuencia, una taxonomía de conductas innovadoras que presenta a la adquisición de conocimiento incorporado y desincorporado como pilares de las conductas de innovación que se han denominado Sesgadas A, en tanto que los esfuerzos endógenos representados por las actividades de innovación consistente con I+D interna, I+D externa, ingeniería y diseño industrial, formación y nuevos métodos de comercialización[265]. En tanto que aquellas empresas que han realizado

264   J. Vega Jurado, A. Gutiérrez-Gracia, I. Fernández-de-lucio, ¿Cómo innovan las empresas españolas? Una evidencia Empírica. En Journal of Technology Management & Innovation, v.3, n.3 Santiago 2008 [en línea]. Disponible en: http://www.scielo.cl/pdf/jotmi/v3n3/art10.pdf

265   Si bien la I+D externa conlleva una relación contractual entre la empresa demandante y otro agente proveedor, supone una interacción entre las partes en un nivel superior a la mera adquisición tecnológica presente en la transacción imperante en las conductas de innovación Sesgadas A, motivo por el cual se la decidió incluir dentro de los determinantes del grupo de empresas con conductas de innovación Sesgadas B.

actividades de innovación en los dos sentidos, se las ha designado bajo la categoría Balanceadas.

Contexto y estructura de la firma

La dimensión de la empresa influye en los recursos disponibles para la innovación, siendo por ello una variable estructural básica en este tipo de estudios. Arrow (1962) destaca la importancia de las economías de escala, fundamentando que las empresas más pequeñas carecerían de incentivos a invertir recursos en I+D si no pueden proteger adecuadamente su propiedad intelectual y apropiarse de los resultados de la investigación. En el lado opuesto, se encuentran aquellos autores que sostienen que las PYMES tienen un papel relevante en el desarrollo de las innovaciones (Freeman, 1971, Storey, 1982 y Rothwell, 1989[266]), a través de la mayor capacidad de adaptación ante las constantes variaciones del entorno por la flexibilidad que las caracteriza, y que las impulsa con éxito a comandar el proceso de toma de decisiones en ambientes competitivos (Audretsch y Callejón, 2008).[267]

El tamaño es una de las variables más frecuentemente relacionadas con el proceso de innovación, en este sentido Abando (2008),[268] afirma que la innovación no se encuentra necesariamente asociada a un desarrollo complejo o costoso que sólo les compete a las grandes empresas. El desempeño de las PYMES tiene que ver, entre otros factores, con la habilidad de las empresas

266   R. Rothwell, Small Firms, Innovation and Industrial Change. Small Business Economics Vol. 1, n° 1 pp. 51-64. Kluwer Academic Publishers, marzo de 1989.

267   D. Audretsch y M. Callejón (2.008). La política industrial actual: conocimiento e innovación empresarial. En Revista de Economía Industrial n° 363, pp.33-45, 2008, [en línea] Disponible en: http://www.mityc.es/Publicaciones/Publicacionesperiodicas/EconomiaIndustrial/RevistaEconomiaIndustrial/363/33.pdf

268   J. Abando, Dinámica Empresarial en las PYMES Tecnológicas Jóvenes, en "Creación, supervivencia, crecimiento e internacionalización de las PYMES jóvenes en España: 1995-2006", Dirección General de Política de la PYME, Madrid, España, 2008, pp.152-191. [en línea] Disponible en: http://www.iPYME.org/NR/rdonlyres/C7E23634-DEC8-4244-ACE3-F9C17122F00A/0/PYMEJovenes9506.pdf.

en producir bienes diferenciados de alta calidad para mercados específicos, a su flexibilidad para trabajar de manera rápida y eficiente, a su cercanía con los clientes y a la consiguiente adaptación de sus productos a las demandas cambiantes.

Segers (1992)[269], afirma que las empresas pequeñas juegan a menudo un papel importante en industrias caracterizadas por tasas de crecimiento y de cambio tecnológico especialmente elevadas. Las pequeñas empresas en general y las especializadas en nuevas tecnologías, contribuyen en mayor medida de del crecimiento global de la economía de lo realmente reconocido.

Lefebvre y Lefebvre (1993)[270] también destacan la importancia de las pequeñas y medianas empresas en sus contribuciones a la innovación de producto, dada por su cercanía al mercado y la flexibilidad que las caracteriza principalmente. Entre otras características que plantean posiciones favorables de las PYMES para comandar procesos de innovación se destacan la capacidad de adaptación y flexibilidad al contexto (Roper, 1993)[271] y la cercanía al mercado (Rothwell, 1989).[272]

Las desventajas de las PYMES en relación con las actividades innovadoras, en tanto, provendrían de su tamaño limitado -que les impone restricciones financieras y de recursos materiales-, su dificultad para aprovechar las economías de escala en la innovación, las menores posibilidades de

269   J. Segers, Region-specific Technology Policy in Belgium: The Significance of New Technology Based Start-ups. Small Business Economics n° 4 vol. 2, pp. 133-139, 1992.

270   L. Lefebvre y E. Lefebvre, Efforts innovateurs et positionnement concurrentiel des PME manufacturières. En L'Actualité économique, vol. 68, n° 3, p. 453-476, 1992, [en línea] Disponible en: http://id.erudit.org/iderudit/602076ar.pdf

271   S. Roper, Product Innovation and Small Business Growth: A Comparison of the Strategies of German, U.K. and Irish Companies. Small Business Economics, Volume 9, Number 6 / pp. 523-537, diciembre de 1997.

272   R. Rothwell, Small Firms, Innovation and Industrial Change. Small Business Economics Vol. 1, n° 1 pp. 51-64. Kluwer Academic Publishers, marzo de 1989.

comercializar exitosamente sus innovaciones y los costos crecientes de las actividades de investigación (Kosacoff y López, 2000).[273]

En una encuesta de innovación en los Países Bajos, Kleinknecht (1989);[274] observa que son las PYME considerablemente las que más realizan I+D. Scherer (1980)[275] sugiere que existe una relación positiva entre las economías de escala en la producción y la actividad innovadora. Especialmente en una industria capital intensivas, la existencia de esta relación significará menos innovación de pequeñas empresas y más de innovación en grandes empresas.

Acs y Audretsch (1987),[276] afirman que una mayor intensidad en actividades innovadoras de las firmas pequeñas respecto a las grandes, afecta positivamente la participación de las primeras en la industria. Es decir, las firmas pequeñas pueden compensar su desventaja de tamaño, por ejemplo, intensificando sus actividades en investigación y desarrollo (I+D).

Asimismo, Nooteboom (1999),[277] realiza un compendio de investigaciones empíricas que han aportado resultados en uno u otro sentido sobre el tamaño de las empresas que llevan a cabo procesos innovadores (Mansfield, 1969; Kamien y Schwarz, 1982; Wyatt, 1985; Rothwell, 1985, 1989;[278] Acs y Audretsch,

---

273   B. Kosacoff y A. López, Cambios organizacionales y tecnológicos en las Pequeñas y Medianas Empresas. Repensando el estilo de desarrollo argentino. En Revista de la Escuela de Economía y Negocios. Año II / Nro. 4 - abril 2000. CEPAL - Documento de Trabajo LC/BUE/R.234 - Versión electrónica publicada en CEPAL: 30 años de labor. Publicaciones en texto completo 1974-2004.

274   A. Kleinknecht, Firm size and innovation. Small Business Economics, vol. 1, n° 3, septiembre de 1989.

275   F. Scherer, Industrial Market Structure and Economic Performance. Segunda edición, Rand McNally College Publishing Co., Chicago, 1980.

276   Z. Acs y D. Audretsch, Innovation and Size at the Firm Level, Southern Economic Journal, Vol. 57, No. 3, pp. 739-744, enero 1991.

277   B. Nooteboom, Innovation, learning and industrial organization. Cambridge Journal of Economics, 23, pp. 127-150, 1999.

278   R. Rothwell, Small Firms, Innovation and Industrial Change. Small Business Economics Vol. 1, n° 1 pp. 51-64. Kluwer Academic Publishers, marzo de 1989.

1987,[279] 1991, Baldwin y Scott, 1987; Nooteboom 1991; y Nooteboom Vossen, 1995; Vossen y Nooteboom, 1996; Vossen, 1996; Brouwer, 1997). La explicación para Nooteboom radica en las diferencias que asumen las PYME en su evolución, principalmente en las etapas de desarrollo, y las relaciones que mantiene con su entorno.

Finalmente, Tang (2006)[280], confirma para una muestra de PYMES de Canadá que el tamaño es relevante, especialmente en las diferencias en torno a las combinaciones de actividades de innovación. Sugiere que son las pequeñas las que más invierten en tecnologías desarrolladas externamente a las firmas y las de mayor tamaño se inclinan más hacia la realización de I+D. En efecto atribuye como otros autores, a los problemas de escala, la falta de financiamiento y el riesgo asociado a la inversión necesaria para los diferentes grupos de empresas, las causales de los comportamientos innovadores distintivos. Por otra parte, la antigüedad está relacionada con la experiencia y los conocimientos acumulados, siendo también una variable estructural básica en estas investigaciones.

Pavitt y Wald (1971), sugieren que la oportunidad de la innovación de las PYMES, tiende a ser más alta cuando la empresa se encuentra en las primeras etapas del ciclo de vida del producto. La argumentación se concentraba principalmente que, en estas primeras, el diseño de los productos se encuentra sujeto a sucesivos cambios y una rápida evolución, asimismo se presentan niveles relativamente altos de mano de obra calificada, comparado a las otras etapas. Así pues, las oportunidades de innovación para las pequeñas empresas son presumiblemente, mayores durante las primeras etapas del ciclo de vida, y menos en la madurez, cuando la innovación de los productos desempeña un papel muy importante en el posicionamiento inicial de la empresa en el mercado (Acs y Audretsch, 1991).[281]

---

279   Z. Acs y D. Audretsch, Innovation, Market Structure, and Firm Size. The Review of Economics and Statistics. The MIT Press, Vol. 69, No. 4, pp. 567-574. Nov. 1987.

280   K. Tang, Competition and innovation behavior. Research Policy n° 35, pp. 68-82, 2006.

281   Z. Acs y D. Audretsch, Innovation and Size at the Firm Level, Southern Economic

240

La empresa innovadora al enfrentarse a la resolución de los problemas diarios y de subsistencia y crecimiento, desarrolla mecanismos de aprendizaje. Desde el punto de vista tecnológico, y enlazando con lo expuesto anteriormente, incrementan su nivel de conocimiento, es decir, su inventario tecnológico. Este conocimiento debe considerarse como una herramienta de mejora y acción. Por otra parte, este inventario no reside sino en la colectividad de la empresa en forma de experiencia y conocimiento (Albors Garrigós, 1999).[282]

En función de lo expuesto, se deduce que la antigüedad influye en la conducta innovadora de las PYMES, ya sea porque en las primeras etapas de ciclo de vida de la empresa, las actividades de innovación representan el impulsor principal del emprendimiento, o bien porque con el transcurrir del tiempo se enfrentan a mercados cada vez más exigentes que la impulsan al cambio.

Asimismo, algunas de las características esenciales de la base de conocimientos de actividades innovadoras dentro de una industria (su grado de componente tácito y codificación, su accesibilidad, sus medios de transmisión de conocimientos etc.), así como las condiciones de aprendizaje (en términos de oportunidades tecnológicas, acumulación y apropiación), definen un régimen tecnológico. De acuerdo a Malerba y Orsenigo (2000),[283] regímenes tecnológicos explican la diversidad en los sectores de los patrones de actividades innovadoras e incluso de las fuerzas que, si no mediada por las particularidades de los sistemas nacionales o locales de innovaciones, tienden a hacer estos patrones similares en todos los países. Con ello cobra relevancia, que se incluya dentro del grupo de estas variables al sector productivo que pertenece la empresa.

Journal, Vol. 57, No. 3, pp. 739-744, enero 1991.

282   José Albors Garrigós, Determinación de los factores que caracterizan a la PYME innovadora española. Tesis Doctoral - Universidad Politécnica de Madrid - Ingeniería de Organización, Administración de Empresas y Estadística / E.T.S.I. Industriales. Octubre 1999. [en línea]. Disponible en: http://oa.upm.es/788.

283   F. Malerba y L. Orsenigo, Knowledge, innovative activities and industrial evolution. Industrial and Corporate Change, Volume 9, Number 2, pp. 289-314, 2000.

Analizadas varias alternativas en función del objetivo buscado[284]; se procedió a adoptar la taxonomía de Pavitt (1984).[285] El ejercicio propone caracterizar la gestión del conocimiento en un sector y localidad específicos y ello demanda una profundidad y complejidad de análisis que supera este trabajo. Por ello se advierte que se presenta un fenómeno complejo que exige un esfuerzo sistemático para ir clarificando algunos elementos en torno a las prácticas, los recursos, las competencias, las estrategias, los aprendizajes, las interrelaciones y los desempeños en las tramas productivas locales[286].

Como se mencionó en el Capítulo 2 del presente documento, la taxonomía de Pavitt clasifica a las empresas en cuatro grupos de acuerdo a la actividad que desarrollan: i) Basadas en la ciencia (que se caracterizan por tener un alto gasto en investigación y desarrollo y por desarrollar tecnologías que benefician a todas las actividades); ii) Intensivas en escala (comprende a las típicas industrias oligopolistas altamente intensivas en capital, con elevadas economías de escala y gran complejidad técnica y empresarial); iii) Proveedores especializados (definidas por la alta diversificación de la oferta y la gran capacidad de innovación); iv) Dominadas por proveedores (que son las más tradicionales, con procesos de innovación que provienen de otros sectores mediante la compra de materiales y bienes de capital).

Pese a las debilidades expuestas a esta taxonomía por CEPAL (2003),[287] referidas principalmente al enfoque sesgado sobre empresas que se sitúan

284   Para un mayor detalle de taxonomías que clasifican a las empresas de acuerdo a su desempeño innovativo o grado de intensidad tecnológica se recomienda seguir la guía que propone CEPAL (2003).

285   K. Pavitt, Sectoral patterns of technical change: towards taxonomy and a theory. Research Policy n° 13, v. 6, pp. 343-373, 1984.

286   Al respecto se reconoce la labor que autores como Yoguel, Novick, y Marín (2001), Albornoz, Yoguel y Milesi (2004), Roitter, Erbes, Yoguel, Delfini, Pujol (2008), han venido desarrollando en los últimos años respecto a esta temática.

287   Comisión Económica para América Latina y el Caribe, Intensidad tecnológica del comercio de Centroamérica y la República Dominicana. Unidad de Comercio Internacional de la Sede Subregional de la CEPAL en México, 2003. [en línea]. Disponible en: http://www.eclac.org/publicaciones/xml/0/13920/L587-1.pdf

en la frontera tecnológica; su gran difusión y los beneficios que surgen de la comparación con otras investigaciones conllevan a su adopción en este trabajo[288].

Asimismo, las investigaciones observadas respecto al desempeño innovador en PYMES indican la importancia que tienen algunas ramas sobre otras. En este sentido Jong y Marsili (2004) encuentran particularmente en aquellas empresas en las que las fuentes de innovación son los proveedores, que el resultado deriva mayoritariamente en nuevos o mejoras de procesos, en presencia de ambientes de cooperación informales y sin intervenir el departamento o especialistas del proyecto que vincula la innovación.

En cambio, aquellas empresas que implementan innovaciones en un enfoque basado en la demanda, suelen desarrollar intensivamente nuevos productos con mayor presencia de cooperación con instituciones del entorno con cierto de grado de planificación superior al primer grupo. Un grupo minoritario de PYMES basadas en el enfoque de la ciencia, implementan proyectos de innovación a partir de la difusión de conocimiento surgido principalmente en universidades y centros de investigación y se distinguen principalmente por una fuerte cooperación con instituciones externas, una adecuada planificación del proceso de innovación y especialistas internos a las empresas abocados a esta tarea. Los diferentes patrones de innovación de acuerdo a la taxonomía de PYMES que proponen Jong y Marsili (2004),[289] también se encuentran de alguna manera afectadas por las ramas en las cuales participan esas empresas. Es así que la fuente de innovación basada en los proveedores se presenta

---

288   Se ha procedido a la clasificación de actividades industriales de acuerdo al siguiente esquema y acorde a lo estipulado también por otros autores como Milesi (2006) y Vega Jurado et al (2007): Industrias dominadas por proveedores: Confección de prendas de vestir; Terminación y teñido de pieles; Curtido y terminación de cueros; Fabricación de artículos de marroquinería, talabartería y calzado y de sus partes; Fabricación de muebles y colchones; industrias manufactureras n.c.p.; Fabricación de papel y de productos de papel; Fabricación de productos de caucho y plástico; Fabricación de productos textiles Industrias intensivas en escala: Edición e impresión; Reproducción de grabaciones; Elaboración de productos alimenticios y bebidas; Fabricación de autopartes, repuestos vehículos automotores, remolques y semirremolques; Fabricación de metales.

289   J. Jong y O. Marsili, How do firms innovate?: A Classification of Dutch SMEs. Scientific Analysis of Entrepreneurship and SMEs Research Report 07, 2004.

con mayor participación en empresas de la rama metalúrgica, en tanto que en el enfoque basado en la demanda se aplica principalmente a las empresas pertenecientes a la industria de muebles.

Los procesos de innovación enfocados en la ciencia se presentan a menudo en empresas que pertenecen a la rama de medicamentos, plástico y químicas en general. La distinción que del trabajo de Jong y Marsili (2004)[290] surge, es que la creación y difusión de conocimiento se presentará con rasgos distintivos de acuerdo a la naturaleza de la empresa, la rama en la que participa, las estrategias de innovación que emplea y su relación con el entorno.

Caravaca (1998)[291] afirma que aquellos ámbitos en los que se localizan las industrias de alta tecnología y, sobre todo, aquellos que resultan especialmente propicios para el desarrollo de innovaciones, cuentan con mayores ventajas para competir en mercados cada vez más abiertos y cambiantes y, por lo tanto, son también nuevos espacios emergentes. Sin embargo, otras teorías, al analizar el fenómeno innovador en términos meso económicos, abonan con la idea de que la facilitad o dificultad que encuentran las PYMES para emprender el proceso innovador no es homogénea ni intrínseca a ellas, sino que se corresponde con la dinámica propia de los sectores en los que actúan. Varios estudios sostienen que, en algunas industrias, las PYMES son tan innovadoras como las empresas grandes; ello sucedería en i) sectores emergentes ii) en industrias intensivas en trabajo calificado iii) en industrias que no participan de sectores de alta tecnología y iv) en sectores con bajos requerimientos de capital (bajas barreras a la entrada). La presencia de economías externas de conocimiento, implica que los niveles de inversión privada en descubrimiento de costos, es sub-óptima a escala agregada, si el gobierno no consigue estimularla. Por tanto, las políticas de estímulo al emprendimiento de proyectos innovadores por parte de las empresas existentes, adquieren particular importancia. (Audretsch y Callejón, 2008).[292]

290   Idem.

291   I. Caravaca, 1998. Los nuevos espacios ganadores y emergentes. Revista EURE, n°79, Santiago de Chile pp.5-30, 1998.

292   D. Audretsch y M. Callejón (2008). La política industrial actual: conocimiento e innovación empresarial. En Revista de Economía Industrial n° 363, pp.33-45, 2008,

En las últimas décadas, se han sumado a la literatura sobre comercio internacional numerosos trabajos que analizan el perfil exportador de las empresas. Particularmente prolíficos han sido los aportes que estudian el vínculo entre desempeño de las firmas (productividad, competitividad, innovación, entre otros) y su participación en el mercado internacional. Por un lado, algunos autores sostienen que las firmas exportadoras obtienen ganancias de productividad por el hecho de participar en el mercado internacional, a través de un efecto que denominan learning by exporting (Thorn, 2005).[293]

Una visión alternativa del vínculo entre desempeño de las firmas y su capacidad de exportar, pone el acento en la causalidad inversa. En efecto, algunos autores sostienen que existiría un cierto mecanismo de auto-selección por el cual las firmas más productivas son aquellas que se encuentran en condición de afrontar los costos de entrada al mercado externo (Thorn, 2005).[294] Dichos costos corresponden a los gastos en que una firma debe incurrir para conocer el nuevo mercado, desarrollar mejoras de calidad en función de las preferencias de los consumidores, superar los trámites burocráticos y el aprendizaje de las regulaciones específicas, crear una red de distribución apropiada, entre otros.

Milesi y Aggio (2008),[295] concluyeron en su trabajo empírico, que en buena medida el perfil exportador y el apoyo que la innovación le brinda a éste parece estar sustentado en una decisión estratégica en cuanto a la importancia central de la innovación para la firma y en una consecuente cercanía e interacción con

---

[en línea] Disponible en: http://www.mityc.es/ Publicaciones/Publicacionesperiodicas/ EconomiaIndustrial/RevistaEconomiaIndustrial/363/33.pdf

293   K. Thorn, Ciencia, Tecnología e Innovación en 0. Un perfil sobre temas y prácticas. Banco Mundial. Región de América Latina y el Caribe. Departamento de Desarrollo Humano, septiembre, 2005, [en línea] Disponible en: http://siteresources.worldbank.org/ INT0INSPANISH/Resources/Ciencia,TecnologiaeInnovacionen0.pdf

294   Idem.

295   D. Milesi y C. Aggio, Éxito exportador, innovación e impacto social. Un estudio exploratorio de PYMES exportadoras latinoamericanas. Banco Interamericano de Desarrollo Working Paper, junio 2008, [en línea] Disponible en: http://www.fundes.org/publicaciones/ Documents/Exito%20exportador,%20innovacion%20e% 20impacto%20social.pdf

los clientes externos. En tal sentido, parecería que las exportadoras exitosas realizan una parte significativa de su aprendizaje tecnológico en la interacción exportadora.

Si bien el debate sobre la causalidad que existe entre el desempeño económico de una firma y su comportamiento exportador sigue abierto, vale la pena señalar que las dos direcciones de causalidad aquí expuestas no son necesariamente contradictorias ni excluyentes entre sí. Cada una de ellas puede presentarse con mayor o menor intensidad relativa a lo largo de la experiencia exportadora de la empresa, generando procesos virtuosos de retroalimentación entre el aprendizaje derivado de la persistencia del comportamiento exportador y las ganancias de competitividad resultantes de la innovación sostenida. Dentro de este marco general, nuestro análisis se concentra en el estudio empírico, a nivel de las firmas, de la relación entre el comportamiento innovador y las exportaciones.

Por último, la localización es otro aspecto estructural que afecta la actividad innovadora de las PYMES. Pueden a partir de la asociatividad y la mayor interacción con otras empresas e instituciones del medio local, lograr ganancias de competitividad que serían irrealizables en el marco de estructuras aisladas. El aprendizaje mutuo y la innovación colectiva pueden presentarse en ámbitos geográficos determinados (con la presencia de clusters), o bien puede trascender las fronteras geográficas y sectoriales, a través de los procesos de difusión y la aplicación del conocimiento a una necesidad propia de la actividad en la cual la PYME se encuentra inserta.

Audretsch y Thurik (2000),[296] resumen una serie de estudios de diferentes autores (Audretsch y Feldman, 1996; Audretsch y Stephan, 1996; Jaffe, Trajtenberg y Henderson, 1993 y Jaffe, 1989), en los que sugieren que la investigación y desarrollo y otras fuentes de conocimiento generan

---

296   D. Audretsch and A. Thurik, What's New About the New Economy? Sources of Growth in the Managed and Entrepreneurial Economies. ERIM Report Series Reference No. ERS-2.000-45-STR, octubre 2000, [en línea]. Disponible en: http://ssrn.com/abstract=370844.

externalidades, pero la difusión tiende a ser limitada geográficamente dentro de la región donde se creó el nuevo conocimiento. Finalmente concluyen que las características e idiosincrasia de las regiones proveen una fuente rica de recursos para la existencia de nuevos conocimientos en la economía y la mayor actividad innovadora, siendo la creación y difusión localizada del conocimiento tácito la diferencia por la cual algunas regiones conservan diferentes posiciones competitivas.

De acuerdo a la OECD (1992),[297] las empresas que mejores desempeños competitivos presentan requirieron previamente, al menos, ser parte de redes donde circula y se procesa información, y fueron capaces de realizar inversiones intangibles para las cuales supieron acceder a la contratación de recursos humanos y financieros necesarios. Existe un creciente consenso en torno al hecho de que la pertenencia a redes o los vínculos con otras firmas -así como también con otro tipo de instituciones, como universidades, centros de investigación y asistencia tecnológica, etc.-, son cada vez más importantes para determinar el desempeño y la competitividad de las unidades económicas.

Gordon y McCann (2005),[298] encuentran sobre un estudio de PYMES innovadores en Inglaterra, que el comportamiento innovador se presenta con escazas interacciones entre empresas locales y cooperación. Sin embargo, la lógica asociada a la organización industrial, impulsa a factores de aglomeración y las empresas perciben ventajas significativas en estar ubicadas cerca de las actividades relacionadas con sus negocios aún con menos oportunidades de percibir la creación de redes como la fuente de esas ventajas. De modo que aún en contextos de baja cooperación y escaso capital social resulta relevante indagar respecto a la importancia que el entorno adquiere para las firmas.

297   Organisation for Economic Co-operation and Development OECD, Technology and the economy: the key relationship, Paris, 1992, [en línea] Disponible en:

http://www.sciencedirect.com/science/article/B6V77-45D0PNB-15/2/be10b154826de98bd621660a9efb5bef

298   I. Gordon y P. McCann, Innovation, agglomeration, and regional development. Journal of Economic Geography, vol. 5, pp.523-543, 2005.

En consecuencia, el territorio representa, una agrupación de relaciones sociales siendo el área de encuentro de las relaciones de mercado y las formas de regulación social, que determinan formas de organización de la producción, habilidad en los procesos innovadores y pautas de cambio técnico que conducen a una diversificación de la producción y sus técnicas, determinando con ello diferentes senderos de desarrollo empresarial.

Pero también, los territorios presentan condiciones ventajosas, dado el principio de cercanía física entre sus empresas, actores e instituciones, por cuanto los procesos de difusión y generación de conocimientos se encontrarán albergados en él, en la medida que el entramado institucional funcione activamente.

Las características culturales y sociales del territorio definen también su dinamismo innovador. Las estrategias de innovación para el desarrollo económico local constituyen una apuesta a largo plazo, que requieren un apoyo importante y sostenido por parte de los gestores y agentes sociales locales, entre ellos los organismos públicos competentes.

Otros autores afirman que las PYMES pueden a partir de la asociatividad y la mayor interacción con otras empresas e instituciones del medio local, lograr ganancias de competitividad que serían irrealizables en el marco de estructuras aisladas. El aprendizaje mutuo y la innovación colectiva pueden presentarse en ámbitos geográficos determinados (con la presencia de clusters), o bien puede trascender las fronteras geográficas y sectoriales, a través de los procesos de difusión y la aplicación del conocimiento a una necesidad propia de la actividad en la cual la PYME se encuentra inserta (Alburquerque, 1996;[299] Caravaca, 1998;[300] Vázquez, 1999[301]).

299   F. Alburquerque, Desarrollo económico local y distribución del progreso técnico. Santiago de Chile, ILPES, 1996.

300   I. Caravaca, 1998. Los nuevos espacios ganadores y emergentes. Revista EURE, n°79, Santiago de Chile pp.5-30, 1998.

301   A. Vázquez, Desarrollo de redes e innovación. Lecciones sobre desarrollo endógeno, Madrid Pirámide, 1999.

En este marco, la innovación no ocurre como un suceso aislado, sino en el marco de ciertas redes de actores (más fuertes o más débiles), las cuales determinan en gran medida la posibilidad de difusión tecnológica y de generación de sinergias que favorezcan al tejido regional-territorial en su conjunto.

A la vez a nivel del territorio, la innovación puede aportar simultáneamente a las dimensiones del crecimiento y de la equidad, facilitando procesos de endogeneización del desarrollo. En consecuencia, la innovación no se limita a la firma individual, puesto que sus efectos se extienden sobre toda la red en que ella se inserta. Incluso en la adopción de nuevas tecnologías el entorno social ejerce su influencia, estableciendo oportunidades y restricciones para la innovación.

Aquí se propone indagar a prima fase si existe relaciones causales entre localización geográfica de las firmas y desempeños innovadores. Si bien se reconoce que esta relación no depende exclusivamente de las variables consideradas, influenciando por ello otros condicionantes no considerados, resulta relevante distinguir dónde se encuentran mayoritariamente las empresas que realizaron actividades de innovación en los últimos dos años en 0, y si responde esa localización a particularidades distintivas que presentan los territorios.

Desempeño competitivo

La competitividad ha originado diversos debates respecto a su verdadero significado, e incluso se la suele circunscribir a la esfera productiva, asumiendo que en un primer momento competitividad y productividad son conceptos que se encuentran estrechamente entrelazados.

En términos generales, se utiliza la terminología de competitividad en la discusión corriente para referirse al desarrollo de una firma, una industria o un país en la economía internacional. Sin embargo, un concepto aparentemente tan obvio ha dado lugar a las más variadas definiciones, lo cual pone de relieve no sólo la falta de consenso acerca del concepto en la literatura económica sino también la ambigüedad y dificultades que él mismo encierra.

La relación directa entre la capacidad y procesos de innovación de las empresas y su competitividad es del tipo directa (Novick et al, 2009).[302] Por este motivo, el esfuerzo de las empresas por incrementar su competitividad debe estar acompañado del diseño e implementación de instrumentos que estimulen la capacidad innovadora de las firmas a todo nivel, y con el objetivo de avanzar en los eslabones de la cadena productiva hacia productos que no basen únicamente su competitividad en los precios.

La teoría del Desarrollo Organizacional se propone la creación de ventajas competitivas a través del aprendizaje, la adaptación y la mejora continua, a partir de la formación de equipos de trabajo e individuos. Para llevar adelante este tipo de procesos se requieren valores intangibles que provean de herramientas para lograr una gestión efectiva, esto se traduce, en el conjunto de competencias básicas distintivas que permiten crear y sostener una ventaja competitiva, a partir de la capacidad y del compromiso de los que integran

la organización con quienes hacen y construyen la dimensión del contexto organizativo (Bueno Campos, 1998).[303]

Existirá en consecuencia, un núcleo básico de funciones que tienen que ser internalizadas por las empresas para asegurar el desarrollo organizacional. Si una empresa no puede por sí misma decidir sobre sus planes de inversión o la selección de equipos para sus procesos, o alcanzar niveles mínimos de eficiencia, control de calidad, mantenimiento de equipos de funcionamiento o mejora de costos, adaptar su producto a las condiciones cambiantes del

302   M. Novick, S. Rojo, S. Rotondo y G. Yoguel, La compleja relación entre innovación y empleo. Asociación de economía para el desarrollo de la 0, Congreso Anual 2009: "Oportunidades y Obstáculos para el Desarrollo de 0. Lecciones de la post-convertibilidad".

303   E. Bueno Campos, El capital intangible como clave estratégica en la competencia actual". Boletín de Estudios Económicos LIII, pp.207-229, agosto, 1998.

mercado, o establecer vínculos eficaces con proveedores confiables, es poco probable que pueda competir en mercados abiertos (Lall, 1992).[304]

Este núcleo básico debe crecer con el tiempo y la empresa se compromete asimismo a tareas más complejas. Por otra parte, las habilidades implicadas determinan no sólo lo bien que las tecnologías son operadas y mejoradas, sino también qué tan bien se utilizan los esfuerzos internos para absorber las tecnologías compradas o imitadas de otras empresas (Cohen y Levinthal, 1990).[305]

Ackoff (1990)[306] advierte que el crecimiento de una firma puede suceder con o sin desarrollo organizacional, y a su vez el desarrollo puede suceder sin crecimiento. Desarrollo implica un aumento de valor, no así el crecimiento. El desarrollo no es una condición o estado que se define por lo que una organización tiene, es un proceso en el cual se aumenta la habilidad para satisfacer necesidades y aspiraciones legítimas de la organización como tal y de las personas que la integran. Se refiere no a lo que se tiene, sino a lo que se puede hacer con lo que se tiene. Es más aprendizaje que percepción de ganancias.

En síntesis, el desarrollo organizacional se enfoca claramente a la idea de cambio, gradual y direccional, alcanzando al sistema socio-técnico organizacional. El desarrollo no significa necesariamente crecimiento cuantitativo, ya que se asemeja más bien al concepto de despliegue cualitativo de potencialidades de complejidad creciente.

304   S. Lall, Technological Capabilities and Industrialization. World Development, Vol. 20, No. 2, pp. 165-186, 1992.

305   W. Cohen y D. Levinthal, Absorptive Capacity: A New Perspective on Learning and Innovation. Administrative Science Quarterly, Vol. 35, No. 1, pp. 128-152, Mar. 1990.

306   R. Ackoff, The Management of Change and the Changes It Requires of Management, Systems Practice, Vol. 3, n° 5, 1990.

A favor de una mayor simplicidad en el análisis, podemos agrupar los factores que afectan a la competitividad en dos categorías: factores externos y factores internos a la empresa. Entre los primeros se incluyen aquellos de naturaleza macroeconómica, institucional o sectorial. Los segundos abarcan los elementos relacionados con la estrategia y la organización de la empresa (Van Dijk et al, 1997).[307]

Dentro de los factores de competitividad externos a la empresa, el enfoque macroeconómico asume que la competitividad de la empresa sólo puede alterarse sustancialmente introduciendo mejoras en su entorno macroeconómico, como los cambios en las políticas monetarias y fiscales, y eficiencia de los mercados de factores productivos. Esta visión de la competitividad parte de la teoría de la ventaja comparativa, según la cual los costos y los precios relativos son los principales factores determinantes de la capacidad de competir de las empresas radicadas en una determinada nación.

El enfoque sectorial argumenta que la competitividad de la empresa no puede evaluarse con independencia de las condiciones estructurales que prevalecen en su industria. Las diferencias sectoriales en el comportamiento de costos, precios, márgenes de beneficio y cuotas de exportación, tienen su origen en el diferente contenido factorial de cada unidad producida en un sector, según sean intensivos o no en capital físico o mano de obra.

La mejora de la competitividad de la empresa también es determinada por la introducción de cambios en el entorno institucional. Los cambios que se introducen para mejorar la competitividad de las empresas pueden ser insuficientes si no se ven acompañados por modificaciones simultáneas en el entorno institucional en el que éstas desarrollan su actividad.

---

307   B. Van Dijk, R. Den Hertog, B. Menkveld y R. Thurik, Some New Evidence on the Determinants of Large- and Small-Firm Innovation. Small Business Economics, vol. 9, n° 4, agosto de 1997.

252

Porter (1990),[308] modeló el efecto de las empresas locales sobre la competencia en términos de cuatro influencias: i) condiciones de los factores (el costo y la calidad de los insumos); ii) las condiciones de la demanda (la sofisticación de los clientes locales), iii) el contexto de la rivalidad y la estrategia de la empresa (la naturaleza e intensidad de la competencia) y iv) las industrias relacionadas y de apoyo (la medida y sofisticación de los proveedores y las industrias conexas). La Teoría de diamantes destaca la forma en que estos elementos se combinan para producir una dinámica, estimulante, y competitivo entorno empresarial.

Porter (1990),[309] considera como agentes del cambio técnico, desarrollo de competencias y generación de ventajas competitivas, no sólo a los individuos en las empresas, sino también las vinculaciones externas entre ellas, esto es, entre clientes, proveedores e instituciones. En ese marco es donde fluye la información técnica, científica, y los conocimientos. Es decir, es en las redes productivas y en ambientes locales donde se desarrolla enteramente el proceso innovador, la difusión y la formación de conocimientos tecnológicos.

Los factores externos pueden explicar las diferencias de competitividad entre empresas pertenecientes a países o entorno diferentes, pero dentro de un mismo país y de un mismo sector también pueden existir importantes diferencias de competitividad entre las empresas. En cualquier sector industrial existen empresas que obtienen elevados beneficios y otras que obtienen pérdidas. Los enfoques vistos asumen que las diferencias de competitividad entre las empresas de un mismo sector o son poco importantes o de existir, se argumenta que dichas empresas no han sido capaces de adaptarse a las condiciones de su entorno. Aquí entra la consideración del intercambio de tecnología como sistema de difusión de la acumulación de conocimiento de las firmas.

---

308   M. Porter, La ventaja competitiva de las naciones. Harvard Business Review, vol. 85, n° 11, 2007, pp. 69-95, 1990.

309   Idem.

De allí surge la importancia de los procesos de aprendizaje, y las ventajas competitivas aseguran la continuidad de generación de nuevas oportunidades con beneficios y crecimiento económico y disminuyen la vulnerabilidad de las organizaciones ante cambios del entorno que modifiquen las características de la competitividad. De esta forma, se incrementa los incentivos de comandar inversiones en innovación, por lo que estas ventajas pueden mantenerse en el tiempo.

Entre los factores internos también se destacan los activos que distinguen a una empresa de sus rivales, incluyen la tecnología, los conocimientos especializados de producción y las instalaciones productivas, la reputación de una marca comercial sólida, activos humanos, redes de suministro y canales de comercialización establecidos. La empresa construirá una ventaja competitiva sostenible en la medida que posea una propiedad temporal o sostenida sobre activos a los cuales a la competencia no puede adquirir (Arora et al, 2002).[310]

El aumento de las incertidumbres estratégicas, la segmentación de la demanda, la volatilidad de los mercados, los cambios en el concepto de eficiencia y la posibilidad de combinar economías de escala y de variedad, han determinado la creciente importancia de los factores competitivos sistémicos y los elementos de la competitividad. En este nuevo escenario, los agentes deben estratégicamente diferenciar productos, desarrollar mejoras incrementales, buscar nuevas formas de vinculación con el mercado y tender hacia un creciente aseguramiento de la calidad.

En este sentido, entonces, en la presente investigación se entenderá que la caracterización de competitividad para las PYMES estará dada por su capacidad en gestionar su mantención y aumento en la posición de mercado que ocupa, tratando de obtener mayores resultados en términos de productividad

310   A. Arora, A. Fosfuri, A. Gambardella, Los mercados de tecnologías en la economía del conocimiento. Revista Internacional de Ciencias Sociales" N° 171, La sociedad del Conocimiento, marzo 2002, [en línea]. Disponible en: http://www.oei.es/salactsi/arora.pdf

254

y aumentos de escala de producción con mayores eficiencias. A la visión de este concepto la abordaron autores como, entre otros, Kester y Luerhrman (1989);[311] Porter (1990);[312] Camisón (1996) y Lester (2005);[313] Teece (2006).[314]

Bell y Pavitt (1995),[315] proponen que la eficiencia dinámica y el mejor posicionamiento competitivo dependerá en última instancia de las capacidad para generar y administrar los cambios en las tecnologías utilizadas en producción, y estas capacidades se basan en gran medida en recursos especializados que no se incorporan automáticamente al adquirirse bienes de capital o tecnológicas con conocimiento incorporado. De modo que los esfuerzos concentrados únicamente en la adquisición tecnológica, impiden el desarrollo sostenible de las organizaciones.

Los recursos que construyen las capacidades dinámicas, como otros bienes productivos industriales, necesitan ser acumulados a través de procesos de inversión deliberada y el rol de los instrumentos de política radica principalmente en el desarrollo de estos recursos y capacidades (Bell y Pavitt, 1995).[316]

Es importante destacar que ante el abordaje del tema, los resultados de los

311   C. Kester y T. Luehrman, Are we Feeling More Competitive Yet? The Exchange Rate Gambit. Sloan Management Review, n° 19, pp. 19-28,1989.

312   M. Porter, La ventaja competitiva de las naciones. Harvard Business Review, vol. 85, n° 11, 2007, pp. 69-95, 1990.

313   R. Lester, Universities, Innovation, and the Competitiveness of Local Economies. MIT Industrial Performance Center Working Paper 05-010, 2005 [en línea]. Disponible en: http://web.mit.edu/lis/papers/LIS05-010.pdf

314   D. Teece, Reflections on Profiting from Innovation. Research Policy, vol. 35, Issue 8, pp. 1131-1146, octubre 2006.

315   M. Bell y K. Pavitt, The Development of Technological Capabilities. En Trade, technology, and international competitiveness. Irfan-ul-Haque, R. Ed. Economic Development of The World Bank, Cap. 4, 1995.

316   Idem.

estudios sobre competitividad empíricos pueden variar según cuál sea la conceptualización que se haga de dicha variable. Al respecto, cabe aclarar que no hay demasiado consenso sobre cuál es la noción más adecuada para la conceptualización del término. Pero, aun cuando se acepte una definición teórica en particular, hay otra fuente potencial de divergencia en los resultados: los instrumentos metodológicos que se utilicen para medirla y la disponibilidad de los datos.

En virtud de ello, se siguió una definición de índices compuestos por variables proxy que representan la relación competitividad-cuota de mercado (a través de la evolución de las ventas en el mercado interno y mercado externo).

Schmookler (1962),[317] demuestra la relación que tiene la demanda sobre en los procesos innovadores de las empresas. En este sentido, el autor utilizó una serie de datos empíricos sobre las invenciones, así como fuentes secundarias para demostrar que las invenciones y las innovaciones tienden a prosperar en zonas donde la demanda es fuerte y creciente.

Siguiendo a Von Hippel (1995),[318] la mayor cercanía al mercado por parte de las empresas, le brinda a estas últimas, información clave sobre la necesidad de un nuevo producto que puede ser utilizada en el diseño enfocado a aprovechar más oportunidades de mercado. Por lo tanto, ser receptivo a la información de diseño, que habitualmente existe en un nuevo producto, puede ser enormemente rentable. Además se ha demostrado que en algunas industrias la información sobre necesidades de nuevos productos proviene sistemáticamente del mismo tipo de fuente, por lo tanto si se identifica la fuente, el proceso puede ser más eficiente.

317   J. Schmookler, Economic sources of inventive activity. Journal of Economic History, pp. 1-20, marzo 1962.

318   E. Von Hippel, Concepción y desarrollo de nuevos productos por los clientes. En Gestión de la Innovación Tecnológica Edward Roberts Clásicos COTEC Iberdrola Ed., Cap. 7, 1995.

256

Finalmente en argumentación a los proxies de competitividad utilizados, encontramos que Milesi y Aggio (2008),[319] afirman que aquellas empresas que han tenido un desarrollo exportador superior, presentan mayor propensión a adaptar tecnologías a través de la ingeniería y el diseño y en consecuencia presentan mayores esfuerzos de innovación que las que no poseen un desempeño superior en mercados externos. Por otra parte, el logro de la competitividad se encuentra estrechamente vinculado con la productividad y al incrementarse ésta, mejora el entorno y las condiciones competitivas para las empresas que operan dentro del mercado local, aumentando por consiguiente la competitividad del sector o región. Por otra parte, la actividad innovadora no es algo que puede ocurrir aparte de las actividades básicas de la empresa, más bien que debe implicar la coordinación de diversas habilidades de aprendizaje y aplicación inventivas (Rogers, 1998).[320]

La vinculación entre la productividad y la competitividad relaciona a la política industrial con la política comercial en el marco más amplio de la inserción de un determinado país en el flujo de comercio internacional (Ochoa, 2002).[321] Asimismo Rogers (1998) dimensiona el resultado de la actividad innovadora definiendo el éxito a través de variables proxy como la productividad, entre otros, concluyendo que se presentan a menudo correlacionadas positivamente.

319   D. Milesi y C. Aggio, Éxito exportador, innovación e impacto social. Un estudio exploratorio de PYMES exportadoras latinoamericanas. Banco Interamericano de Desarrollo WorkingPaper, junio 2008, [en línea] Disponible en: http://www.fundes.org/ publicaciones/Documents/Exito%20exportador,%20innovacion%20e% 20impacto%20 social.pdf.

320   M. Rogers, The Definition and Measurement of Innovation. Melbourne Institute Working Paper No. 10/98, mayo 1998, [en línea]. Disponible en:http://melbourneinstitute. com/wp/wp1.998n10.pdf.

321   P. Ochoa, Competitividad, Política Comercial y Desarrollo Regional. El Noroeste Argentino y el Sur de Bolivia: apuntes para una estrategia conjunta económicamente viable y socialmente sustentable para sus sectores rurales. Concurso de Trabajos de Investigación de la Corporación Andina de Fomento (CAF), Buenos Aires, 2002, [en línea] Disponible en: http://www.caf.com/attach/17/default/PalomaOchoa,Competitividadpol%C3% ADticacomercial.pdf

El siguiente indicador proxy incluido en el desempeño competitivo será en consecuencia, aquel que representa la relación competitividad-productividad (a través de la evolución del cociente ventas/empleo).

Los recursos que distinguen a una empresa de sus rivales, incluyen la tecnología, los conocimientos especializados de producción y las instalaciones productivas, la reputación de una marca comercial sólida, activos humanos, redes de suministro y canales de comercialización establecidos. La empresa construirá una ventaja competitiva sostenible en la medida que posea una propiedad temporal o sostenida sobre activos a los cuales a la competencia no puede adquirir (Arora et al 2002).[322] Se propone en consecuencia una última variable proxy de la relación competitividad-dotación de recursos (reflejada en este caso a través de las evoluciones de las inversiones).

A pesar de la simplicidad adoptada en el modelo que se propone a través del uso de las variables proxy de desempeño competitivo mencionada, es relevante considerar que oculta un aspecto esencial del fenómeno de la innovación como es el que éste se desarrolle de manera diferenciada entre los agentes que participan de ella. Tang (2006)[323] afirma que tanto la competitividad como la innovación presentan muchas dimensiones para sus análisis pero reconoce que diferentes actividades de innovación se encuentran asociadas con diferentes tipos de presión de la competencia, de modo que recomienda estudiar el comportamiento de las firmas innovadoras y sus capacidades a los efectos de dimensionar mejor el fenómeno.

Al respecto Tang (2006),[324] sobre un estudio empírico en PYMES canadienses, encuentra que para un determinado entorno competitivo, las empresas

322   A. Arora, A. Fosfuri, A. Gambardella, Los mercados de tecnologías en la economía del conocimiento. Revista Internacional de Ciencias Sociales" N° 171, La sociedad del Conocimiento, marzo 2002, [en línea]. Disponible en: http://www.oei.es/salactsi/arora.pdf

323   K. Tang, Competition and innovation behavior. Research Policy n° 35, pp. 68-82, 2006.

324   Idem.

258

pueden tener diferentes percepciones sobre el grado de competencia que se enfrentan. Existirán firmas que tienen más probabilidades de considerar cierta competencia omnipresente, al estilo como lo definiera Schumpeter (1946),[325] y así realizar el esfuerzo de innovación contra potenciales competidores. Las diferencias en la percepción explican en parte por qué algunas empresas realizan más actividades de innovación que otros en el mismo mercado de producto para un determinado entorno competitivo. Ello refuerza las ideas asociadas a cómo las diferencias en el desempeño de mercados llevan a percepciones diferentes de competencia potencial que puede motivar a la vez diferentes comportamientos innovadores hacia el interior de la firma.

Asimismo, siguiendo a La Rovere y Hasenclever (2003), se observa que la teoría de la firma basada en recursos y la literatura sobre aprendizaje organizacional, representadas respectivamente por Cohen y Levinthal (1990),[326] revelan que, mediante la inversión en aprendizaje, la firmas aumentan tanto su base de conocimiento y de cualificación (o competencias esenciales) como su habilidad de asimilar y usar informaciones futuras (conocida como capacidad de absorción). El enfoque de la firma basada en recursos argumenta, además, que es precisamente la distribución heterogénea de las competencias y de la capacidad de absorción lo que permite a la firma obtener ventajas competitivas sustentables. De allí, que en todo proceso de desarrollo organizacional se deduzca necesario la construcción de aprendizajes y la gestión del conocimiento, pilares sobre los cuales se van construyendo los recursos y capacidades de las firmas.

Para Buesa l (2002),[327] el aprendizaje organizacional explica la manera en que una empresa construye y complementa su base de conocimientos respecto a tecnologías, productos y procesos de producción para desarrollar y mejorar

---

325   Joseph A. Schumpeter, Capitalismo, Socialismo y Democracia, Barcelona, España, 1946, (en Biblioteca de Economía, n° 1 y 2, 1996).

326   W. Cohen y D. Levinthal, Absorptive Capacity: A New Perspective on Learning and Innovation. Administrative Science Quarterly, Vol. 35, No. 1, pp. 128-152, Mar. 1990.

327   M. Buesa, T. Baumert, J. Heijs, M. Martínez, Los factores determinantes de la innovación: un análisis econométrico sobre las regiones españolas. Revista Economía Industrial n° 347 v. 5, 2002, [en línea]. Disponible en: http://www2.mityc.es/NR/rdonlyres/ A8FFA8FB-59CF-44CF-8110-C7F377CEB684/0/6784347 MIKELBUESA.pdf

la utilización de las habilidades de sus recursos humanos. Este dominio se puede obtener mediante (I+D) o laboratorios propios, personal cualificado, transferencias tecnológicas o buenos flujos de información con el entorno.

A la luz de los conceptos anteriores, resulta evidente que una serie de elementos (muchos de ellos inmateriales), surgen como relevantes en el desarrollo organizacional. Estos elementos se relacionan con los saberes de la organización, su capacidad de hacer, aprender, innovar y adaptarse a diversos escenarios rápidamente cambiantes y muchas veces hostiles. Dada la importancia que adquieren se ha decidido modelizarlos con un carácter diferencial en el próximo grupo de variables determinantes de las conductas innovadoras.

Recursos y capacidades de la firma

La empresa innovadora al enfrentarse a la resolución de los problemas diarios y de subsistencia y crecimiento, desarrolla mecanismos de aprendizaje. Desde el punto de vista tecnológico, y enlazando con lo expuesto anteriormente, incrementan su nivel de conocimiento, es decir, su inventario tecnológico. Este conocimiento debe considerarse como una herramienta de mejora y acción. Por otra parte, este inventario no reside sino en la colectividad de la empresa en forma de experiencia y conocimiento (Albors Garrigós, 1999).[328]

En consecuencia, existirá una variabilidad importante en torno a las características que estos recursos y capacidades se presentan en las empresas. Pese a ello, es útil destacar que aquellas empresas que inviertan en recursos y capacidades hacia el interior de la firma se encontrarán en ventaja frente a aquellas que no lo hacen.

328   José Albors Garrigós, Determinación de los factores que caracterizan a la PYME innovadora española. Tesis Doctoral - Universidad Politécnica de Madrid - Ingeniería de Organización, Administración de Empresas y Estadística / E.T.S.I. Industriales. Octubre 1999. [en línea]. Disponible en: http://oa.upm.es/788.

Diversos autores enfocados en la Teoría de Recursos y Capacidades (Wernerfelt, 1984; Teece, 1986;[329] Prahalad y Hamel, 1990;[330] Barney, 1991;[331] Grant, 1991;[332] Amit y Schoemaker, 1993;[333] Peteraf, 1993), consideran fundamentalmente a los factores internos de las organizaciones como determinantes clavesde la competitividad de las mismas.

Asimismo, a partir de cobrar relevancia los modelos interactivos de innovación, se destaca que las capacidades de las empresas representa un factor fundamental en la concreción exitosa de proyectos de innovación, que sólo se presentan como el resultado de un proceso de acumulación de experiencias y conocimientos (Buesa, 2002).[334]

En síntesis, en el presente documento se consideran a los recursos y capacidades de las firmas, factores determinantes del desempeño innovador de las firmas, entendiendo por ello que representan un activo cuya magnitud es determinada considerablemente por la trayectoria evolutiva de las empresas.

329   D. Teece, Profiting from Innovation. Research Policy vol. 15, Issue 6, pp. 285-305, 1986.

330   C. Prahalad y G. Hamel, Competing for the future. Harvard Business School Press, 1994.

331   J. Barney, Firm resources and sustained competitive advantage. Journal of Management, 17, pp. 99-120, 1991.

332   R. Grant. The Resource-based Theory of Competitive Advantage: Implications for Strategy Formulation. California Management Review, vol. 33, n° 3, pp. 114-135, 1991.

333   R. Amit y P. Schoemaker, Strategic Assets and Organizational Rent. Strategic Management Journal, vol. 14, pp. 33-46, 1993.

334   M. Buesa, T. Baumert, J. Heijs, M. Martínez, Los factores determinantes de la innovación: un análisis econométrico sobre las regiones españolas. Revista Economía Industrial n° 347 v. 5, 2002, [en línea]. Disponible en: http://www2.mityc.es/NR/rdonlyres/ A8FFA8FB-59CF-44CF-8110-C7F377CEB684/0/6784347 MIKELBUESA.pdf.

Messner y Meyer-Stamer (1994),[335] afirman que los nuevos modelos de organización industriales, se basan en tres pilares que afectan las ventajas competitivas que pueden desarrollar las empresas: i) La introducción de nuevos conceptos organizacionales: a través de una reducción en los niveles jerárquicos, y una división funcional del trabajo tanto como una reestructuración de flujos de materiales e información dentro y entre las firmas; ii) La introducción de la nuevos métodos laborales: las nuevas prácticas organizacionales no operan sobre la base del orden y la obediencia. La fuerza de trabajo es más productiva cuando se le da la posibilidad de tomar decisiones y se le da una más amplia esfera de actividades donde intervenir así como también cuando puede cargar con una mayor responsabilidad y, iii) La introducción de nueva tecnología: que permita una flexibilización de la automatización, necesaria si se quiere alcanzar los estándares de calidad adecuados. Asimismo, la introducción de nuevas tecnologías de información puede incrementar la transparencia de las actividades de producción y acelerar el flujo de información dentro y entre las compañías.

A su vez, los modelos propuestos por Nonaka y Takeuchi (1995)[336] proponen organizaciones más flexibles y planas, augurando que en este contexto se crea interacción activa entre trabajadores, manifestando que la interacción entre trabajadores de una misma división y entre trabajadores de distintas divisiones, llevará a la generación de ideas creativas. Lo que equivale a decir que es necesario crear las condiciones al interior de las organizaciones para que la creatividad salga a flote.

El capital intangible o intelectual es altamente valorado por el mercado. En los procesos de creación de valor, tales como la creatividad, el talento o una perspectiva innovadora, pueden generar ventajas competitivas sostenibles

335   D. Messner, J. Meyer-Stamer, Competitividad sistémica. Pautas de gobierno y de desarrollo. En Revista Nueva Sociedad N° 133. Septiembre-octubre, pp.72-82, 1.994, [en línea]. Disponible en: http://www.nuso.org/upload/articulos/2363_1.pdf

336   S. Nonaka y N. Takeuchi, La organización creadora de conocimiento: cómo las compañías japonesas crean la dinámica de la innovación. Oxford University Press, 1995. Traducido al español e impreso en México, marzo de 1999.

dado que son únicos, difíciles de imitar, de naturaleza tácita y compleja (Dierickx y Cool, 1989).[337]

Para Stewart (1998)[338] el capital intelectual es la suma de todos los conocimientos que poseen los empleados y que otorgan a la empresa ventaja competitiva. Roos et al (1998)[339] sugieren que el capital intelectual de una empresa es la suma del conocimiento de sus miembros y la interpretación práctica del mismo.

De acuerdo a la OECD (1992),[340] las empresas que mejor desempeños competitivos requirieron, al menos, ser parte de redes donde circula y se procesa información, fueron capaces de realizar inversiones intangibles para las cuales supieron acceder a la contratación de recursos humanos y financieros necesarios.

Así como a nivel macroeconómico, por medio de la teoría residual de Solow (1956)[341] mencionada en el Capítulo 2, se puede explicar las diferencias en la explotación de los factores, a nivel de la firma un conjunto de recursos intangibles puede explicar las diferencias entre el valor contable y el valor de mercado. A este plus en la valoración de los recursos financieros y físicos se le ha denominado Capital Intelectual o Intangible, y está constituido, básicamente, por el aprendizaje organizacional y el desarrollo de relaciones valiosas para la empresa.

337   I. Dierickx, y K.Cool, Asset Stock Accumulation and Sustainability of Competitive Advantage. En Management Science, vol. 35, pp. 1504-1511, 1989.

338   T. Stewart, Intellectual Capital: The new wealth of organizations. Nicholas Brealey, 1998 Ed.

339   J. Roos, L. Edvinsson, G. Roos, Intellectual Capital: Navigating in the New Business Landscape. New York University Press, 1998.

340   Organisation for Economic Co-operation and Development OECD, Technology and the economy: the key relationship, Paris, 1992, [en línea] Disponible en:http://www.sciencedirect.com/science/article/B6V77-45D0PNB-15/2/bc10b154826dc98bd621660a9efb5bef

341   R. Solow, A Contribution to the Theory of Economic Growth, Quarterly Journal of Economics, Vol. 70, n°. 1, pp. 65-94, 1956.

En este contexto, el capital intangible se refiere a los depósitos internos de conocimiento tanto físicos como virtuales, esto es, abarca desde la Gestión Calidad, la interacción de las firmas con el entorno, la capacitación del personal, las bases de datos, manuales, patentes o marcas hasta las rutinas, normas, capacidades, sistemas y cultura establecidas en la organización. Su gestión se basa en el aprendizaje organizacional, en la gestión de los sistemas y tecnologías de información, así como de la gestión patrimonial de los recursos tecnológicos (Bontis 2001).[342]

El capital organizacional es la suma de todos los activos que hacen posible la capacidad creativa de la organización. La misión de la empresa, su visión, valores básicos, estrategias, sistemas de trabajo y procesos en las empresas puede mencionarse entre estos activos. También resulta una de las piedras angulares de la creación de organizaciones de aprendizaje. Incluso si los empleados poseen capacidades adecuadas o altas, una estructura organizativa que se compone de sistemas y normas débiles y que no puede convertir estas capacidades en un valor, evita que la empresa tenga un alto rendimiento. Por el contrario, una fuerte estructura de capital organizativo crea un entorno de apoyo a sus trabajadores y por lo tanto conduce a sus trabajadores tomar menores riesgos incluso después de sus fracasos. Además, conduce a la disminución del costo total y al aumento de la ganancia y la productividad de la empresa. Por lo tanto, el capital organizacional es una estructura fundamental para las organizaciones y en un nivel organizativo; tiene una importancia crítica para la realización de medir el capital intelectual (Bozbura y Beskese, 2006).[343]

En este sentido, asumimos que existirá cierto capital organizacional, que se nutre de activos tangibles e intangibles incorporado en prácticas de gestión como medio para el logro de los objetivos de desarrollo organizacional en las

---

342   N. Bontis, Assessing knowledge assets: a review of the models used to measure intellectual capital. En International Journal of Management Reviews, vol. 3 n° 1, pp. 40- 61, 2001.

343   F. Bozbura, A. Beskese, Prioritization of organizational capital measurement indicatorsusing fuzzy AHP. International Journal of Approximate Reasoning n° 44, pp.124-147, 2007.

264

firmas, que tiene una influencia importante. Los recursos organizacionales incluirán entonces todos los activos controlados por la empresa y aquella búsqueda de soluciones en el entorno, que la habilitan para implementar conductas que mejoren su eficiencia y efectividad (Barney 1991).[344]

Por último, otra definición asigna al capital organizacional el rol de incluir todos los procesos de trabajo, técnicas, métodos y programas utilizados por los recursos humanos que permitan aumentar la eficiencia de la actividad que desarrolla la empresa. Este enfoque se relaciona con el papel de la tecnología como instrumento a ser empleado en el proceso de generación de valor, con las posibilidades derivadas del adecuado uso de la misma por parte de la organización. Además está conformado por diversos activos de infraestructura como la filosofía de gestión, los procesos de gestión, los sistemas de tecnologías de la información, los departamentos de producción y relaciones financieras (Brooking, 1997).[345]

Ante las nuevas necesidades empresariales, el énfasis en el diseño de estructuras organizativas se ha desplazado de los problemas formales a los aspectos personales de la coordinación y la comunicación. De esta forma, lo importante no es cómo se coordina, sino cómo se actúa ante un cambio no previsto. Y así, la estructura no ha de ser tanto un organigrama formal minucioso, sino un armazón flexible capaz de responder a los requerimientos del entorno mediante un adecuado flujo de información y una comunicación que facilite la coordinación rápida entre los departamentos y estimule el trabajo en equipo (Navas y Guerras, 2002).[346]

Dentro de lo expuesto, la filosofía de la gestión de Calidad tiene un impacto sobre las estructuras organizativas en donde se implanta. Para que los programas de Calidad tengan realmente éxito, las empresas han de realizar

344   J. Barney, Firm resources and sustained competitive advantage. Journal of Management, 17, pp. 99-120, 1991.

345   A. Brooking, The Management of Intellectual Capital. Long Range Planning, vol. 30, 1997.

346   J. Navas López, y L. Guerras Martín, La dirección estratégica de la empresa. Teoría y aplicaciones, Civitas, 3era. edición, Madrid, 2002.

profundos cambios en su sistema organizativo, basados principalmente en la coordinada división de tareas y especialización. (Grant et al, 1994).[347]

La gestión empresarial desde una concepción estructurada y de ágil ejecución, en dónde las herramientas de Calidad y otros instrumentos equivalentes constituyen herramientas para desarrollar y escalar los distintos niveles de requisitos, permite una correlación univoca entre la gestión de la Calidad, el desempeño innovador y la competitividad de las firmas. En este contexto la certificación de normas, también como un instrumento, es un paso obligatorio (aunque voluntario) en el camino de la búsqueda de la excelencia y, por ende, en la búsqueda de la competitividad (Merli, 1994).[348]

Muchas innovaciones no tecnológicas surgen por medio de la creación de nuevas rutinas y/o de la modificación de las rutinas existentes a partir de la incorporación de herramientas de calidad en forma paulatina (Por ejemplo implementar tecnologías de gestión cono kaizen[349] de manera armónica y proactiva) o en forma disruptiva (transformaciones organizacionales a través de reingenierías de procesos, implementación justo a tiempo, gestión de la calidad total, seguidas por largos períodos sin cambios).

Es de destacar la importancia que le asignó Deming (1989)[350] a la introducción de nuevos conceptos de gestión vistos como innovaciones. Es así que, que el autor describe que la introducción del control estadístico de procesos en la industria abrió las puertas a la innovación de la ingeniería en temas de gestión. Sin el control estadístico, los procesos pueden estar en un caos de inestabilidad, y que sin el estudio adecuado en esta temática, las acciones para mejorarlos podrían tener resultados nulos. El autor agrega que cuando

---

347   R. Grant, R. Shani y E. Krishnan, Total Quality Management: Empirical, Conceptual and Practical Issues. Administrative Science Quarterly Ed., 1994.

348   G. Merli, Calidad total como herramienta de negocio, una respuesta estratégica al reto europeo. Ed. Díaz de Santos, Madrid, 1994.

349   Sistema de gestión empresarial enfocado en la mejora continua de toda la empresa y sus componentes.

350   E. Deming, Calidad, productividad y competitividad. Medina J. Ed., México, 1989.

se logró el control estadístico, los ingenieros se volvieron innovadores y creativos.

Con respecto a la implementación de la metodología de Calidad, podemos mencionar que la multi-dimensionalidad del concepto en las empresas se encuentra basada en dos diferentes orientaciones: Control Total de Calidad, que se relaciona con la calidad en términos de conformidad, como el control de procesos, la conformidad de producto y la satisfacción de los requerimientos establecidos (requisitos de Calidad) y Aprendizaje Total de la Calidad, donde su relación se encuentra totalmente orientada hacia la innovación (Prajogo y Sohal 2001).[351]

Nonaka y Takeuchi (1995)[352] afirman que el conocimiento asume cuatro formas de conversión, por lo que partiendo de esta teoría, Villavicencio y Salinas (2002)[353] la aplica y analiza bajo el modelo del Sistema de Gestión de Calidad ISO 9000, a través de la creación organizacional del conocimiento, en donde la socialización y exteriorización del conocimiento que explica el autor para dicho Sistema de Calidad, muestra una clara concordancia con la parte dinámica u orgánica de la multi-dimensionalidad de la Administración Total de la Calidad, en donde los procesos de Innovación se ven claramente fomentados.

Dentro de los elementos de tipo endógeno que afectan la gestión de la innovación en las PYMES, en primer lugar, aparecen las competencias y el nivel de capacitación de las personas que integran el plantel laboral, en particular, aquéllas que se dedican, formal o informalmente, a las actividades de innovación. Entre estos recursos, el humano es el principal elemento para la función de alcanzar los fines de las organizaciones; por lo tanto, es sin duda

351   D. Prajogo y A. Sohal, TQM and Innovation: A Literature Review and Research Framework, En Rev. Technovation, 21, 2001.

352   S. Nonaka y N. Takeuchi, La organización creadora de conocimiento: cómo las compañías japonesas crean la dinámica de la innovación. Oxford University Press, 1995. Traducido al español e impreso en México, marzo de 1999.

353   D. Villavicencio y M. Salinas, La Gestión del Conocimiento Productivo: Las Normas ISO y los Sistemas de Aseguramiento de Calidad. En Comercio Exterior, Vol. 52, Núm.6, México, 2002.

alguna, fundamental en el cambio y desarrollo de cualquier organización, puesto que de su gestión y acción depende el logro de objetivos y metas institucionales.

El capital humano ocupa un lugar destacado, siendo que se considera como uno de los principales activos de las empresas, que se encarga de la faz creativa de todo el proceso industrial; diseña el producto, gestiona los aprovisionamientos, planifica la producción, controla el proceso y la calidad, comercializa los productos y establece los objetivos y conductas de la organización. Por lo tanto de la calidad de los recursos humanos de que dispone una empresa va a depender su eficiencia y capacidad competitiva (López Rodríguez, 2006).[354] De este modo, si una empresa innova, ya sea en sus procesos productivos como en sus productos o servicios, la formación tiene que constituir un instrumento necesario para la puesta al día de los conocimientos y las capacidades de sus recursos humanos.

Desde una perspectiva de focalización hacia los recursos humanos y el desempeño innovador en las empresas, primero se debe abordar la asociación que se sucinta entre la propia capacitación y la estabilidad laboral de las personas. En este sentido, se considera que aquellas organizaciones que intentan promover relaciones a largo plazo con sus empleados y reducir la rotación son más proclives a establecer programas formativos (García Espejo, 1999). En tanto que aquellas que realizan actividades de capacitación y trabajan en aspectos asociados a la mejora de la calidad, encuentran allí un acervo sobre el cual las innovaciones se presentan con más frecuencia.

Los mayores niveles de comunicación, los menores niveles de formalización que dotan de una mayor autonomía de los trabajadores y el mayor compromiso que se establece entre trabajador y empresa facilitan la participación de los trabajadores en el desarrollo de innovaciones (Prajogo y Sohal 2001).[355]

---

354   J. López Rodriguez, La internacionalización de la empresa manufacturera española. Efectos del capital humano genérico y específico. En Universidad de la Coruña España, 2006, [en línea] Disponible en: http://www.gcd.udc.es/subido/working_papers/la_internacionalizacion_de_la_empresa_manufacturera_espanola_efectos_del_capital_humano_generico_y_especfico_jose-lopez-rodriguez_2.006.pdf

355   D. Prajogo y A. Sohal, TQM and Innovation: A Literature Review and Research

268

Entre los obstáculos a la producción, se intenta dimensionar el estado de la infraestructura actual de las empresas, y las limitaciones que imponen a su crecimiento. Si bien son factores moderadores, resultan relevantes a los objetos de analizar si inhiben la actividad innovadora cuestiones de corte estructural como el acceso al financiamiento, la disponibilidad de infraestructura básica para una expansión productiva. Ello supone que las firmas deben poseer los factores necesarios para competir y tener capacidad de adecuación del conjunto de características y atributos del producto a las necesidades y expectativas del comprador. Si bien este ajuste se ve favorecido por la implantación de sistemas de gestión de la calidad total. Aunque a corto plazo pueden suponer fuertes inversiones, a medio y largo plazo reducen costos, originan clientes y empleados satisfechos y mejoran la productividad y los resultados de la empresa (Formento, 2005).[356]

Se presenta así una fuente de disparidad entre las PYMES industriales atento al menor o mayor acceso que puedan tener respecto al capital. A la problemática del acceso al financiamiento que tienen las PYMES en general, se le agrega como éste influye, por medio de inversiones edilicias o en los sistemas de producción, a la competitividad de las mismas. En síntesis, se puede afirmar que todo lo expuesto infiere, que la mayor dotación de capital en las empresas en estudio, determina en forma consecuente, la capacidad económica que tienen a la hora de realizar inversiones que influyen en su desempeño innovador.

Framework, En Rev. Technovation, 21, 2001.

356   H. Formento, Estudio de las condiciones endógenas que impiden el desarrollo de procesos de mejora contínua en PYMES y desarrollo de un modelo que permita su efectiva implementación. Proyecto Final Instituto de Industria - Universidad Nacional de General Sarmiento, 2005, [en línea]. Disponible en:

http://www.littec.ungs.edu.ar/pdfespa%F1ol/IFI%2.001-2.005%20Braidot-Formento-Pittaluga.pdf

Por último, entre los obstáculos a la innovación, Kleinknecht (1989)[357] enumera los siguientes (los cuales son particularmente importantes a las PYME): déficit de información con respecto a los instrumentos de política de innovación; falta de capital; falta de calificaciones de gestión; problemas en encontrar información técnica adecuada y problemas en la búsqueda de empleados calificados.

Relación con el entorno

Las capacidades de vinculación son las habilidades necesarias para transmitir información, conocimientos y tecnología para y recibir de, componente o proveedores de materias primas, subcontratistas, consultores, compañías de servicios e instituciones de tecnología. Dichos vínculos afectan no sólo la eficiencia productiva de la empresa (permitiendo que se especializan más plenamente) sino también la difusión de la tecnología a través de la economía y la profundización de la estructura industrial, ambos esenciales para el desarrollo industrial (Lall, 1992).[358]

Según Putnam (1993)[359] el capital social relacional contiene un conjunto de elementos de la organización, tales como la confianza, las normas y las redes que establecen relaciones de reciprocidad activadas por una confianza social que emerge de dos fuentes, las normas de reciprocidad y las redes de compromiso. Resaltar las normas de reciprocidad social, posibilita conocer la necesidad de las organizaciones de comportarse de un modo social responsable interna y externamente. Las redes son el conjunto de relaciones que influyen directamente en la performance de la empresa. La pertenencia a una red implica el trabajo con otros, el intercambio de información y recursos, la generación compartida de nuevos conocimientos y la implementación de prácticas integradas. Estas formas de intercambio y comunicación en redes

---

357   A. Kleinknecht, Firm size and innovation. Small Business Economics, vol. 1, n°
3, septiembre de 1989.

358   S. Lall, Technological Capabilities and Industrialization. World Development,
Vol. 20, No. 2, pp. 165-186, 1992.

359   R. Putnam, Making Democracy Work: Civic Traditions in Modern Italy. Princeton
University Press, Princeton, NJ, 1993.

constituyen una alternativa a las formas tradicionales impuestas: mercado y organización, dado que los procesos de producción de valor ya no se realizan en una empresa focal, sino que se distribuyen entre los integrantes de la red.

De esta forma, la formación de redes da lugar a la especialización sobre los distintos componentes de la cadena de valor, de manera tal que sus integrantes pueden concentrarse en aquellos recursos o capacidades sobre los cuales poseen ventajas competitivas. En la sinergia de ese intercambio se logran ventajas significativas principalmente a través de la reducción de costos, la generación de nuevas oportunidades, el logro de un rendimiento superior y la reducción de los riesgos (Szarka, 1990).[360]

El concepto de Sistema Nacional de Innovación, según Lundvall (1992),[361] supone la existencia del concepto de Estado-Nación, fenómeno que se presenta en dos dimensiones: la nacional-cultural y la estatal -política, es decir todos los individuos que pertenecen a una nación, definida en función de sus características culturales, étnicas y lingüísticas se reúnen en un espacio geográfico único controlado por una autoridad estatal central.

La teoría subyacente del sistema de innovación representa el análisis sobre los procesos de aprendizaje imperfectos aunque racionales de agentes y organizaciones. Se supone que las organizaciones y los agentes tienen una capacidad para aumentar sus competencias a través de la búsqueda y el aprendizaje y que lo hacen en interacción con otros agentes, y que esto se refleja en los procesos de innovación y los resultados en forma de innovaciones y nuevas competencias. Los procesos de la creación de competencias y la innovación son el punto focal del sistema de innovación en el análisis. La atención se centra en la manera duradera de las relaciones y patrones de

360   J. Szarka, Netoworking and Small Firms. International Small Business Journal, vol. 8, nº 2, pp. 10-22, 1990.

361   B. Lundvall, Sistemas nacionales de innovación. Hacia una teoría de la innovación y el aprendizaje por interacción. Comisión de Investigaciones Científicas de la Provincia de Buenos Aires, 1992. Traducción al español, mayo 2009.

dependencia y la interacción, las cuales se establecen, evolucionan y se disuelven con el tiempo (Lundvall, 2007).[362]

Al mismo tiempo, a través del enfoque de redes las PYMES pueden obtener ventajas derivadas de la reducción de costos de transacción presentes en esquemas productivos espacialmente concentrados, avanzando en una adecuada descentralización de las acciones públicas y privadas de política.

Nooteboom (2006),[363] ampliando el enfoque de Williamson (1985),[364] parte de la construcción social del conocimiento en base a dos elementos subyacentes: i) la naturaleza cognitiva de los agentes económicos y ii) las forma cómo las relaciones sociales y las instituciones afectan su comportamiento. En este contexto, los individuos actúan con base en sus propias experiencias, interpretaciones, sentimientos y valores y los esquemas del conocimiento, si bien son el resultado de experiencias individuales también son el producto de la interacción social y las instituciones.

De esta manera, el hombre no solo crea las instituciones sino que además se ve influido por ellas. Ello se encuentra en estrecha relación con las ideas prevalecientes sobre sistemas de innovación, donde la innovación se deriva principalmente de la interacción entre las empresas (Nooteboom, 2006).[365]

362   B. Lundvall, Innovation System Research. Where it came from and where it might go. The Global Network for Economics of Learning, Innovation, and Competence Building System Working Paper N° 2007-01. México, septiembre 2007, [en línea]. Disponible en: http://dcsh.xoc.uam.mx/eii/workingpapers.html.

363   B. Nooteboom, Learning and innovation in inter-organizational relationships and networks, 2006, [en línea]. Disponible en: http://www.bartnooteboom.nl/site/img/klanten/250/Learning_and_innovation_in_inter-organizational_relationships_and_networks.pdf.

364   O. E. Williamson, Las instituciones económicas del capitalismo, 1985. Fondo de Cultura Económica, Traducción, México, 1989.

365   B. Nooteboom, Learning and innovation in inter-organizational relationships and networks, 2006, [en línea]. Disponible en: http://www.bartnooteboom.nl/site/img/klanten/250/Learning_and_innovation_in_inter-organizational_relationships_and_networks.pdf.

272

Arora y Gambardella (1990)[366], realizan un estudio entre cuatro diferentes estrategias de abastecimiento externo de conocimiento en empresas pertenecientes al sector de productos químicos y farmacéutico y encuentran evidencia que las empresas con mayor número de patentes, participan más activamente en la búsqueda de una combinación de los vínculos externos.

López Cerezo (2004)[367], revaloriza el entorno asociado a las empresas, y lo incluye como elemento determinante dentro de un sistema de innovación. En este sentido, afirma que el éxito de toda innovación depende ante todo de que los consumidores y/o otros receptores sociales directos e indirectos de la innovación, respondan favorablemente a la misma.

La innovación pasa ser el resultado de la modificación de esquemas cognitivos, del aprendizaje y de las capacidades de adaptabilidad y previsibilidad que tienen los agentes económicos, en su interacción con el mercado, a fin de ofrecer distintas soluciones y satisfacer necesidades concretas (Coriat y Dosi, 1995).[368] Tsai (2001)[369] indica a la vez que la interacción entre la capacidad de absorción y la posición de la red, repercute sobre la innovación y la performance de negocios de las empresas. El Estado debe, a su vez, ser el promotor de la intermediación entre la oferta y la demanda de servicios de apoyo a la producción, promoviendo la participación y la concertación estratégica de

366   A. Arora y A. Gambardella, Complementary and external linkages: the strategies of the large firms in biotechnology. Journal of Industrial Economics, n° 38, pp. 361-379, 1990.

367   J. López Cerezo, Los entornos de la innovación. Revista Iberoamericana de Ciencia, Tecnología y Sociedad, n° 2, vol. 1, Abril de 2004 p. 189-193 [en línea]. Disponible en: http://oeibolivia.org/files/Volumen%201%20-%20Número%202/for01.pdf

368   B. Coriat y G. Dosi, The institutional embeddedness of economic change: an appraisal of the evolutionary and regulationist research programmes. European School on New Institutional Economics, 1995. [en línea] Disponible en: http://esnie.u-paris10.fr/pdf/textes_2007/Dosi-chap-12.pdf

369   W. Tsai, Knowledge Transfer in Intraorganizational Networks: Effects of Network Position and Absorptive Capacity on Business Unit Innovation and performance. The Academy of Management Journal, Vol. 44, No. 5, pp. 996-1004, Oct., 2001.

los actores locales, así como la asociatividad empresarial y la circulación de información relevante para el desarrollo productivo y empresarial local.

La accesibilidad del conocimiento externo a la industria está relacionada con oportunidades científicas y tecnológicas, tanto en términos de recursos y de fuentes. Aquí el entorno externo puede afectar favorablemente a las empresas a través de ofrecer el capital humano acorde a sus necesidades o a través de conocimientos científicos o tecnológicos desarrollados en las empresas u otras organizaciones como las universidades, laboratorios de investigación. Las fuentes de oportunidades tecnológicas difieren notablemente de las tecnologías y las industrias (Malerba y Orsenigo, 2000).[370]

Resumen del procedimiento adoptado para las variables predictoras utilizadas

En la inclusión de las variables predictoras (independientes) se siguió una serie de procedimientos, que se resumen a continuación:

Determinación de las variables a ingresar al modelo a partir del relevamiento de estudios similares y aproximación más estrecha posible a los conceptos definidos en el marco teórico. A través de pruebas de ensayo para la identificación de variables de confusión, se detectó aquellas variables que se presentan externas a la relación principal que se analiza y simultáneamente relacionadas con la variable independiente. En estos casos, su presencia generaba un sesgo o error al evaluar la relación entre la variables independiente (X) y dependiente (Y).

Del paso anterior, se recogieron aquellas variables predictoras que otros estudios hayan reconocido como tales. El análisis estratificado y el análisis multi-variante fueron los encargados en esta fase de análisis para corregir su efecto, procedimientos que permiten el ajuste o control a través de: i) el análisis estratificado, evaluando la relación principal en los diferentes estratos

370   F. Malerba y L. Orsenigo, Knowledge, innovative activities and industrial evolution. Industrial and Corporate Change, Volume 9, Number 2, pp. 289-314, 2000.

de la variable presumiblemente modificadora de efecto, y ii) el análisis multi-variante, incluyendo términos multiplicativos (X•M) con la variable independiente (X) y la variable modificadora de efecto (M).

Asimismo, se estimaron los riesgos ajustados o controlados (no sesgados) para cada variable independiente, ya que los datos se han recogido sin asignación aleatoria de los sujetos a los diferentes niveles de exposición (X). Para ello se consideraron los siguientes aspectos:

Se valoró si había interacción entre alguna de las variables de control y la variable independiente, con pruebas de significación estadística, dejando en el modelo los términos de interacción que hayan resultado estadísticamente significativos.

Se valoró si existía confusión entre alguna de las variables de control y la relación principal evaluada, sin aplicar pruebas de significación estadística. El objetivo tras ello, fue analizar si la introducción de una variable de control en el modelo produce un cambio importante en la medida de significación que estima el efecto de la exposición (X) sobre la variable dependiente (Y).

Se realizó un análisis bi-variante, a los efectos de verificar las relaciones de la variable dependiente con cada una de las variables independientes. El contraste se realizó a partir de una prueba Chi Cuadrado de significación.

Realizado el análisis multi-variante, permitió predecir una determinada respuesta a partir de las variables predictoras o independientes, obteniendo una fórmula matemática que sirva para calcular la probabilidad del suceso estudiado en una nueva empresa en razón de los valores que presente de las diferentes variables incluidas en el modelo.

Se escoge el Modelo Logístico Multinomial debido a la facilidad de análisis y a las ventajas que ofrece su interpretación. Este modelo queda definido como el logaritmo de las chances (odds). Se entiende por éstas al cociente entre las probabilidades de éxito y las de fracaso. Puesto que las chances son siempre no negativas, un valor superior a la unidad indica que el éxito es más probable que el fracaso. La regresión logística tiene forma lineal en las variables explicativas para el logit de las probabilidades, es decir, el logit aumenta en b unidades por cada cambio unitario en x -manteniendo constantes las restantes variables.

Se utilizó para el procesamiento la herramienta informática SPSS v.15.0 y la técnica utilizada es la de Pasos sucesivos hacia adelante[371].

A fin de analizar la significatividad global del modelo, se utiliza el test de bondad del ajuste de Hosmer-Lemeshow. Este estadístico es más robusto que el estadístico LR[372], en particular, para modelos con variables continuas y con tamaños de muestra pequeños. Se basa en el agrupamiento de los casos en deciles y compara la probabilidad observada con la esperada dentro de cada decil. Este estadístico se distribuye como una c2 y valores altos del mismo (correspondientes a valores de probabilidad pequeños) indican la falta de ajuste del modelo.

La significatividad de cada uno de los coeficientes se evalúa utilizando el estadístico de Wald, que plantea como hipótesis nula que el parámetro a evaluar es igual a cero.

Resumen de correspondencia entre Hipótesis y técnicas utilizadas

En el Cuadro 4 se presenta, a modo de resumen, la correspondencia entre las hipótesis planteadas, las técnicas y los modelos utilizados para testear cada una de ellas. Asimismo, se exponen, para cada técnica, las variables utilizadas y en el caso de los modelos econométricos, se diferencia entre las variables

---

371   Para un mayor detalle del procedimiento de cálculo y estimación, dirigirse al Anexo III del presente documento.

372   El estadístico LR se utiliza para evaluar la significatividad global del modelo. El mismo testea la hipótesis nula de que todos los coeficientes -excepto el correspondiente a la constante- son simultáneamente iguales a cero. Es análogo al estadístico F en los modelos de regresión lineal.

explicativas y a explicar, que son utilizadas como proxy de los conceptos teóricos a evaluar:

Cuadro 4. Correspondencia entre Hipótesis y Técnicas utilizadas.

FACTORES DETERMINANTES	VARIABLE	DESCRIPCION	TIPO	MEDICIÓN	RANGO VALORES	REFERENCIAS
DEPENDIENTE (Hipótesis 3)	TARGET	Conductas de innovación	Cualitativa	Ordinal	0 - No Innovan 1-Sesgadas A 2-Sesgadas B 3-Balanceadas	Lugones et al (2.004); Buesa y Molero (1.996); Evangelista et al (1.997); Bell y Pavitt (1.995); Porter y Siggelkow (2.001)
CONTEXTO Y ESTRUCTURA DE LA FIRMA (Hipótesis 3)	CAT_PYME	Tamaño empresa	Cualitativa	Ordinal	0-Mediana 1-Pequeña 2-Micro	Acs y Audretsch (1.987); Kleinknecht (1.989); Rothwell, 1989; Segers (1.992), Roper (1.993); Storey (1.994); Lefebvre y Lefebvre (1.993); Nooteboom (1.999); Abando (2.008); Madrid y García (2.008).
	ANIOS	Antigüedad empresa	Cualitativa	Nominal	0-Empresa Madura (+10 años) 1-Empresa Joven (3 a 10 años) 2-Nueva Empresa (<3 años)	Pavitt y Wald (1971); Albors Garrigós (1.996); Acs y Audretsch (2.005; Madrid y García (2.008)
	EXPORTA	Perfil Exportador	Cualitativa	Nominal	0-Si 1-No	Thorn (2.005), Arillo y Milesi et al (2.007); Milesi y Aggio (2.008).
	TAX_PAV	Taxonomía Pavitt (Sectores)	Cualitativa	Nominal	1-Industrias dominadas por proveedores 2-Industrias intensivas en escala 3-Industrias proveedores especializados 4-Industrias Basadas en la ciencia	Pavitt (1984); Jong y Marsili (2004); Vega Jurado et al (2007)
	REGION	Región al que pertenece la empresa	Cualitativa	Ordinal	0-Regiones Geográficas más innovadora (CENTRO) 1-Regiones Geográficas medio innovadoras (PAMPEANA) 2-Regiones Geográficas medio innovadoras (PATAGONIA) 3-Regiones Geográficas menos innovadoras (NEA, NOA, CUYO)	Alburquerque (2.004)
DESEMPEÑO COMPETITIVO (Hipótesis 2 y 3)	EVOL_PROD	Evolución Productividad Empleo	Cualitativa	Ordinal	0-Mejora de la productividad 1-Productividad sin cambios 2-Empeora la productividad	Kester y Luerhrman (1989); Porter (1990); Camisón (1996); Van Dijk (1997); Rogers (1998); Arora et al al (2002); Petit et al (2006); Ochoa (2002); Lester (2005); Teece (2006).
	EVOL_INV	Evolución Inversiones	Cualitativa	Ordinal	0-invirtió los últimos dos años 1-invirtió en alguno de los dos años 2-No invirtió en los años 2.007 y 2.008	
	EVOL_DEM	Evolución Ventas Mercado Interno	Cualitativa	Ordinal	0-Ventas en ascenso Mercado Interno en el último año 1-Ventas estables Mercado Interno en el último año 2-Ventas en descenso Mercado Interno en el último año	
	EVOL_EXP	Evolución Ventas Mercado Externo	Cualitativa	Ordinal	0-Ventas en ascenso Mercado Externo en el último año 1-Ventas estables Mercado Externo en el último año 2-Ventas en descenso Mercado Externo en el último año	

RELACION CON EL ENTORNO	INT_ENT	Intensidad Interacción con el Entorno	Cualitativa	Ordinal	0-Interactúa con más de un objetivo específico 1-Interactúa con un solo objetivo específico 2-No interactúa	Lall (1.992); Lundvall 2.007, 2.009); Corlat y Dosi (1995); Malerba y Orsenigo (2.000)
	INT_GOB	Interactúa con Organismos de Gobierno	Cualitativa	Ordinal	0-Con organismos de Gobierno Locales y Nacionales 1-Con organismos Locales 2-Con organismos Nacionales 3-No interactúa	
	INT_OTR	Interactúa con otras Instituciones del SNI	Cualitativa	Ordinal	0-Interactúa con Cámaras y otras Instituciones del SNI 1-Interactúa con Universidad y Centros Tecnológicos 2-No interactúa	
RECURSOS Y CAPACIDADES DE LA FIRMA (Hipótesis 3)	CAPACIT	Capacitación	Cualitativa	Ordinal	0-Realizó Capacitación últimos dos años 1-No realizó Capacitación últimos dos años	
	CALIDAD	Herramientas de Calidad	Cualitativa	Ordinal	0-Implementó Herramientas de Calidad últimos dos años 1-No Implementó Herramientas de Calidad	
	CERT_NORM	Certificación Normas de Calidad	Cualitativa	Ordinal	1-Certificó Normas de Calidad últimos dos años 0-No certificó Normas de Calidad últimos dos años	
	DEPART_ID	Departamento I+D	Cualitativa	Ordinal	0-Posee Depto. I+D 1-No Posee Depto. I+D	
	DEPART_DIS	Departamento Diseño	Cualitativa	Ordinal	0-Posee Depto. Diseño 1-No Posee Depto. Diseño	
	DEPART_CCAL	Departamento Control Calidad	Cualitativa	Ordinal	0-Posee Depto. Control Calidad 1-No Posee Depto. Control Calidad	
	DEPART_ING	Departamento Ingeniería	Cualitativa	Ordinal	0-Posee Depto. Ingeniería 1-No Posee Depto. Ingeniería	
	LIM_INN	Limitaciones a la Innovación	Cualitativa	Ordinal	0-Reconoce obstáculos surgidos del mercado o sector que participa 1-Reconoce obstáculos de organización de la producción interna 2-Reconoce obstáculos de costo-beneficio de la innovación 3-No reconoce obstáculos.	

Fuente: Elaboración propia.

Parámetros estimados por el modelo

En función de las variables introducidas al modelo, se pasó a comprobar las siguientes ecuaciones, en función del contraste de los grupos asociados a la variable dependiente conducta innovadora (TARGET) y cada una de las variables independientes analizadas[373]:

---

373   En el caso de esta variable, el éxito se define como la ocurrencia del fenómeno de innovación, comprendido en alguna de las conductas innovadoras sea Sesgada A, Sesgada B o Balanceada frente al escenario de no ocurrencia definido por el no llevar a cabo actividades de innovación.

Resumen y presentación de salidas finales

La elaboración del Modelo logístico multi-nomial, proporciona una relación funcional entre la variable dependiente TARGET (conductas innovadoras) y las variables explicativas relevantes (Grupo de factores asociados al contexto y estructura de las firmas, desempeño competitivo, recursos y capacidades y relación con el entorno). En consecuencia permite profundizar el análisis del proceso de innovación de las PYMES industriales en 0, a través de los aspectos conductuales subyacentes y los determinantes de los mismos.

Todas las variables que se utilizaron en este modelo (veintitrés en total correspondientes a los grupos de terminantes mencionados), cumplieron con el requisito de independencia respecto a la variable TARGET (conductas innovadoras). De los resultados del modelo aplicado, surge que casi la totalidad de variables independientes introducidas resultan significativas, descartándose tanto la variable EXPORTA (Perfil exportador) y CERT_NORM (Certificación de normas de calidad), principalmente por su alta correlación con las otras dos variables que sí resultaron significativas y que se incluyen en el modelo: EVOL_EXP (Evolución Ventas Mercado Externo) y CALIDAD (Implementó herramientas de calidad) El nivel de significación global del modelo lo hace robusto, obteniéndose un coeficiente de R2 de Nagelkerke de 0.457 y un nivel de pronóstico global del 70.3%. El estadístico de Wald permitió seleccionar las variables que resultaron significativas con un margen de error de 0.05.

Los pasos introducidos hacia adelante en el modelo culminaron con el siguiente listado de variables significativas:

Tabla 40. Modelo logístico multinomial: variables independientes estadísticamente significativas.

Efecto	Criterio de ajuste del modelo	Contrastes de la razón de verosimilitud		
	-2 log verosimilitud del modelo reducido	Chi-cuadrado	gl	Sig.
Intersección	6119.473(a)	0.000	0	
CAT_PYME	6145.806	26.334	6	.000
ANIOS	6135.247	15.774	6	.015
EVOL_PROD	6147.512	28.039	6	.000
EVOL_DEM	6144.479	25.006	6	.000
EVOL_INV	6193.927	74.454	6	.000
EVOL_EXP	6155.480	36.008	6	.000
TAX_PAV	6147.647	28.175	9	.001
REGION	6151.012	31.540	9	.000
K_RRHH	6133.921	14.449	3	.002
CAP_PROD	6129.449	9.976	3	.019
CAP_FINANC	6143.353	23,881	3	.000
CAPACIT	6170.347	50.875	3	.000
CALIDAD	6134.173	14.700	3	.002
DEPART_ID	6174.202	54.729	3	.000
DEPART_DIS	6139.067	19.594	3	.000
DEPART_CCAL	6165.912	46.439	3	.000
DEPART_ING	6171.451	51.978	3	.000
LIM_INN	6144.542	25.070	9	.003
INT_ENT	6135.745	16.272	6	.012
INT_GOB	6143.640	24.167	9	.004
INT_OTR	6134.908	15.435	6	.017

Fuente: Elaboración propia.

A continuación, se presentarán los principales resultados obtenidos para cada categoría de la variable dependiente TARGET (conductas innovadoras Sesgadas A, Sesgadas B y Balanceadas), quedando para el cierre de esta sección, un apartado donde se destacan las diferencias entre los grupos más relevantes.

Grupo de empresas con Conductas de Innovación Sesgadas A

Los resultados del modelo permiten inferir que en las empresas que desarrollan Conductas de Innovación Sesgadas A, esto es que innovan a través de la adquisición de tecnologías incorporadas (Adquisición de maquinaria y equipo informático específicamente comprado para realizar nuevos o sensiblemente mejorados productos y/o procesos y adquisición de otros conocimientos externos), resulta importante el tamaño de la empresa. En efecto, aquellas empresas cuyo tamaño corresponde a la categoría de mediana empresa tienen 2.44 veces más chances de innovar con conductas Sesgadas A respecto a las micro empresas. Las chances disminuyen a 1.81 para el caso de las Pequeñas empresas aunque aún sigue siendo relevante. En cualquiera de los casos, ello implicaría que el aumento de la escala aumenta las chances de innovar a través de este tipo de conductas que no innovar (Ver Anexo III).

Asimismo, se constata que las empresas más maduras, con más años de antigüedad en el mercado, tienen poco más de la mitad de las chances de innovar con conductas Sesgadas A si se las compara con el grupo de referencia de empresas de reciente creación con antigüedad en el mercado menor a tres años. Ello resulta relevante, toda vez que los procesos de adquisición de tecnología incorporada se realizarían en las fases iniciales del desarrollo empresarial, siendo más importante en los primeros años de actividad de las empresas industriales.

En virtud de destacar la importancia que posee para una empresa pertenecer a determinado sector productivo dentro del entramado productivo industrial, se aproximó el mayor dinamismo en innovación a través de una variable proxy que reflejara la pertenencia o no a sectores productivos con diferente intensidad tecnológica reflejada por la taxonomía de Pavitt. En efecto, esta variable resultó significativa para el grupo de empresas bajo estudio, de modo que la configuración sectorial es relevante para la decisión de innovar con conductas Sesgadas A. Observadas la incidencia que la pertenencia al sector productivo posee sobre esta conducta de innovar, se ha relevado que las empresas que pertenecen a las industrias con proveedores especializados son los que más chances presentan de innovar con esta conducta (3.61 veces más de chances), seguidas por las industrias dominadas por proveedores (3.26 veces más de chances) y la industrias intensivas en escala (2.69 veces más de chances) si se las compara a todos estos grupos con aquel grupo de empresas que pertenecen al sector basado en la ciencia, de acuerdo a la taxonomía que propone Pavitt (1984).[374]

Continuando con los factores estructurales y analizada la localización de las empresas, se destaca que aquellas empresas localizadas en la Región Centro y la Región Patagónica; presentan mayores chances de innovar con conductas Sesgadas A, respecto a las empresas localizadas en regiones con menor confluencia de empresas que declararon realizar actividades de innovación.

Ahora bien, analizando nuevamente la hipótesis bajo el análisis multi-variante que surge del modelo, referido al grupo de determinantes de Desempeño Competitivo, la variable evolución de la productividad de las empresas en relación con las empresas que innovaron con conductas Sesgadas A con respecto a la categoría de referencia (No innovan), podemos observar que el valor negativo de b= - 0.646 para la categoría Evolución Productividad sin cambio, indica que en las empresas que adoptaron conductas de innovación Sesgadas A disminuye la probabilidad de que éstas mantengan invariable la productividad del empleo, esto se corrobora por el exp. (b) menor que uno (0.523) y en efecto se presenta prácticamente la mitad de las chances que empresas que innovan con conductas Sesgadas A mantengan invariable la productividad del empleo, respecto a aquellas empresas en las cuales la productividad del empleo disminuyó. Ello indicaría en principio que en

---

374   K. Pavitt, Sectoral patterns of technical change: towards taxonomy and a theory. Research Policy n° 13, v. 6, pp. 343-373, 1984.

contexto de baja productividad del empleo, o en procesos de merma de la productividad, los empresarios se encontrarían motivados a realizar innovaciones con destino en la adquisición de tecnologías incorporadas, en una estrategia reactiva al cambió que se está presentando en la empresa.

El impacto que el mercado interno posee en las empresas bajo estudio es muy significativo: los locales industriales en los cuales la evolución de las ventas en el mercado interno se manifestaron en alza o estables en el último año, presentan más probabilidades de innovar con conductas Sesgadas A frente a aquellas cuyas ventas en el mercado interno disminuyeron (exp. b igual a 1.76 y 1.68 respectivamente). Por su parte, el grado de desarrollo exportador y la performance de ventas en el mercado externo no explican diferencias entre los grupos bajo estudio, de acuerdo al modelo comprobado.

Sí resulta significativa el perfil de las inversiones que realizan las empresas, en tanto que aquellas que realizan inversiones continuamente durante los dos últimos años, presentan 3.35 más chances de innovar con conductas Sesgadas A respecto a la categoría de referencia no realiza inversiones. Las chances disminuyen en la medida que las inversiones sean esporádicas, significando un 57.4% más de posibilidades que realicen innovaciones con conductas sesgadas A, respecto a los que no invierto. Ello comprueba la direccionalidad de las inversiones, en el sentido que se presenta un vínculo muy estrecho entre inversiones que signifíquen mejoras productivas y actividades de innovación que refieran a la adquisición de tecnologías incorporadas.

Adentrándonos ya en los factores que tienen que ver con los recursos y capacidades de las empresas, resulta interesante el caso de aquellas empresas que declararon poseer los recursos humanos tanto en calificación como cantidad para realizar una expansión, las cuales presentan 1.42 veces más de chances de innovar con conductas Sesgadas A respecto a aquellos que presentan limitaciones en la dotación de recursos humanos. Ello determinaría que la adquisición de tecnología incorporada se presenta con más chances en contextos de mayor abundancia del factor trabajo, lo cual también es coincidente con la importancia que la merma en la productividad del empleo, posee para la aparición de esta estrategia de innovación, bajo supuestos de mayor abundancia relativa del factor trabajo en relación al capital. Asimismo, la abundancia del factor trabajo también se encuentra asociado a la mayor calificación adquirida en el sentido que empresas que hayan realizado actividades de capacitación presentan mayores chances (1.84) de realizar innovación con el sesgo descripto respecto a aquellos que no realizan actividades de capacitación.

La muestra relevada indica que aquellas empresas que manifestaron no poseer restricciones en infraestructura edilicia y/o de equipamiento para una eventual expansión, poseen más chances de realizar innovaciones con el sesgo mencionado con respecto a aquellas empresas que si argumentaron restricciones. Ello motiva a considerar o resignificar la importancia que las mayores inversiones provocan en la estructura de la empresa, las cuales no solo incrementan la capacidad de producción sino que también promueven la adquisición de tecnologías incorporadas. En otro sentido, también refleja el estrecho vínculo existente entre las inversiones productivas y la propia consideración que de ellas realizan las empresas, las cuales en un amplio porcentaje declararon que estas inversiones coinciden con actividades de innovación referidas a adquisiciones de tecnologías incorporadas.

La capacidad financiera resulta un aspecto crucial para innovar con conductas Sesgadas A, al respecto aquellas empresas que manifestaron poseer capacidad financiera para una eventual expansión, presentan un 30% más de probabilidad de innovar con este sesgo respecto a aquellas que declararon tener limitaciones en la capacidad financiera.

Las estructuras formales hacia el interior de la firma también promueven en principio la adquisición de tecnologías incorporadas. En efecto, aquellas empresas con departamentos de Control de Calidad e Ingeniería más que duplican las chances de realizar innovaciones sesgadas A respecto a las empresas sin departamentos formales (2.58 y 2.02 veces más respectivamente). Algo más débil se presenta el departamento de I+D dentro de las empresas las cuales eleva las chances de innovar en 1.99 veces respecto a las empresas sin estructuras departamentalizadas.

Respecto a la relación con el entorno, se destaca la poca significación que este grupo posee para las empresas que llevan a cabo conductas Sesgadas A de innovación. Solamente interactuar con organismos públicos del ámbito nacional incrementa un 67.7% las probabilidades de innovar con este tipo de conductas frente a no hacerlo.

Grupo de empresas con conductas de Innovación Sesgadas B

Respecto al segundo modelo planteado, éste se presenta con diferencias sustanciales respecto a los resultados obtenidos para el primer grupo de empresas. En relación con los determinantes referidos a las características estructurales de las firmas, resulta relevante destacar que el tamaño no es una variable que impacta en las chances de innovar con conductas Sesgadas B.

Sí se constata que las empresas más jóvenes (entre 3 y 15 años de antigüedad), presentan mayores chances de innovar con conductas Sesgadas B, respecto a las empresas de reciente creación (menor a 3 años). Las chances para el primer grupo se elevan a 1.30 veces respecto al segundo. Ello parecería a priori confirmar que existe un patrón de desarrollo de actividades de innovación que coincide con el desarrollo empresarial en el sentido de conectividad: en la medida que se realizan primero la adquisiciones de tecnologías incorporadas en los primeros años de desarrollo empresarial, luego se realizan actividades de innovación que suponen la preexistencia de cierto aprendizaje y desarrollo organizacional, que en este caso viene representado por la mayor trayectoria evolutiva de la empresa.

El mayor dinamismo en innovación de ciertas actividades industriales representado a través de una variable proxy que reflejara la taxonomía de Pavitt, no resultó significativa para el grupo de empresas bajo estudio, y no puede determinarse que la pertenencia a alguna de las ramas productivas con la taxonomía propuesta, sea un determinante de la adopción de una conducta innovadora Sesgada B.

En lo que respecta al grupo de determinantes de Desempeño Competitivo, la variable evolución de la productividad de las empresas en relación con las empresas que innovaron con conductas Sesgadas B con respecto a la categoría de referencia (No innovan), podemos observar que el valor positivo de b= 0.45 para la categoría Evolución Productividad en ascenso, indica que en las empresas que adoptaron conductas de innovación Sesgadas B aumenta la probabilidad de que éstas mejoren la productividad del empleo, y en efecto se presenta 1.57 más chances que en empresas que innovan con conductas Sesgadas B mejore la productividad del empleo, respecto a aquellas empresas en las cuales la productividad del empleo disminuyó. Ello indicaría a la vez, que llevar a cabo actividades de innovación endógenas repercute favorablemente en la labor de los trabajadores, siendo hasta recomendable llevar a cabo este tipo de conductas de innovación en contextos en los que se requiera aumentar el potencial del empleo.

El impacto que el mercado interno posee en las empresas bajo estudio es muy significativo: los locales industriales en los cuales la evolución de las ventas en el mercado interno se manifestaron en alza o estables en el último año, presentan menos probabilidades de innovar con conductas sesgadas B frente a aquellas cuyas ventas en el mercado interno disminuyeron (exp. b igual a 0.60 y 0.57 respectivamente).

En tanto que si es positiva la presión que ejerce la demanda externa en este tipo de empresas, en efecto, aquellas empresas cuya evolución en ventas en el mercado externo fue positiva o lograron exportar en los últimos dos años, evidenciaron 1.91 y 1.46 más chances de innovar con conductas Sesgadas B respecto a las empresas que no exportaron. Ello supone un doble efecto de las presiones del mercado: mientras que el mercado interno presiona sobre la adquisición de tecnología incorporada a las empresas, el mercado externo supone que las empresas deben concentrarse en realizar esfuerzos endógenos de innovación.

Aquellas empresas que declararon poseer los recursos humanos tanto en calificación como cantidad para realizar una expansión, presentan 1.59 veces más de chances de innovar con conductas Sesgadas B respecto a aquellos que presentan limitaciones en la dotación de recursos humanos. Ello determinaría que la mayor abundancia de trabajo presupone un estamento sobre el cual se basan el desarrollo de actividades de innovación endógenas. Asimismo, analizadas la incidencia que las actividades de capacitación poseen en este grupo de empresa, se releva que aquellas empresas que manifestaron haber realizado actividades de capacitación poseen más chances de innovar con conductas Sesgadas B que no hacerlo (1.65 más chances).

Para este grupo de empresas, implementar herramientas de calidad es significativo y coincide a la vez con sus estrategias en materia de innovación: aquellas empresas que declararon haber implementado herramientas de calidad en los últimos dos años, presentan más chances de innovar con conductas Sesgadas B que no hacerlo (1.48).

Las flexibilidad en la toma de decisiones y la presencia de estructuras departamentalizadas hacia el interior de las firmas resultan ser aspectos que más inciden en la definición de conductas de innovación Sesgadas B. Estas consideraciones incluyen principalmente a la existencia de Departamento de Ingeniería y de I+D, los cuales pareciera de allí emana este tipo de conductas: mientras que el primer de los departamentos explica 4.12 veces más de chances el segundo representa 4.53 veces más de chances de innovar con conducta Sesgada B. Asimismo el contar don Departamento de Diseño y de Control de Calidad es también relevante, con 2.62 y 2.68 veces más de chances.

Asimismo, el grupo de empresas que innovan con conductas Sesgadas B, comienzan a reconocer ciertos obstáculos presentes a la hora de innovar que no son percibidos por las empresas que no innovan. Así este tipo de empresas presentan más chances de reconocer obstáculos productivo (exp b igual a 2.87), obstáculos de costo-beneficios asociados al proceso de innovación (exp b igual a 2.55) y obstáculos asociados al reconocimiento de las innovaciones por el mercado, o las limitaciones que le impone el sector (exp b igual a 2.04).

Respecto a la relación con el entorno, se destaca la significación que este grupo posee para las empresas que llevan a cabo conductas Sesgadas B de innovación. En efecto aquellas empresas que declararon interactuar con el entorno con un solo objetivo y con más de un objetivo presentan 2.34 y 2.09 veces más chances de innovar con conducta Sesgadas B que no hacerlo. Para ello, no acuden a los organismos de Gobierno, en efecto interactuar con los organismos de Gobierno supone una disminución de las chances de innovar en un 47% menos para todos los organismos dependientes del Gobierno Local y Nacional y un 41% menos de chances de innovar con conductas Sesgadas B para el caso de empresas que acudan al Gobierno Nacional.

Grupo de empresas con conductas de innovación Balanceadas

Los resultados del modelo permiten inferir que en las empresas que desarrollan conductas de innovación Balanceadas, resulta importante el tamaño de la empresa. En efecto, aquellas empresas cuyo tamaño corresponde a la categoría de mediana empresa tienen 1.66 veces más chances de innovar con conductas Balanceadas respecto a las micro empresas.

Asimismo, se constata que las empresas más maduras, con más de 15 años de antigüedad en el mercado, presentan 1.55 veces más de chances de innovar con conductas Balanceadas si se las compara con el grupo de referencia de empresas de reciente creación con antigüedad en el mercado menor a tres años. Ello resulta relevante, toda vez que los procesos de innovación con conductas balanceadas pareciera seguir la tendencia anterior: supone en consecuencia, cierta trayectoria en el mercado y aprendizajes que posibiliten el desarrollo de este tipo de innovaciones. Las chances se reducen para el grupo de empresas de más de tres años hasta quince de antigüedad, pero aún son significativas y refuerzan la tendencia de la importancia en la trayectoria de la empresa (1.38 veces más de chances).

Iniciando los factores estructurales se evidencia que el sector caracterizado de acuerdo a la taxonomía de Pavitt como de Industrias proveedores especializados afecta a este grupo de empresas, y favorecería en principio la realización de actividades de innovación balanceadas con 1.76 más chances de innovar con este tipo de conductas que aquellas empresas que pertenecen a los sectores basados en la ciencia.

Dada la preeminencia de las actividades de I+D y la adquisición de licencias y conocimiento desincorporado en la conducta innovadoras de las empresas que pertenecen a este último sector, los resultados el ubican siguiendo a Milesi (2006),[375] el énfasis ingenieril puesto en las actividades de innovación y la vinculación preferencial con los clientes en las mismas, presente principalmente en el sector de Fabricación de Maquinaria y Equipo (tanto eléctrica como no eléctrica), parecería concentrar el esfuerzo innovador más allá de las actividades de innovación que pueden desplegar las empresas que pertenecen al sector basado en la ciencia.

En lo que respecta al grupo de determinantes de Desempeño Competitivo, se observa los locales industriales en los cuales la evolución de las ventas en el mercado interno se manifestó estable en el último año, presentan menos probabilidades de innovar con conductas balanceadas frente a aquellas cuyas ventas en el mercado interno disminuyeron. Resultado similar ocurre si se comparan a las empresas cuya evolución de ventas en el mercado interno fue favorable frente a las que disminuyeron sus ventas, aunque esta última no resultó estadísticamente significativa (exp b igual a 0.66 y 0.79 respectivamente).

En tanto que la presión que ejerce la demanda externa en este tipo de empresas, es mayor a los dos grupos anteriores analizados, en efecto aquellas empresas cuya evolución en ventas en el mercado externo fue positiva, evidenciaron 1.99 más chances de innovar con conductas Balanceadas respecto a las empresas que no exportaron. Ello refuerza el concepto de un doble efecto de las presiones del mercado, con los respectivos patrones de

---

375   D. Milesi, Patrones de Innovación en la Industria Manufacturera 0. LITTEC - UNGS - Documento de Trabajo n° 1, 2006, [en línea]. Disponible en: http://redmercosur.org.uy/iepcim/RED_MERCOSUR/biblioteca/ESTUDOS_ARGENTINA/ARG_108.pdf

especialización comercial, y su impacto en las conductas de innovación de las empresas: mientras que el mercado interno presiona sobre la adquisición de tecnología incorporada a las empresas, el mercado externo supone que las empresas deben concentrarse en realizar esfuerzos endógenos y balanceados de innovación.

Sí resulta significativa el perfil de las inversiones que realizan las empresas, en tanto que aquellas que realizan inversiones continuamente durante los dos últimos años, presentan 3.84 más chances de innovar con conductas Balanceadas respecto a la categoría de referencia no realiza inversiones. Las chances disminuyen en la medida que las inversiones sean esporádicas, significando un 87.4% más de posibilidades que realicen innovaciones con conductas Balanceadas, respecto a los que no invirtieron. Ello comprueba la complementariedad de las inversiones, mientras que no explican por sí solas conductas de innovación Sesgadas B sí se presentan con mayor intensidad su impacto en las empresas con conductas de innovación Balanceadas frente a las Sesgadas A, lo cual refiere que los procesos de inversión incluyen un set de activos y actividades desplegadas que se presentan más favorables a conductas Balanceadas que sesgadas exclusivamente a la adquisición de conocimiento incorporado en bienes de capital o know, how, licencias, patentes, etc.

La muestra relevada indica que aquellas empresas que manifestaron no poseer restricciones en infraestructura edilicia y/o de equipamiento para una eventual expansión, poseen más chances de realizar actividades de innovación con conductas Balanceadas (exp b igual a 1.41), con respecto a aquellas empresas que si argumentaron restricciones. De todos modos el impacto se presenta disminuido respecto al efecto que esta variable provoca en el grupo de empresas que desarrollan actividades de innovación Sesgadas A.

La capacidad financiera también resulta un aspecto importante para innovar con conductas Balanceadas, al respecto aquellas empresas que manifestaron poseer capacidad financiera para una eventual expansión, presentan un 63% más de probabilidad de innovar con este sesgo respecto a aquellas que declararon tener limitaciones en la capacidad financiera. Y este fenómeno se presenta ahora sí, más acentuado que en el grupo de empresas que desarrollan actividades de innovación Sesgadas A.

Para este grupo de empresas, implementar herramientas de calidad es aún más relevante aquellas empresas que declararon haber implementado herramientas de calidad en los últimos dos años, presentan más chances llevar a cabos conductas de innovación Balanceadas que no hacerlo (1.69).

La existencia de Departamento de Ingeniería, I+D y Diseño, eleva las chances de llevar a cabo actividades de innovación con conductas Balanceadas, sin embargo el impacto se presenta algo menor a lo evidenciado para las empresas que emprendieron actividades de innovación Sesgadas B (exp b igual a 3.99; 4.17 y 2.35 respectivamente). Algo más pronunciado frente a este grupo de empresas, se presenta con la existencia de Departamento de Control de Calidad, el cual explica 3.73 veces más de chances de innovar con conductas Balanceadas frente a no hacerlo.

De igual manera, el grupo de empresas que innovan con conductas Balanceadas, reconocen en mayor intensidad obstáculos de costo-beneficios asociados al proceso de innovación (exp b igual a 2.94) presentes a la hora de innovar respecto a las empresas con conductas Sesgadas B y menor intensidad que este último grupo de empresas reconocen obstáculos productivo (exp b igual a 2.76), y obstáculos asociados al reconocimiento de las innovaciones por el mercado, o las limitaciones que le impone el sector (exp b igual a 1.95).

Respecto a la relación con el entorno, se destaca la importancia relativa de la interacción con Cámaras y otras instituciones no gubernamentales y Universidades y Centros Tecnológicos; no presente en otros grupos de empresas. Aquellas empresas que declararon interactuar con Cámaras y otras instituciones no gubernamentales presentan 1.48 veces más chances de innovar con conducta Balanceadas que no hacerlo y el fenómeno se presenta en mayor intensidad si se releva la interacción con Universidades y Centros Tecnológicos, los cuales elevan las chances de llevar a cabo actividades de innovación con conductas Balanceadas en prácticamente 2 veces.

CAPÍTULO 7: CONCLUSIONES Y LIMITACIONES DE ESTUDIO

"...Como muchas de las habilidades que dan lugar a una ventaja competitiva, están basadas en el conocimiento, se deduce que el aprendizaje es un elemento fundamental de la estrategia competitiva. De hecho el conocimiento útil es aquel específico a la firma, por lo tanto se desprende que el desarrollo de las habilidades existentes internas a la empresa es probable que sea tan importante como la adquisición de tecnología externa, en la construcción de capacidad competitiva. En este contexto, los procesos innovadores son relevantes porque colaboran en desarrollar capacidades internas de la empresa, mejoran su capacidad para aprender sobre nuevas tecnologías, articula las características de la demanda con las posibilidades tecnológicas con y, en consecuencia, contribuye a mantener su posición de mercado frente a los cambios en las condiciones de la oferta o la demanda". (Geroski et al, 1993).[376]

Principales resultados respecto a los determinantes de las conductas de innovación de PYMES Industriales

Como se observó, el modelo logístico multinomial planteado permitió modelizar una serie de factores que impactaran en diferentes sentidos y magnitudes sobre las chances probabilísticas que posea una empresa para innovar bajo determinadas conductas. Tal como puede observarse de la salida del modelo en el Anexo III, el pronóstico global es lo suficientemente alto como para indicar que el modelo ajusta suficientemente a los datos observados (70.3%), destacándose la previsión casi perfecta que existe respecto a las empresas que no innovan (96%), lo cual permite aproximarnos en primer lugar, con una exactitud considerable, a las características distintivas que presentan las empresas innovadoras y no innovadoras.

Al exigirle al modelo tres categorías de conductas innovadoras provoca que la eficacia en términos de pronósticos para cada una de las categorías sea menor, sin embargo el objetivo no es exigirle al modelo que pronostique

---

376   P. Geroski, S. Machin y J. Reenen, The profitability of innovating firms. RAND Journal of Economics, vol. 24, nº 2, 1993.

hacia el interior de este grupo de empresas sino que nos indique los impactos que los diferentes determinantes planteados producen sobre cada una de las conductas innovadoras consideradas.

En el Capítulo 5, se ha relevado cada una de las variables independientes que explican la existencia de conductas innovadoras en las PYMES, restando en esta sección soslayar algunas conclusiones respecto a cada uno de los grupos de determinantes y cómo en definitiva su utilidad para comprobar las hipótesis de investigación.

Desempeño Competitivo de las firmas

La premisa fundamental que guió esta investigación consistió en considerar la innovación en PYMES como un proceso dinámico, en el que no sólo importan las competencias ya adquiridas por la firma, sino también su desarrollo constante. Dado el impacto macroeconómico que en general se presentó favorable para todas las actividades productivas del sector industrial, resulta relevante distinguir preliminarmente ciertos patrones por los cuales algunas firmas independientes de la posición, sector y desarrollo organizacional alcanzado, lograron un desempeño competitivo superior.

Tal como se observó en el Capítulo 4 y 5 de estadística descriptiva, las empresas que llevaron a cabo actividades de innovación presentaron una performance de negocios superior. Y en efecto, ingresando al interior de las empresas que declararon innovar encontrábamos ciertos indicios de un mejor desempeño para las empresas que habían llevado a cabo conductas balanceadas de innovación.

Ya en los resultados que se vierten del modelo, se puede destacar en primer lugar la orientación hacia el mercado interno de las empresas que innovan con conductas Sesgadas A y el sesgo exportador moderado de las empresas con conductas Sesgadas B y la fuerte orientación hacia el mercado externo de las empresas que innovaron con conductas Balanceadas.

De acuerdo a Lall (1992)[377] este comportamiento es plausible entre las PYMES, toda vez que los regímenes productivos orientados hacia el mercado interno fomentan el aprendizaje en la utilización de los recursos y el aprovechamiento de la capacidad instalada mientras que los regímenes productivos orientados hacia el mercado externo, promueven esfuerzos en reducir los costos de producción, mejoras de la calidad, nuevos diseños de productos, canales de comercialización y a menudo logran reducir la dependencia de la tecnología incorporada.

Milesi y Aggio (2008),[378] el enfrentarse a mercado externos supone esfuerzos adicionales para las PYMES consistentes con las actividades de innovación que en este trabajo se agrupan por las conductas Sesgadas B (I+D) interna y externa; Ingeniería y desarrollo industrial; Formación; Introducción nuevos métodos de comercialización). Lo interesantes de destacar es que las empresas con conductas Balanceadas presentan la mejor performance en materia de desarrollo exportador. Lo cual supone cierto aprendizaje en torno a la elección entre el desarrollo de tecnología propia o la contratación externa de tecnología.

Asimismo, las disímiles orientaciones de las conductas innovadoras en uno u otro grupo de empresas supone la participación en mercado con diferentes grados de desarrollo. La competencia constituye la base de los incentivos que afectan el desarrollo de capacidades. La competencia en el mercado interno es influenciada por el tamaño del sector industrial, su nivel de desarrollo y la diversificación, y las políticas gubernamentales que favorecen la entrada de empresas, la salida, la expansión, los precios, las inversiones, etc. La

377   S. Lall, Technological Capabilities and Industrialization. World Development, Vol. 20, No. 2, pp. 165-186, 1992.

378   D. Milesi y C. Aggio, Éxito exportador, innovación e impacto social. Un estudio exploratorio de PYMES exportadoras latinoamericanas. Banco Interamericano de Desarrollo WorkingPaper, junio 2008,   [en línea] Disponible en: http://www.fundes.org/publicaciones/Documents/Exito%20exportador,%20innovacion%20e%20impacto%20social.pdf

competencia internacional puede ser aún más estimulante y tecnológicamente saludable para el desarrollo de la competencia interna (Lall, 1992).[379]

El desarrollo de tecnología propia puede ofrecer algunas ventajas frente a su adquisición externa. Quizás la más importante está en el mantenimiento de la ventaja competitiva de la empresa cuando esta ventaja está basada en sus recursos de conocimientos propios:

Específicamente en lo que respecta a las observaciones en el sector manufacturero argentino, esta premisa se presenta en consecuencia con más fuerza en las empresas con conductas Balanceadas donde la combinación de esfuerzos de innovación pareciera ofrecer una ventaja adicional a las empresas que implementan conductas Sesgadas B respecto a la potencialidad de desarrollar mercado externos. Siguiendo a Von Hippel (1995),[380] la mayor cercanía a mercados externos por parte de las empresas, les brinda a estas últimas, información clave sobre la necesidad de la demanda pero la obliga a esfuerzos adicionales en materia de prácticas innovadoras que no se producirían si permanecieran enfocadas en el mercado interno.

Respecto a la orientación al mercado interno, es importante destacar la relevancia negativa que tiene para las empresas que llevan a cabo conductas de innovación Sesgadas B y Balanceadas, el desarrollo del mercado interno. En efecto:

Si la estrategia de la empresa consiste en su el posicionamiento en el mercado interno, la adquisición de maquinaria y equipo informático y otros conocimientos externos (conductas innovadoras Sesgadas A); actúa como un factor que eleva las chances de lograr este desarrollo frente a las que no innovan, principalmente a través de la modernización tecnológica y los beneficios que de allí se desprenden respecto a la posibilidad de obtener beneficios

379   S. Lall, Technological Capabilities and Industrialization. World Development, Vol. 20, No. 2, pp. 165-186, 1992.

380   E. Von Hippel, Concepción y desarrollo de nuevos productos por los clientes. En Gestión de la Innovación Tecnológica Edward Roberts Clásicos COTEC Iberdrola Ed., Cap. 7, 1995.

de mercado interno. Claramente ello supone la existencia de una ventaja competitiva estática de las empresas que primero introducen innovaciones frente a sus competidores en el mercado local que no lo hicieron. A la vez, la focalización estratégica en el mercado interno, supone menores chances en performance en el mercado interno para las empresas que llevan a cabo conductas innovadoras Sesgadas B.

Ello revaloriza la importancia que tiene la adquisición de tecnología externa dentro del sector industrial, caracterizado para el período 2006-2008 por fuertes restricciones en término de capacidad instalada y obsolescencia de la tecnología y a la vez indica que las actividades de innovación Sesgadas B (I+D) interna y externa; ingeniería y desarrollo industrial; formación; introducción nuevos métodos de comercialización) no logran por sí solas un impacto diferenciador en el desarrollo del mercado interno para la empresa. El efecto en el mercado interno que produce innovar con conductas Balanceadas es positivo pero influenciado por la adquisición de conocimiento externo dentro de las actividades y naturalmente en menor medida al impacto que provoca llevar a cabo conductas innovadoras Sesgadas A.

Respecto a la variable proxy de productividad (EVOL_PROD), se observa claramente la posición de las PYMES industriales respecto a la coyuntura económica que propusieron los últimos dos años, y el acervo de capital vigente en ellas. Así la disminución de la productividad del empleo actúa como un factor moderador clave en la resolución de actividades de innovación Sesgadas A. Si bien ello es evidente, toda vez que las restricciones productivas se intentan resolver con la adquisición de tecnología externa, nos proporciona una mirada de la naturaleza analizadora de este grupo de empresas siguiendo el criterio de Miles y Snow (1978)[381]. En tanto en el otro extremo, la mejora de la productividad del empleo se asocia con mayor intensidad en empresas que llevan a cabo conductas Sesgadas B, actuando más como empresas defensivas si se sigue la misma metodología de estos autores. Ello indica, en consecuencia que:

---

381   Defensivas: aquellas que no se arriesgan orientándose a nuevas actividades, buscando la eficiencia y la mejora continúa en los procesos actuales. Las principales innovaciones que suelen aplicar estas empresas se relacionan con el proceso productivo -en busca de una mayor eficiencia- o con la gestión. En tanto las analizadoras: invierten rápidamente en los productos en las éstas obtienen éxito.

Las actividades de innovación concentradas en I+D interna y externa; ingeniería y desarrollo industrial; formación e introducción nuevos métodos de comercialización, impactarían en la mejora de eficiencia y utilización de la capacidad de producción, evidenciándose en empresas que han realizado actividades de innovación Sesgadas B más chances de obtener mejores performance en ventas con menor crecimiento de dotación de empleo.

Para finalizar con este apartado y respecto al desempeño que han tenido las inversiones productivas en las empresas en los últimos años, se destaca la importante correlación existente entre el nivel de inversiones alcanzado y la realización de actividades de innovación con conductas Balanceadas y Sesgadas A. Ello comprueba la complementariedad de las inversiones, tal como sugieren Porter y Siggelkow (2001)[382] o bien Tang (2006),[383] en cuanto los procesos de inversión en PYMES son favorables a la adquisición de un set de activos que permiten el marco para el desarrollo más favorable a conductas balanceadas de innovación. Asimismo, aquellas que llevan a cabo a conductas de innovación balanceadas se encuentran más proclives a realizar inversiones que las empresas Sesgadas A[384].

El siguiente gráfico resume los hallazgos en materia de desempeño competitivo relevado para cada uno de los grupos de firmas innovadoras. En suma, se evidencia en conjunto un mejor desempeño competitivo para las empresas que llevaron a cabo actividades de innovación con conductas balanceadas. En resumen este grupo de empresas, poseen más chances de desarrollar mercados externos, realizar inversiones, y presentan un índice de productividad superior a las empresas con conductas sesgadas. Sí resulta

---

382   M. Porter y N. Siggelkow, Contextuality within Activity Systems, Academy of Management Proceedings. Harvard Business Review, 2001.

383   K. Tang, Competition and innovation behavior. Research Policy n° 35, pp. 68-82, 2006.

384   Obsérvese que no necesariamente debe prevalecer un concepto de aditividad en el sentido que actividades de innovación balanceadas exijan mayores inversiones, ya que de la complementariedad de actividades pueden reforzarse entre sí y aumentar la eficacia de cada una de las actividades individuales (Tang, 2006). Sin embargo los datos parecen relevar que mayor inversión si fraccionaría conductas de innovación más balanceadas.

relevante destacar, el fuerte impacto que presenta el llevar a cabo conductas Sesgadas A de innovación para el desarrollo del mercado interno y conductas Sesgadas B para la mejora de la productividad del empleo.

Ello plantea las ganancias en término de competitividad que se pueden obtener desplegando una y otra conducta, ya no como acción delibera sino en un sentido estratégico[385]:

Gráfico 13: Desempeño competitivo y conductas innovadoras en la comprobación de la segunda Hipótesis de investigación.

Indicador	Impacto sobre las conductas innovativas	TARGET (Conductas innovativas)		
		Sesgadas A	Sesgadas B	Balanceadas
EVOL_PROD	(+)/(-)	○○●	●○○	○○○
EVOL_DEM	(+)/(-)	●○○	○●○	○○●
EVOL_INV	(+)	●○○	●○○	●○○
EVOL_EXP	(+)/(-)	○○●	●○○	●○○

Categoria de referencia: No realizan actividades de innovación

Fuente: Elaboración propia.

Aquellas empresas que desean estratégicamente incrementar su posicionamiento en el mercado interno, deberían incorporar conocimiento externo a la firma que las diferencie de sus pares competidores, pero ello sin embargo no implica mejoras en término de productividad ya que se

---

385   El término de estrategia fue acuñado por Lugones et al (2005) en su trabajo, no obstante en este documento se ha omitido el concepto de estrategia atento a que se relevaron acciones en términos de realización de actividades de innovación que refieren aspecto más conductuales que pueden llegar a representar incluso el resultado de una estrategia previamente deliberada.

caracterizan principalmente por presentarse con niveles de productividad bajos, siendo este último concepto quizás el factor de motivación que las lleva a decidir estratégicamente por la adquisición de conocimiento externo. Las ventajas competitivas que poseen estas empresas son estáticas, temporales, circunstanciales presentes hasta que los competidores puedan llevar a cabo la misma adquisición de conocimiento. En consecuencia sólo se presentarán ventajas competitivas entre las firmas hacia el interior de los sectores productivos, y estas perdurarán el tiempo que los competidores de las firmas que primero introducen innovaciones puedan imitarlas y lograr la escala y acceso al financiamiento que permitan llevar a cabo las inversiones que realizaron las firmas pioneras.

Por otra parte, las mejoras de productividad se presentan con más chances en aquellas empresas sesgadas hacia las actividades de innovación que no conciben a la tecnología generada externamente como el móvil de la innovación (Sesgadas B) y en última instancia las conductas Balanceadas de innovación constituyen el vehículo por el cual las PYMES pueden acceder a mercados externos con mejoras de productividad y desarrollo de capacidades mediante la presencia de mayores inversiones.

Las conclusiones hasta aquí vertidas nos llevan a comprobar que:

Una equilibrada combinación entre las distintas actividades de innovación incrementa el impacto positivo de las mismas en materia de desempeño competitivo. Una estrategia innovadora debe ser balanceada, esto es, debe combinar esfuerzos exógenos y endógenos.

Contexto y estructura de las firmas

El análisis de los factores moderadores asociados al contexto y estructura de las firmas, y resumidas sus significaciones y aportes en términos del modelo de acuerdo a lo planteado en el apartado 6.3 del presente documento, permite inferir que en los hechos estilizados el aumento de la escala de producción favorece el ámbito para llevar a cabo conductas de innovación Sesgadas A, de modo que se cumple la relación positiva entre tamaño y actividad innovadora que describen numerosos autores y a los cuales se los ha mencionado en el marco teórico del trabajo. El hecho que aquí nos detiene, es la implicancia que el tamaño de la empresa posee para las conductas Sesgadas B y Balanceadas de innovación; en efecto, la escala no influye en el primer grupo empresas, y sólo es determinante en el caso de las medianas empresas para el segundo grupo.

Ello en principio refuerza la naturaleza reactiva de las conductas Sesgadas A, las cuales incorporan tecnologías externas como modo de superar las restricciones que en materia de producción y utilización de escala se le presentan. Sin embargo la escala mediana (léase en realidad las empresas de mayor tamaño de la muestra), comienza a ser el ámbito de operación para las conductas Balanceadas de innovación. Ello supondría la presencia de una secuencia de conductas a medida que la escala de operaciones comienza a ampliarse. Sin embargo el reconocimiento de la existencia de procesos interactivos de innovación y complementariedades en las actividades no permite en esta instancia realizar una afirmación en este sentido.

La evolución de la empresa, determina una serie de aprendizajes, los cuales se producirán bajo patrones determinados para cada firma. Sin embargo el proceso de aprendizaje contribuye a la conformación de un stock de inteligencia organizacional, entendiéndolo como la capacidad de la organización para relacionarse con un entorno de la forma mejor posible para el despliegue de sus facultades y la realización de sus objetivos. En lo que respecta al grupo de empresas bajo estudio, se constata que las empresas más maduras, presentan más chances de innovar mediante conductas Balanceadas en tanto que las conductas innovadoras Sesgadas A son más asiduas a presentarse en empresas de reciente creación (menor a tres años), y las conductas Sesgadas B son reservadas para las empresas temporalmente intermedias.

La organización, afectada por una serie de condicionantes, que se le presentan como obstáculos y/o recursos, evoluciona y cambia, al tiempo que incide en los mismos condicionantes. Es, pues, un proceso abierto al tiempo y al espacio, en el cual el tiempo y el espacio son a la vez variables referenciales y resultado.

Ello confirma ciertas afirmaciones de otros autores (Pavitt y Wald, 1971; Acs y Audretsch, 1991[386]) en lo específico a la importancia que la adquisición de conocimiento presenta en las primeras etapas del ciclo de vida de las empresas. Las oportunidades tecnológicas son más fáciles de detectar en las fases iniciales de desarrollo donde se debe satisfacer una demanda concreta de mercado. En la madurez, cuando la innovación de los productos desempeña un papel muy importante en el posicionamiento inicial de la empresa en el mercado, requiere de esfuerzos complementarios coincidentes con las conductas Balanceadas de innovación.

Un lugar especial asume las actividades y localización de las empresas bajo estudio. En efecto se ha relevado que las industrias con proveedores especializados son los que más chances presentan de innovar con conductas Sesgadas A, seguidas por las industrias dominadas por proveedores y las industrias intensivas en escala, si se las compara con las industrias basadas en la ciencia. En cambio, no puede determinarse que la pertenencia a alguna de las ramas productivas con la taxonomía propuesta, sea un determinante de la adopción de una conducta innovadora Sesgada B. Finalmente se presenta esta taxonomía con rasgos distintivos para el grupo de empresas con conductas Balanceadas y sólo en el caso de industrias con proveedores especializados.

386   Z. Acs y D. Audretsch, Innovation and Size at the Firm Level, Southern Economic Journal, Vol. 57, No. 3, pp. 739-744, (enero 1991).

Observamos que el sector que incluye a las industrias de proveedores especializados (Fabricación de maquinaria y equipo n.c.p., y otras actividades industriales) y las industrias basadas en el ciencia (Fabricación de maquinaria y aparatos eléctricos y Sustancias y productos químicos), son los sectores más dinámicos en término de actividades de innovación que llevan a cabo las empresas que pertenecen a estas actividades. El siguiente gráfico, recoge la distribución del comportamiento innovador para la totalidad de las taxonomías propuestas:

Gráfico 14. Taxonomía de sectores tecnológicos y conductas de innovación.

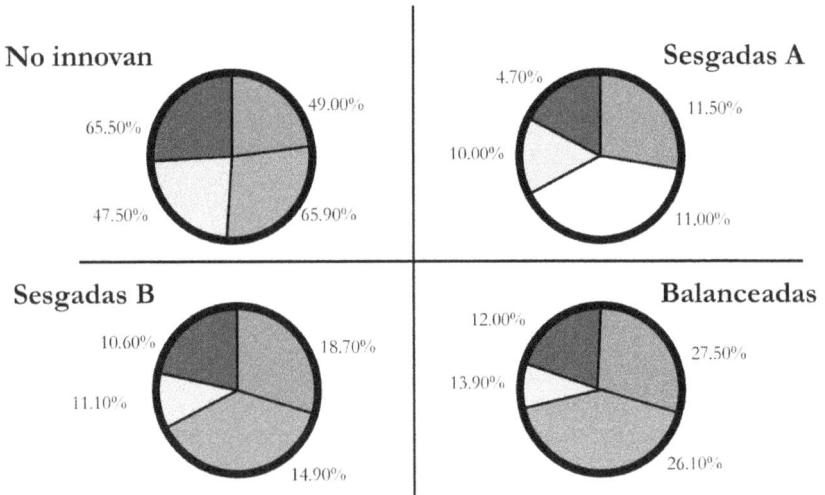

Fuente: Elaboración propia.

Siguiendo el Gráfico 14, se puede observar: i) la mayor propensión innovadora de las empresas pertenecientes a los sectores proveedores especializados (Fabricación de maquinaria y equipo n.c.p., y otras actividades industriales) e industrias basadas en la ciencia (Fabricación de maquinaria y aparatos eléctricos y Sustancias y productos químicos); ii) la escaza representación que las empresas pertenecientes a las Industrias Basadas en la ciencia poseen en el total de empresas que innovaron con conductas Sesgadas A, aunque sí su participación es significativa en lo que respecta al grupo de empresas que innovaron con conductas Balanceadas. En el otro extremo, las empresas correspondientes a las Industrias de proveedores especializados, se destacan mayoritariamente en el grupo de empresas que innovan con conductas Sesgadas A, y un porcentaje similar al grupo de empresas basadas en la ciencia, innovan con conductas Balanceadas.

Se resignifica en consecuencia la importancia que las conductas Sesgadas B y Balanceadas presentan para las empresas basadas en la ciencia (a partir de desarrollar dentro de estas conductas principalmente las actividades de I+D que capta una considerable atención del fenómeno) y la trascendencia que tiene para las empresas que pertenecen a la industria de proveedores especializados el llevar a cabo conductas innovadoras Sesgadas A y Balanceadas (movilizados principalmente a partir de la adquisición de conocimientos externos que son complementados con conocimiento internos).

En síntesis, los aspectos contextuales y estructurales intervienen en la elección de diferentes conductas de innovación, y se presentan rasgos diferenciales para cada una de ellas. A continuación, se resumen los principales hallazgos:

Recursos y capacidades de las firmas

La adquisición de tecnología incorporada (conductas innovadoras Sesgadas A) se presenta con más chances en contextos de mayor abundancia del factor trabajo, lo cual también es coincidente con la importancia que la merma en la productividad del empleo, posee para la aparición de esta estrategia de innovación, bajo supuestos de mayor abundancia relativa del factor trabajo en relación al capital. A la vez refleja la necesidad de complementariedad de los recursos, ya que el aumento de la escala se presenta con dotaciones creciente de mano de obra y adquisición de tecnología.

304

Las probabilidades disminuyen para el caso de las empresas que innovan con conductas Sesgadas B, y no han resultado significativas para las empresas con conductas Balanceadas de innovación. Ello refleja, en definitiva, el considerable sesgo que la escala, la utilización de la capacidad instalada y la productividad del empleo, provocan en la elección de una u otra conducta innovadora. También refiere a un concepto de percepción en el sentido que las nuevas tecnologías que se incorporan en entornos con conductas Sesgadas A, no presenta limitaciones respecto a requerimientos de personal y sus cualificaciones en el proceso de absorción que conlleva el cambio tecnológico.

Asimismo, la capacidad financiera resulta un aspecto crucial para innovar con conductas Sesgadas A y más aún con conductas Balanceadas, pero no es un factor relevante para las empresas que innovan con conductas Sesgadas B. En tanto que la capacidad productiva es relevante también para las dos primeras, suponiendo un punto de partida sobre el cual se pueden liderar procesos innovadores. En efecto:

Las chances de innovar con conductas Balanceadas conforme no existen restricciones de infraestructura ni financieras son más elevadas que en el caso de las empresas que innovan con conductas Sesgadas A. Reafirmando la importancia que los aspectos estructurales poseen en las conductas innovadoras, puesto que las mayores inversiones, la mayor escala de producción, y la ausencia de condicionantes productivos y financieros elevan las chances que las empresas puedan llevar a cabo conductas Balanceadas de innovación. Por otra parte, los determinantes de índole productivos como los que se acaban de mencionar, no parecen explicar la realización de actividades de innovación con conductas Sesgadas B.

Un factor distintivo alcanza la inversión en capacitación que realiza la firma, la cual se presenta a menudo más en las empresas que innovan con conductas Sesgadas A que las que no realizan innovaciones, promoviendo la adquisición de tecnologías esfuerzos incipientes en la codificación, asimilación y creación de conocimiento, aunque se reconoce no se ha relevado el destino de esa capacitación. Por otra parte, realizar actividades de capacitación también eleva las chances que las empresas innoven con conductas Sesgadas B (aunque con menos intensidad que las Sesgadas A) y Balanceadas (con mayor intensidad que las Sesgadas A), habida cuenta de una estrecha relación entre capacitación y las actividades de formación previstas en estas conductas innovadoras. Si bien el relevamiento impide analizar específicamente los determinantes de esta relación, se presentan mutuamente dependientes y en definitiva se reconoce:

Una relación positiva entre mayor inversión en la formación de recursos humanos conforme las conductas son más balanceadas. Ello contribuye a la construcción de capacidades dinámicas (Teece et al, 1997)[387] desde una lógica de dimensión cambiante y evolutiva del proceso de construcción de capacidades, donde la formación ocupa un lugar relevante dentro de las capacidades organizacionales y la acumulación de nuevas habilidades y conocimientos[388].

De acuerdo a La Rovere y Hasenclever (2003),[389] mediante la inversión en aprendizaje, las firmas aumentan tanto su base de conocimiento y de cualificación (o competencias esenciales) como su habilidad de asimilar y usar informaciones futuras (conocida como capacidad de absorción). Ello se condice, con la mayor exigencia en término de complementariedad de actividades de innovación que supone las conductas Balanceadas.

Las estructuras formales hacia el interior de la firma también promueven

---

387   D. Teece, G. Pisano, A. Shuen, Dynamic Capabilities and Strategic Management. Strategic Management Journal, vol. 18, n° 7, pp. 509-533, agosto, 1997.

388   Al respecto la mayor integración de conocimientos que supone llevar a cabo conductas balanceadas en contextos de formación creciente de los recursos humanos, es altamente valorada en la construcción de nuevas capacidades. Siguiendo a Vargas (2.006), la capacidad de mezclar nuevos y viejos conocimientos acumulados, las capacidades de integración son básicamente capacidades organizacionales. La firma requiere de la generación de arreglos organizacionales específicos que le permitan la integración de conocimientos fragmentados y la creación de nuevas competencias.

389   R. La Rovere y L. Hasenclever, Innovación, competitividad y adopción de tecnologías de la información y de la comunicación en pequeñas y medianas empresas: algunos estudios de caso sobre Brasil. Instituto de Economía, Universidad Federal de Río de Janeiro, Brasil, working paper, 2003, [en línea]. Disponible en: http://www.littec.ungs.edu.ar/eventos/renata%20la%20rovere%20y%20lia%20hasenclever.pdf

en principio la adquisición de tecnologías incorporadas. En efecto, aquellas empresas con Departamentos de Control de Calidad e Ingeniería más que duplican las chances de realizar innovaciones sesgadas A respecto a las empresas sin departamentos formales.

Aún más acentuado es el fenómeno con la existencia de Departamento de I+D, Ingeniería, Diseño y Control de Calidad como condicionales claves para el desarrollo de conductas innovadoras Sesgadas B. En el caso de las empresas con conductas Balanceadas si bien, se destaca la presencia de todas aéreas formales mencionadas, se revaloriza el Departamento de Control de Calidad en las chances de innovar con esta clase de conducta.

Estos resultados implican algunas consideraciones en torno al proceso de innovación en las empresas bajo estudio:

Existe una fuerte dependencia de las actividades de innovación en I+D interna y externa; ingeniería y desarrollo industrial; formación; introducción nuevos métodos de comercialización (Sesgadas B) que provienen de la existencia previa de Departamentos de I+D, Ingeniería, Diseño y Control de Calidad. El fenómeno es más acentuado en el caso de las empresas con conductas Balanceadas, y se reduce solamente a la existencia de Departamento de Ingeniería y Control de Calidad para el caso de las empresas con conductas Sesgadas A de innovación.

Las presencias de los Departamentos actúan como fuentes de innovación interna a las empresas, y promueven tal cual proponen Scott y Bruce (1994),[390] un clima interno favorable a la innovación. La existencia de estas aéreas especializados, tal como afirman Prajogo et al (2007),[391] indican

---

390   S. Scott y R. Bruce, Determinants of Innovative Behavior: A Path Model of Individual Innovation in the Workplace, The Academy of Management Journal, Vol. 37, No. 3, pp. 580-607, junio, 1994.

391   D. Prajogo, A. Sohal, T. Laosirihongthong, S. Boon-itt, Manufacturing strategies and innovation performance in newly industrialised countries. Industrial Management & Data Systems, Vol. 107, No. 1, pp. 52-68, 2007.

que los determinantes de la innovación de las empresas dependen de la infraestructura de una organización, y las capacidades innovadoras, que están representadas por la gestión de la tecnología, la gestión de la I+D, y la estrategia de negocio. Como ya se ha comentado, no se han relevado aspectos de estrategia innovadora en este trabajo, pero el considerar la formación de aéreas especializadas de factores claves en el desempeño innovador es posible reconocer la aparición de estrategias deliberadas de las empresas atento a que su conformación supone asignación de recursos, seguramente en un contexto de análisis costo/beneficio previo.

Por último, siguiendo el Modelo de Marquis (1969)[392] y principalmente los modelos de cuarta generación, se destaca la posible interacción que puede surgir entre los departamentos que explican en definitiva el desarrollo de actividades de innovación principalmente Sesgadas B y Balanceadas. Si bien no se relevado, es posible que el desarrollo de las innovaciones tenga lugar en un grupo multidisciplinar cuyos miembros trabajan juntos desde el comienzo hasta el final.

Como conclusión final, la existencia de una adecuada capacidad de innovación, desarrollo, diseño y testeo de productos y procesos dentro de la firma, tanto en lo atinente al stock de recursos materiales como al personal técnico y científico dedicado a tales actividades, se presenta como otro de los factores que facilitan la gestión de la innovación en las PYMES y ello contribuye al aumento del Capital Organizacional.

Finalizando con los determinantes agrupados en los Recursos y Capacidades de las firmas, encontramos que la filosofía de la gestión de Calidad posee un considerable impacto en las posibilidades que poseen las PYMES para innovar con conductas Sesgadas B y Balanceadas, pero no determina las conductas de innovación Sesgadas A. Ello se encuentra en línea que se propone respecto a la multi-dimensionalidad de la Administración Total de

392   D. Marquis, The Anatomy of Succesfull Innovations. En Innovation, vol.1, n°7, noviembre, 1969.

la Calidad, y el Aprendizaje Total de la Calidad, en el sentido que la gestión de la calidad promueve cambios en las estructuras organizativas, lleva a las mejores prácticas en torno a la gestión de los recursos humanos, los recursos organizacionales, los recursos comerciales, y la gestión del conocimiento, que actúan como fuente de ideas innovadoras. Todos estos determinantes tienen que ver con prácticas relacionadas con la gestión de las herramientas de calidad. En síntesis, la filosofía de calidad total promueve entre otros factores:

La motivación y el empowerment de los empleados, el trabajo en equipo, el liderazgo, la cooperación, la orientación al mercado, o el enfoque en el Cliente colaboran en el desarrollo de climas propicios para la actividad innovadora. La mayor flexibilidad organizacional, entendida como la capacidad existente en las firmas, necesaria como para adaptarse e inclusive, adelantarse a los rápidos cambios que se producen en el entorno en términos de nuevos productos, preferencias de los consumidores o aparición de tecnologías novedosas, promueven actividades de innovación balanceadas[393].

Por último, analizando el último de los determinantes asociados a los recursos y capacidades de las firmas, se relevaron las percepciones asociadas a las limitaciones para llevar a cabo actividades de innovación.

Si bien en el panel general de empresas existe una considerable paridad respecto al reconocimiento de obstáculos por la totalidad de las empresas, se destaca aquellas limitaciones a la innovación consistentes con aspectos económicos de la misma, ya sea por las inversiones que exigen o por la menor proyección económica que por sobre sus resultados se realiza. Para este grupo de empresas, los riesgos económicos se perciben excesivos, no acceden a fuentes de información y los costos de innovación son demasiado elevados.

Otro grupo de empresas, considera la falta de información sobre mercados, barreras de normas y estándares, y la falta de sensibilidad de los clientes a

---

393   Al respecto Nonaka y Takeuchi (1.995) sugieren que son las organizaciones más flexibles y planas, las que permiten el ámbito para la interacción activa entre trabajadores y la generación de ideas creativas.

nuevos bienes o servicios (obstáculos de mercado o sector que participa) como los principales límites a la innovación. Ya en menor medida, se presentan los obstáculos productivos compuestos por: falta de información sobre tecnología y de personal calificado y rigideces de organización en la empresa.

Los resultados indican que no existen evidencias para afirmar diferencias entre las empresas que innovan con conductas Sesgadas A y las que no llevan a cabo actividades de innovación. En tanto que sí comienza a ser relevante para las empresas que llevan a cabo conductas Sesgadas B de innovación en relación con las que no innovan. Este tipo de empresas presentan más chances de reconocer obstáculos productivos, obstáculos de costo-beneficios asociados al proceso de innovación y obstáculos asociados al reconocimiento de las innovaciones por el mercado, o las limitaciones que le impone el sector en última instancia. En tanto que las empresas con conductas Balanceadas, reconocen en mayor intensidad obstáculos de costo-beneficios asociados al proceso de innovación y en menor intensidad obstáculos productivo, y obstáculos asociados al reconocimiento de las innovaciones por el mercado, o las limitaciones que le impone el sector.

Estos resultados, se encuentra en estrecha relación con los determinantes estructurales de las firmas, en torno a la mayor presencia de empresas que innovan con conductas Balanceadas en sectores de proveedores especializados y basados en la ciencia, lo que obliga en principio a inversiones mayores para comandar las actividades de innovación, y los beneficios son incluso más impredecibles. (Ver Gráfico 15).

Relación con el entorno

Respecto a la relación con el entorno, se destaca la poca significación que posee para las empresas que llevan a cabo conductas Sesgadas A de innovación, que solamente interactúan con organismos públicos del ámbito nacional que se dirigen a la problemática PYME.

Algo más desarrollado se encuentra el capital relacional en empresas que innovan con conductas Sesgadas B y Balanceadas. Las primeras se relacionan más con el entorno que el segundo grupo de empresas, si se considera la medida de intensidad de la interacción a través de los objetivos que se persiguen en el desarrollo del vínculo. Así mismo acuden a fuentes externas no gubernamentales, de hecho, para las empresas que llevan a cabos conductas Sesgadas B, la interacción con el Gobierno no favorece el desarrollo de innovaciones.

Gráfico 15. Recursos y capacidades de las firmas y conductas de innovación

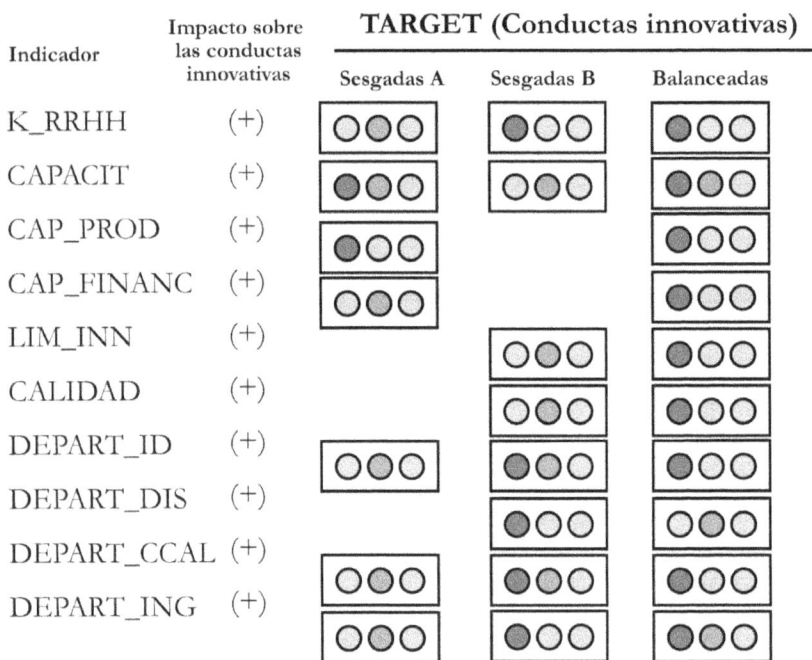

Indicador	Impacto sobre las conductas innovativas	TARGET (Conductas innovativas)		
		Sesgadas A	Sesgadas B	Balanceadas
K_RRHH	(+)	○○○	●○○	●○○
CAPACIT	(+)	●○○	○○○	●○○
CAP_PROD	(+)	●○○		●○○
CAP_FINANC	(+)	○○○		●○○
LIM_INN	(+)		○○○	●○○
CALIDAD	(+)		○○○	●○○
DEPART_ID	(+)	○○○	●○○	●○○
DEPART_DIS	(+)		●○○	○○○
DEPART_CCAL	(+)	○○○	●○○	●○○
DEPART_ING	(+)	○○○	●○○	●○○

Categoria de referencia: No realizan actividades de innovación

Fuente: Elaboración propia.

Situación diferente ocurre con las empresas que declararon innovar con conductas Balanceadas, las cuales reconocen menores objetivos de búsqueda, pero destacan la importancia relativa de la interacción con Cámaras y otras instituciones no gubernamentales y el fenómeno se presenta en mayor intensidad si se releva la interacción con Universidades y Centros Tecnológicos.

Básicamente, la teoría subyacente del sistema de innovación representa el análisis sobre los procesos de aprendizaje imperfectos, aunque racionales de agentes y organizaciones. Se supone que las organizaciones y los agentes tienen una capacidad para aumentar sus competencias a través de la búsqueda y el aprendizaje y que lo hacen en interacción con otros agentes, y que esto se refleja en los procesos de innovación y los resultados en forma de innovaciones y nuevas competencias. Los procesos de la creación de competencias y la innovación son el punto focal del sistema de innovación en el análisis. La atención se centra en la manera duradera de las relaciones y patrones de dependencia y la interacción, las cuales se establecen, evolucionan y se disuelven con el tiempo.

La distinta naturaleza de las fuentes externas con las que se vinculan las PYMES innovadoras está relacionada, como proponen Malerba y Orsenigo (2000), con oportunidades científicas y tecnológicas, que lleva a las empresas que innovan con conductas Sesgadas A en la necesidad interactuar principalmente con el Estado Nacional a través de programas de fomento a PYMES enfocados en la promoción al acceso a recursos estratégicos. En cambio, en la medida que las conductas innovadoras son complementarias se exige la necesidad de contar con conocimientos que no se encuentran fácilmente en el mercado y las obliga a una búsqueda más eficiente. Son en estos casos, donde el entorno colabora a través de conocimientos científicos o tecnológicos desarrollados en las empresas o de otras organizaciones como las universidades, laboratorios de investigación.

Conclusiones preliminares

Los diferentes determinantes de las conductas innovadoras relevados, nos permite concluir que efectivamente se presentan patrones diferentes de innovación. Del resultado del modelo econométrico, se pueden agrupar las principales conclusiones en término de las diferentes conductas innovadoras:

En función de haber destacado los aspectos más relevantes de los determinantes de las conductas innovadoras, a través primero del análisis de la significación estadística entre las distintas variables y luego, en el marco de un modelo logístico multinomial, se ha llegado a la conclusión que efectivamente las conductas innovadoras pueden ser determinadas por una serie de factores que las modifican e incluso definen su procedencia en determinados contextos. Al respecto se valida lo siguiente:

Las conductas de innovación de las PyMEs industrial en la 0 son determinadas por factores moderadores asociados a sus características contextuales y estructurales, desempeño competitivo, recursos y capacidades y su relación con el entorno.

Las conductas de innovación de las PYMES industriales en la 0 son determinadas por factores moderadores asociados a sus características contextuales y estructurales, desempeño competitivo, recursos y capacidades y su relación con el entorno

Limitaciones presentes en el actual estudio

A diferencia de la mayoría de los estudios de innovación en empresas, este trabajo se concentra únicamente en las motivaciones y determinantes que llevan a las PYMES de un sector específico (manufacturero) a llevar a cabo actividades de innovación. No se han indagado aquí los outputs de la innovación salvo aquellos aspectos que por construcción teórica moderaban las conductas de innovación de las empresas.

Uno de los objetivos principales de este trabajo consiste en avanzar en el estudio de la dinámica de innovación de las PYMES industriales, con el fin de conocer si llevar a cabo conductas de innovación que se enfoquen no solamente en la adquisición de conocimiento incorporado a bienes de capital o en forma de licencias, patentes, know how, determinan un impacto en las firmas superior a las que sólo se concentran en estas actividades innovadoras. Ello obliga a realizar supuestos respecto a la construcción de una taxonomía que releve las conductas innovadoras, que se aplica a este trabajo pero que dependerá en definitiva de las situaciones de contexto, si puede aplicarse a otros estudios similares.

Particularmente se reconocen en otros estudios taxonomías que proponen analizar sesgos diferentes en la actividad innovadora, pero generalmente se concentran en el output de innovación (radical/incremental; de procesos o productos/no tecnológicas, etc.) o bien cuando los enfoques se ubican en los inputs, en general se opera sobre indicadores de esfuerzos innovadores que tienen en cuenta las distintas proporciones del gasto de innovación de acuerdo a las actividades relevadas, o bien se pondera a la actividad de investigación y desarrollo interna como proxy del desarrollo de conocimiento endógeno, agrupándose al resto de las actividades en una o más variables proxy de conocimiento exógeno. Asimismo, otros autores relevan los procesos de absorción asociados a la incorporación de conocimiento exógeno a través de diferentes determinantes.

Las particularidades que este estudio propone es la construcción de una taxonomía concentrada en los aspectos conductuales y de percepción de los procesos innovadores por parte de las empresas. Entendiendo, en consecuencia, que la percepción en el entramado PYME de nuestro país es un determinante clave de la configuración de sus estrategias primero y de sus conductas luego. Para ello, se considera que es la realización de una u otra actividad innovadora la que definirá una conducta Sesgada A, Sesgada B o Balanceada tal como se ha definido la taxonomía de conductas innovadoras en este trabajo. Naturalmente esta clasificación no intenta revelar la intensidad del esfuerzo innovador, sino su sentido o dirección, para a partir de allí concentrarse en los aspectos que favorecen cada una y su relación con el desempeño competitivo de las firmas.

Finalmente, se reconoce que plantear la definición de una taxonomía, puede llevar al estudio a un examen excesivamente descriptivo, dejando de lado el proceso de interacción entre los elementos tecnológicos, cognitivos, organizacionales, institucionales y relacionales involucrados en el proceso de aprendizaje y desarrollo organizacional de las firmas. A tal efecto, se intentó guiar el lector a través de los diferentes capítulos, a una construcción conceptual que incluyera los determinantes de las conductas de innovación en el marco de las realidades que propone la situación coyuntural de la 0 y las PYMES que intervienen en el sector industrial.

La presencia de un contexto macro generalmente favorable para la mayoría de las empresas, aunque con considerables heterogeneidades microeconómicas para las firmas entre sectores industriales diferentes o en un mismo sector. Como limitación principal, que presenta este relevamiento es que los datos no pueden ser comparados con otras fuentes disponibles. Sólo el Observatorio PYME realiza una recolección de datos sobre aspectos de innovación, pero existen zonas del país que no son incluidas en la muestra e incluso la información que se releva presenta objetivos diferentes a los que proporciona este trabajo.

Por otra parte, en cuanto a la delimitación del estudio que aborda el estado del arte, se optó por relevar aquellos temas, sobre todo los referidos a innovación, estrictamente necesarios para comprender las particulares que propone la dinámica de innovación de las PYMES manufactureras. En el mismo sentido y en lo que refiere al relevamiento teórico de los Capítulos 2 y 3 que consideró las diferentes teorías de innovación y la gestión de la innovación en PYMES, fueron solamente abordados los contenidos que contribuían al entendimiento de la presente investigación, dejando de lado la abundante literatura que trata la temática en forma amplia, para solo dejar la que era atinente al presente libro.

Por último, los resultados que de esta investigación surgen fueron elaborados a partir de la disponibilidad de los datos, habiéndose presentado restricciones en el diseño de la encuesta (dado que las preguntas específicas a este trabajo fueron incluidas en un relevamiento mayor); lo cual provoca que haya aspectos que carezcan de profundidad, en relación a que no pudieron ser relevados. No obstante, la representación de la unidad muestral con respecto a la población en estudio, hacen que la misma tome una significación de gran importancia al momento de describir las conclusiones obtenidas.

CONSIDERACIONES FINALES

Durante el recorrido de este trabajo, se ha procurado analizar los hechos fundamentales que explican la naturaleza y motivaciones presentes en las PYMES manufactureras 0 para comandar procesos de innovación que tuvieran lugar en los últimos dos años. Los disímiles desarrollos de las empresas que se ubican en las diferentes ramas industriales, refleja que las bondades de la macroeconomía no pueden ser aprovechadas por todas las empresas por igual. Especial relevancia consiste entonces, en analizar los procesos innovadores a la luz de los desempeños competitivos de las empresas a los efectos de indagar los factores asociados a las conductas de innovación que moderan el desempeño competitivo y viceversa.

La percepción shumpeteriana ha ido desplazando el objeto del análisis desde el problema de los factores determinantes de la innovación hacia la cuestión de la configuración de los procesos innovadores dentro de los diferentes ámbitos en los que éstos tienen lugar, particularmente en el empresarial. Es así que en este trabajo se reconoce diferentes teorías en forma complementaria, que abordan a la problemática planteada, desde la lógica de la presencia de patrones de organización inherentes a las PYMES.

Una de las diferencias que distinguen a la teoría evolucionista, reviste en la naturaleza cognitiva de los agentes económicos y las forma cómo las relaciones sociales y las instituciones afectan su comportamiento. Por otra parte, el concepto neoclásico de racionalidad maximizadora y equilibrio, y proponen una idea de racionalidad ligada a la incertidumbre y a la toma de decisiones basadas en rutinas tecnológicas, caracterizadas como reglas y procedimientos de decisión.

La idea que une a estos enfoques es la concepción del desarrollo tecnológico como un proceso evolutivo, dinámico, acumulativo y sistémico. El marco evolutivo es muy útil cuando se incorporan los conceptos de la variedad, la selección y reproducción de conocimiento en el marco de continua innovación y aprendizaje.

En países menos desarrollados, el rendimiento tecnológico se correlaciona con la capacidad tecnológica de utilizar con más eficiencia más que la creación de tecnología. Por lo tanto, cobra especial sentido cómo los actores e instituciones políticas poseen incentivos a absorber, adaptar y mejorar la adquisición o transferencia de tecnología y know-how de otros lugares.

La capacidad de absorción del conocimiento externo, ya sea ciencia básica o aplicada, resulta en un componente crítico a la vez, en la capacidad de innovación. Asimismo, el conocimiento previo relacionado confiere una capacidad de reconocer el valor de nueva información, asimilarla, y de aplicarla a fines comerciales. Por último, y de acuerdo a Lam (1998), observamos que el conocimiento tiene sus raíces en los mecanismos de coordinación organizativa y rutinas que, a su vez, están muy influenciados por instituciones sociales.

Estos antecedentes teóricos obligaban a situarnos en la dicotomía que enfrentan muchas de las empresas: por un lado, la importancia que tiene para las empresas locales acceder a tecnologías más avanzadas generadas fuera de la firma, porque supone una mejora de la eficiencia, capacidad de producción y capacidad de respuesta al estado que las beneficia. No obstante, a partir del proceso de difusión de esa tecnología diferenciadora en el corto plazo, se encontrará disponible para los competidores que pueden acceder a ella y se habrán perdido las ventajas competitivas que se presentaban.

Por el contrario, aquellos esfuerzos innovadores tendientes generar aumento de capacidades endógenas de las firmas, la posicionan mejor frente a sus competidores debido a la mayor apropiación de los conocimientos que se presentan en esta oportunidad, difícilmente imitables por los competidores. Si nos adentramos en el estudio realizado, se observa un mejor desempeño competitivo en empresas innovadoras que aquellas que no innovan.

Sin embargo, y en lo que respecta al estudio particular de las conductas innovadoras, se observan diferencias sustanciales según la conducta que lleven a cabo las empresas. Los hallazgos coinciden parcialmente con conclusiones), en el sentido que se debe considerar que la adquisición de tecnologías externas incorporadas en bienes de capital, know how, licencias, patentes, etc., para las empresas puede ser una condición necesaria pero no suficiente para activar procesos de desarrollo endógeno y acumulativo.

Cuando se analizan los resultados empíricos se observa un fuerte sesgos hacia el mercado interno de la producción de empresas que innovan con conductas Sesgadas A, sumado a su baja escala de producción y problemas de eficiencia como fuentes motivadoras de la innovación.

También se observa una evolución hacia mejores indicadores de desempeño, y factores estructurales que dotan a las empresas con conductas Balanceadas de un estadio superior de desarrollo organizacional. Al respecto, se demostró que son este grupo de empresas las que más chances presentan de poseer, entre otros activos: i) de la mayor antigüedad empresaria, ii) el mayor tamaño, iii) los procesos de inversión más elevados, iv) el enfoque orientado a la exportación de la producción; v) las estructuras más formalizadas y especializadas, vi) inversiones en herramientas de calidad, vii) participación relativa en sectores de proveedores especializados y basados en la ciencia y ix) vínculos con instituciones del sistema universitario y científico y el tercer sector. Por último, x) no reconocen restricciones de infraestructura ni financieras reafirmando la importancia que los aspectos estructurales poseen en las conductas innovadoras, puesto que las mayores inversiones, la mayor escala de producción, y la ausencia de condicionantes productivos y financieros elevan las chances que las empresas puedan llevar a cabo conductas Balanceadas de innovación.

Por otra parte, los determinantes de índole productivos, i) tales como la eficiencia, ii) la implementación incipiente de herramientas de calidad, y iii) la sustancial mejora de productividad, caracterizan a las empresas con conductas de innovación Sesgadas B. Asimismo, estas empresas presentan más chances de contar con desarrollos incipientes en mercado externo y poseer una antigüedad en el mercado intermedia a los dos grupos de empresas restantes.

Como ya se observó, las empresas con conductas Sesgadas A, tienen más chances de poseer i) una fuerte orientación hacia el mercado interno, ii) ser empresas de reciente creación, iii) contar con una pequeña escala de producción y escaza productividad del empleo, iv) demandantes de recursos financieros a las firmas como no lo requieren las conductas Sesgadas B, v) surgen en contexto de restricciones de infraestructura pero persisten durante el proceso evolutivo de la firma a través de los años, de modo que en el caso de las conductas Balanceadas (la cual las incluye en alguna medida), esta restricción no se presenta. Respecto a los sectores, sólo los sectores basados en la ciencia vulneran las chances de innovar con conductas Sesgadas A. Por último, sólo interactúan con organismo públicos de apoyo a PYME.

Estas características suponen en consecuencia que el desarrollo organizacional se antepone a las conductas de innovación que llevan a cabo las PYMES, toda vez que el patrón se presenta en una relación directa entre mayor desarrollo o posición más alta en la fase de desarrollo de la empresa y conductas más balanceadas de innovación.

Las implicancias de política sugieren que más allá de acciones destinadas a incrementar las actividades de I + D de los países menos desarrollados y potenciar una política de formación y actualización profesional, es preciso prestar mayor atención a los procesos de aprendizaje de las empresas que se activan en el proceso mismo de transferencia de tecnología o bien en el seno de la organización cuando se propone introducir innovaciones y se vale de sus propios conocimientos para materializar la ventaja en el mercado. En función del grado de desarrollo organizacional alcanzado por las empresas se podrá determinar cuan más favorable se encontrarán a ofrecer un ámbito sinérgico para el desarrollo de conductas de innovación cada vez más balanceadas, que de por cierto impactarán mejor en sus desempeños competitivos tal como se ha comprobado en el presente documento.

ANEXO I

7	INNOVACIÓN Y ACTIVIDADES DE INVESTIGACIÓN Y DESARRROLLO

7.1 ACTIVIDAD DE INNOVACIÓN EN EL PERÍODO

Se considera una actividad de innovación de producto o proceso a la incorporación de maquinaria, adquisición de conocimientos, desarrollo de nuevos diseños de productos o procesos de producción, actividades de I+D, e incorporación al mercado de productos –bienes o servicios– nuevos o sensiblemente mejorados desarrollados por ESTE LOCAL.

7.1.1 DURANTE EL PERÍODO JUNIO 2006 - JUNIO 2008, ¿SU LOCAL HA REALIZADO ACTIVIDADES DE INNOVACIÓN?

☐ Sí ☐ No → Continúa en 7.4

7.1.2 MARQUE CON UNA "X" LAS ACTIVIDADES DE INNOVACIÓN QUE HA DESARROLLADO SU LOCAL EN EL PERÍODO JUNIO 2006 - JUNIO 2008 PARA LA REALIZACIÓN DE PRODUCTOS O PROCESOS NUEVOS O SENSIBLEMENTE MEJORADOS *(Puede marcar más de una opción)*

1. ☐ I+D Interna: Trabajos creativos realizados dentro del local de forma sistemática a fin de aumentar el volumen de conocimientos para conceber nuevas aplicaciones.

2. ☐ I+D Externa: Las mismas actividades anteriores pero realizadas por otras organizaciones (incluidas las empresas vinculadas).

3. ☐ Adquisición de maquinaria y equipo informático específicamente comprado para realizar nuevos o sensiblemente mejorados productos y/o procesos.

4. ☐ Adquisición de otros conocimientos externos. Por ejemplo: Compra de derecho de uso de patentes y de invenciones no patentadas, licencias, know-how, marcas de fábrica y otros tipos de conocimientos de otras organizaciones para utilizar las innovaciones de su local.

5. ☐ Diseño u otros preparativos para producción y/o distribución, para la realización real de innovaciones de producto y de proceso no comprendidas en otros apartados.

6. ☐ Formación interna y externa para el personal destinado al desarrollo e introducción de innovaciones.

7. ☐ Introducción de innovaciones en el mercado. Actividades internas o externas de comercialización directamente relacionadas con la introducción en el mercado de productos nuevos o sensiblemente mejorados en su local.

8. ☐ Otros

7.1.3 FUENTES DE INFORMACIÓN PARA LA INNOVACIÓN EN EL PERÍODO JUNIO 2006 - JUNIO 2008
Para las siguientes alternativas señale con una "X" las 3 principales fuentes de información que fueron necesarias para sugerir nuevos proyectos de innovación o para contribuir a la realización de los proyectos ya existentes en este período. *(Puede marcar HASTA 3 opciones)*

1. ☐ Fuentes internas del local
2. ☐ Otras empresas vinculadas
3. ☐ Proveedores de equipo
4. ☐ Proveedores de insumos
5. ☐ Competidores
6. ☐ Clientes
7. ☐ Universidades
8. ☐ Organismos públicos de investigación y apoyo técnico
9. ☐ Congresos, ferias y exposiciones
10. ☐ Revistas profesionales
11. ☐ Otras

7.4 ACTIVIDADES EN INVESTIGACIÓN Y DESARROLLO (I+D)

Actividades en I+D son trabajos creativos realizados dentro del LOCAL de forma sistemática a fin de aumentar el volumen de conocimientos para concebir nuevas aplicaciones, como nuevos y mejorados productos y procesos, incluida la investigación en software, desarrolladas por el local, la empresa u otras organizaciones.

7.4.1 ¿HA DESARROLLADO ACTIVIDADES DE I+D EN ESTE LOCAL EN EL PERÍODO JUNIO 2006 – JUNIO 2008?

☐ Sí　　☐ No ▸ Continúa en 7.5

7.4.2 LAS ACTIVIDADES INTERNAS DE I+D SON DE CARÁCTER:

☐ Continuo　　☐ Ocasional

7.4.3 ¿TIENE ACTIVIDADES DE I+D PREVISTAS PARA EL AÑO 2009?

☐ Sí　　☐ No

7.4.4 INDIQUE SI EL LOCAL POSEE UNIDADES O DEPARTAMENTOS ESPECIALES Y LA CANTIDAD DE PROFESIONALES QUE TRABAJAN EN CADA UNO DE ELLOS.

	No	Sí	Cant. de profesionales con dedicación full time	Cant. de profesionales con dedicación part time
1 Investigación y desarrollo	☐	☐		
2 Diseño	☐	☐		
3 Control de calidad	☐	☐		
4 Ingeniería	☐	☐		

7.5 MÉTODOS DE PROTECCIÓN DE LAS INNOVACIONES

7.5.1 ¿UTILIZA MÉTODOS DE PROTECCIÓN PARA SUS INNOVACIONES?

☐ Sí　　☐ No ▸ Continúa en 7.6

¿Cuáles? ☐ a. Patentes ☐ b. Registro de modelos, diseño o marcas ☐ c. Otro _____

¿Cuántas? ☐ Una ☐ Dos ☐ Más de dos

7.5.2 DURANTE EL PERÍODO JUNIO 2006 – JUNIO 2008, ¿HA SOLICITADO SU LOCAL AL MENOS UNA PATENTE PARA PROTEGER INVENCIONES O INNOVACIONES?

☐ Sí　　☐ No

7.5.3 ¿QUÉ PORCENTAJE DE LAS VENTAS DE ESTE LOCAL CORRESPONDE A PRODUCTOS PATENTADOS?

____ %

7.6 FACTORES QUE LIMITAN LAS ACTIVIDADES DE INNOVACIÓN

7.6.1 FACTORES QUE LIMITAN LA CAPACIDAD DE INNOVAR.
Indique los 3 factores principales que han limitado su actividad de innovación en el período Junio 2006 – Junio 2008. (Puede marcar HASTA 3 opciones)

1 ☐ Los riesgos económicos se perciben excesivos
2 ☐ Costos de innovación demasiado elevados
3 ☐ Falta de financiación
4 ☐ Rigideces de organización en la empresa
5 ☐ Falta de personal calificado
6 ☐ Falta de información sobre tecnología
7 ☐ Falta de información sobre mercados
8 ☐ Carencia de normas y estándares
9 ☐ Falta de sensibilidad de los clientes a nuevos bienes o servicios

7.6.2 ACTIVIDADES INNOVADORAS ABANDONADAS. Durante el período junio 2006 – junio 2008 ¿ha emprendido su local actividades, incluidas actividades de I+D, para desarrollar o introducir productos (bienes o servicios) o procesos, nuevos o sensiblemente mejorados que han sido abandonadas?

☐ Sí　　☐ No

ANEXO II

Prueba de independencia (Chi-cuadrado)

La prueba de independencia Chi-cuadrado, permite determinar si existe una relación entre dos variables categóricas. Es necesario resaltar que esta prueba indica si existe o no una relación entre las variables, pero no indica el grado o el tipo de relación; es decir, no indica el porcentaje de influencia de una variable sobre la otra o la variable que causa la influencia.

A manera de ejemplo se detalla una prueba Chi-cuadrado para las variables Género y Estado civil. A continuación, se muestran dos tablas a modo de referencia; la primera de ellas corresponde a la tabla de contingencia, en ella aparecen las variables seleccionadas y los estadísticos que se hayan determinado en el procedimiento. La segunda tabla corresponde a la prueba de Chi-cuadrado de Pearson y en ella aparecen los resultados de las pruebas (valor del Chi-cuadrado, los grados de libertad (gl) y el valor de significación (Sig.)).

		GÉNERO	
		FEMENINO	MASCULINO
		Recuento	Recuento
ESTADO CIVIL	CASADO	139	127
	VIUDO	32	5
	DIVORCIADO	12	13
	UNIÓN LIBRE	6	3
	NUNCA CASADO	23	40

Pruebas de chi-cuadrado de Pearson

		GÉNERO
ESTADO CIVIL	Chi-cuadrado	24.520
	gl	4
	Sig.	.000

Los resultados se basan en filas y columnas no vacías de cada subtabla más al interior.
*.El estadístico de chi-cuadrado es significativo en el nivel 0.05.

La prueba de independencia del Chi-cuadrado, parte de la hipótesis que las variables (Estado civil y Género) son independientes; es decir, que no existe ninguna relación entre ellas y por lo tanto ninguna ejerce influencia sobre la otra. El objetivo de esta prueba es comprobar la hipótesis mediante el nivel de significación, por lo que sí el valor de la significación es mayor o igual que el Alfa (0.05), se acepta la hipótesis, pero si es menor se rechaza.

Para calcular el valor de significación, el Chi-cuadrado mide la diferencia global entre los recuentos de casilla observados y los recuentos esperados. Entre mayor sea el valor del Chi-cuadrado, mayor será la diferencia entre los recuentos observados y esperados, lo que nos indica que mayor es la relación entre las variables. El valor de significación corresponde a la probabilidad de que una muestra aleatoria, extraída del Chi-cuadrado nos dé cómo resultado un valor superior a 39.672; es decir, es la probabilidad que los datos de una muestra aleatoria extraída de las dos variables sean independientes. Para nuestro ejemplo este valor es menor que el Alfa (0.05), por lo que se rechaza la hipótesis de independencia y por lo tanto, podemos concluir las variables Estado civil y Género están relacionada (Fuente: SPSFREE, 2009, D. Hosmer y S. Lemeshow, 2000).

ANEXO III

Método econométrico

La Regresión Logística es probablemente el tipo de análisis multivariante más empleado cuando la variable dependiente puede asumir dos o más valores, en presencia o ausencia de alguna característica; estos valores se determinan en función de una serie de predictores o variables independientes. Las razones por la que este análisis es ampliamente utilizado radican en:

Permite introducir como variables predictoras de la variable dependiente una mezcla de variablescategóricas y cuantitativas.

A partir de los coeficientes de regresión (β) de las variables independientes introducidas en el modelo se puede obtener directamente la Odds Ratio (OR) de cada una de ellas, que corresponde al riesgo de tener el resultado o efecto evaluado para un determinado valor (x) respecto al valor disminuido en una unidad (x-1). Si la variable independiente es cualitativa, la Regresión Logística sólo admite categóricas dicotómicas, de manera que la OR es el riesgo de los sujetos con un valor frente al riesgo de los sujetos con el otro valor para esa variable.

En la Regresión Logística la variable dependiente es categórica, lo que constituye una circunstancia muy frecuente y simple de representar fenómenos sociales o medicinales: Si/No, Presente/Ausente, Enfermo/Sano etc. Esto hace a este tipo de análisis el ideal para aplicar en los estudios de casos y controles, estudios en los que los casos tienen algo (habitualmente una enfermedad, un efecto o un desenlace) y los controles no.

Lo que se pretende mediante la Regresión Logística es expresar la probabilidad de que ocurra el evento en cuestión como función de ciertas variables, que se presumen relevantes o influyentes. Si ese hecho que queremos modelizar o predecir lo representamos por Y (la variable dependiente), y las k variables explicativas (independientes y de control) se designan por X1, X2, X3,…,Xk.

Métodos de estimación del Modelo Logístico

El método utilizado para la estimación de los parámetros es el Modelo Personalizado el cual permite especificar subconjuntos de interacciones entre los factores o bien interacciones entre las covariables, o solicitar una selección por pasos de los términos del modelo. Tiene la ventaja que permite conducir el modelo, introduciendo o ingresando de forma personalizada las variables explicativas. La técnica es la de Pasos sucesivos hacia adelante. Esta técnica se inicia con el modelo que se seleccionaría mediante el método de entrada hacia delante. A partir de ahí, el algoritmo alterna entre la eliminación hacia atrás de los términos por pasos del modelo, y la entrada hacia delante de los términos fuera del modelo. Se sigue así hasta que no queden términos que cumplan con los criterios de entrada o exclusión.

Comprobación empírica de los parámetros del modelo

A los efectos de comprobar el grado de ajuste del modelo y la predicción que de el surge, se utilizaron el estadístico R2 de Cox y Snell y el R2 de Nagelkerke, y el doble logaritmo del estadístico de Likelihood.

R cuadradro de Cox y Snell es un coeficiente de determinación generalizado que se utiliza para estimar la proporción de varianza de la variable dependiente explicada por las variables predictoras (independientes). Se basa en la comparación del log de la verosimilitud (LL) para el modelo respecto al log de la verosimilitud (LL) para un modelo de línea base. Sus valores oscilan entre 0 y 1.

La R cuadrado de Nagelkerke es una versión corregida de la R cuadrado de Cox y Snell. La R cuadrado de Cox y Snell tiene un valor máximo inferior a 1, incluso para un modelo "perfecto". La R cuadrado de Nagelkerke corrige la escala del estadístico para cubrir el rango completo de 0 a 1.

Doble logaritmo del estadístico de Likelihood (2LLO). Se trata de un estadístico que sigue una distribución similar a Chi Cuadrado y compara los valores de la predicción con los valores observados en dos momentos: a) en el modelo sin variables independientes, sólo con la constante y b) una vez introducidas las variables predictoras. Por lo tanto, el valor del Likelihood debiera disminuir sensiblemente entre ambas instancias e - idealmente - tender a cero cuando el modelo predice bien.

Salidas Finales

Resumen del procesamiento de los casos

		N	Porcentaje marginal
ESTRATEGIA DE INNOVACION	No innovan	2329	61.9%
	Sesgadas A	376	10.0%
	Sesgadas B	451	12.0%
	Balanceadas	606	16.1%
CAT_PYME	Mediana	1496	39.8%
	Pequeña	1376	36.6%
	Micro	890	23.7%
DESARROLLO EXPORTADOR	Exporta	2694	71.6%
	No Exporta	1068	28.4%
ANTIGÜEDAD	Nueva (<= 3 años)	276	7.3%
	Joven (Entre 3 y 15 años)	1677	44.6%
	Madura (Mas de 15 años)	1809	48.1%
EVOLUCION PRODUCTIVIDAD EMPLEO	Mejora de la productividad empleo (Crec. Ventas > Crec. Empleo)	1117	29.7%
	Productividad empleo sin cambio	1103	29.3%
	Reducción de la productividad empleo	1542	41.0%
EVOLUCION VENTAS MERCADO INTERNO	Ventas en ascenso mercado interno	1699	45.2%
	Ventas estables mercado interno	1379	36.7%
	Ventas en retroceso mercado interno	684	18.2%
EVOLUCION INVERSIONES	Invirtió los dos años	382	10.2%
	Invirtió en alguno de los dos años	1680	44.7%
	No invirtió años 2007 y 2008	1700	45.2%
EVOLUCION EXPORTACIONES	Exporta - Crecimiento en ventas al mercado externo	504	13.4%
	Exporta - Ventas estacionales o a la baja al mercado externo	555	14.8%
	No Exporta	2703	71.9%
TAX_PAV	Industrias dominados por proveedores	1115	29.6%
	Industrias Intensivas en Escala	1841	48.9%
	Industrias proveedores especializados	443	11.8%
	Industrias Basadas en la ciencia	363	9.6%

328

REGION	Región Geográfica alta Innovadora (CENTRO)	1052	28.0%
	Regiones Geográficas medio Innovadoras (PAMPEANA)	1607	42.7%
	Regiones Geográficas medio Innovadoras (PATAGONIA)	288	7.7%
	Regiones Geográficas menos Innovadoras (NEA, NOA, CUYO)	815	21.7%
CAPITAL HUMANO	Posee Recursos Humanos calificados o en cantidad	2771	73.7%
	No posee Recursos Humanos en una expansión	991	26.3%
CAP_PROD	No Posee restricciones en expansión producción	2747	73.0%
	Posee restricciones en expansión producción	1015	27.0%
CAP_FINANC	No Posee restricciones financieras	956	25.4%
	Posee restricciones financieras	2806	74.6%
CAPACIT	Realiza Capacitación	2064	54.9%
	No realiza Capacitación	1698	45.1%
CALIDAD	Implementa Herramientas de Calidad	768	20.4%
	No implementa Herramientas de Calidad	2994	79.6%
CERT_NORM	Implementa Certificaciones de Calidad	783	20.8%
	No implementa Certificaciones de Calidad	2979	79.2%
DEPART_ID	Posee Departamento I+D	464	12.3%
	No Posee Departamento I+D	3298	87.7%
DEPART_DIS	Posee Departamento Diseño	400	10.6%
	No Posee Departamento Diseño	3362	89.4%
DEPART_CCAL	Posee Departamento Control Calidad	657	17.5%
	No Posee Departamento Control Calidad	3105	82.5%
DEPART_ING	Posee Departamento Ingeniería	493	13.1%
	No Posee Departamento Ingeniería	3269	86.9%
LIMITACIONES INNOVACION	Reconoce obstáculos de mercado o sector que participa	1050	27.9%
	Reconoce obstáculos productivos	894	23.8%
	Reconoce obstáculos de costo-beneficio	1644	43.7%
	No reconoce obstáculos a la innovación	174	4.6%
INTENSIDAD INTERACCION CON EL ENTORNO	Interactúa con más de un objetivo específico	805	21.4%
	Interactuar con un solo objetivo específico	973	25.9%
	No interactúa	1984	52.7%
INTERACTUA ORGANISMOS GOBIERNO	Con ambas	700	18.6%
	Con Instituciones del ámbito local	407	10.8%
	Con Instituciones del ámbito nacional	634	16.9%
	No interactúa	2021	53.7%

INTERACTUA CON INSTITUCIONES LOCALES NO GUBERNAMENTALES	Interactúa con Cámaras y otras instituciones no gubernamentales	921	24.5%
	Interactúa con Universidades y Centros tecnológicos	281	7.5%
	No interactúa	2560	68.0%

Válidos		3762	100.0%
Perdidos		5	
Total		3767	
Subpoblación		3306(a)	

a La variable dependiente sólo tiene un valor observado en 3289 (99.5%) subpoblaciones.

Resumen de los pasos

Modelo	Acción	Efecto(s)	Criterio de ajuste del modelo			Contrastes de selección de efectos	
	-2 log verosimilitud	Chi-cuadrado(a)	gl	Sig.	-2 log verosimilitud	Chi-cuadrado(a)
0	Introducido	Intersección	8064.382				
1	Introducido	DEPART_CCAL	7076.357	988.025	3		.000
2	Introducido	CAPACIT	6841.293	235.064	3		.000
3	Introducido	DEPART_ING	6702.756	138.537	3		.000
4	Introducido	EVOL_INV	6597.352	105.404	6		.000
5	Introducido	DEPART_ID	6518.777	78.575	3		.000
6	Introducido	EVOL_EXP	6470.689	48.088	6		.000
7	Introducido	CAT_PYME	6428.713	41.975	6		.000
8	Introducido	INT_ENT	6398.068	30.646	6		.000
9	Introducido	CAP_FINANC	6372.865	25.203	3		.000
10	Introducido	TAX_PAV	6339.442	33.423	9		.000
11	Introducido	DEPART_DIS	6319.608	19.834	3		.000
12	Introducido	REGION	6288.974	30.635	9		.000
13	Introducido	K_RRHH	6271.199	17.774	3		.000
14	Introducido	EVOL_PROD	6250.911	20.289	6		.002

15	Introducido	EVOL_DEM	6224.047	26.864	6	.000
16	Introducido	LIM_INN	6199.856	24.191	9	.004
17	Introducido	INT_GOB	6174.982	24.873	9	.003
18	Introducido	CALIDAD	6160.854	14.128	3	.003
19	Introducido	ANTIGUEDAD	6144.632	16.223	6	.013
20	Introducido	INT_OTR	6129.449	15.183	6	.019
21	Introducido	CAP_PROD	6119.473	9.976	3	.019

Método por pasos: Entrada hacia adelante

a El valor de chi-cuadrado para su inclusión se basa en la prueba de la razón de verosimilitudes.

Información del ajuste del modelo

	Criterio de ajuste del modelo	Contrastes de la razón de verosimilitud		
Modelo	-2 log verosimilitud	Chi-cuadrado	gl	Sig.
Sólo la intersección	8064.382			
Final	6119.473	1944.909	111	.000

Bondad de ajuste

	Chi-cuadrado	gl	Sig.
Pearson	11916.796	9804	.000
Desviación	6094.859	9804	1.000

Pseudo R-cuadrado

Cox y Snell	.404
Nagelkerke	.457
McFadden	.240

Contrastes de la razón de verosimilitud

Efecto	Criterio de ajuste del modelo -2 log verosimilitud del modelo reducido	Contrastes de la razón de verosimilitud Chi-cuadrado	gl	Sig.
Intersección	6119.473(a)	.000	0	
CAT_PYME	6145.806	26.334	6	.000
ANTIGUEDAD	6135.247	15.774	6	.015
EVOL_PROD	6147.512	28.039	6	.000
EVOL_DEM	6144.479	25.006	6	.000
EVOL_INV	6193.927	74.454	6	.000
EVOL_EXP	6155.480	36.008	6	.000
TAX_PAV	6147.647	28.175	9	.001
REGION	6151.012	31.540	9	.000
K_RRHH	6133.921	14.449	3	.002
CAP_PROD	6129.449	9.976	3	.019
CAP_FINANC	6143.353	23.881	3	.000
CAPACIT	6170.347	50.875	3	.000
CALIDAD	6134.173	14.700	3	.002
DEPART_ID	6174.202	54.729	3	.000
DEPART_DIS	6139.067	19.594	3	.000
DEPART_CCAL	6165912	46.439	3	.000
DEPART_ING	6171.451	51.978	3	.000
LIM_INN	6144.542	25.070	9	.003
INT_ENT	6135.745	16.272	6	.012
INT_GOB	6143.640	24.167	9	.004
INT_OTR	6134.908	15.435	6	.017

El estadístico de chi-cuadrado es la diferencia en las -2 log verosimilitudes entre el modelo final y el modelo reducido. El modelo reducido se forma omitiendo un efecto del modelo final. La hipótesis nula es que todos los parámetros de ese efecto son 0.

a Este modelo reducido es equivalente al modelo final ya que la omisión del efecto no incrementa los grados de libertad.

Clasificación

Observado	Pronosticado				
					Porcentaje
	No innovan	Sesgadas A	Sesgadas B	Balanceadas	correcto
No innovan	2236	17	18	58	96.0%
Sesgadas A	292	16	13	55	4.3%
Sesgadas B	242	4	59	146	13.1%
Balanceadas	228	6	38	334	55.1%
Porcentaje global	79.7%	1.1%	3.4%	15.8%	70.3%

Estimaciones de los parámetros

ESTRATEGIA DE INNOVACION (a)		B	Error típ.	Wald	gl	Sig.	Exp(B)	Intervalo de confianza al 95%
		Límite inferior Lim	Límite superior	Límite inferior	Límite superior	Límite inferior	Límite superior	Límite inferior
Sesgadas A	Intersección	-5.72116675	0.49235715	135.0233	1	3.2632E-31		
	[CAT_PYME=1.00]	0.89130768	0.19789202	20.2861084	1	6.6683E-06	2.43831612	1.65441332
	[CAT_PYME=2.00]	0.59145917	0.18563844	10.1511143	1	0.00144214	1.80662266	1.25560121
	[CAT_PYME=3.00]	0			0			
	[ANTIGUEDAD=.00]	-0.55068063	0.30290646	3.30508422	1	0.06906581	0.57655725	0.31842561
	[ANTIGUEDAD =1.00]	0.10052585	0.12260901	0.67221883	1	0.41227909	1.10575222	0.86954656

[ANTIGUEDAD =2.00]	0			0			
[EVOL_PROD=.00]	-0.06477967	0.18687791	0.12016043	1	0.72886056	0.93727395	0.64982406
[EVOL_PROD=1.00]	-0.64680589	0.17279169	14.0120683	1	0.00018164	0.52371591	0.37326324
[EVOL_PROD=2.00]	0			0			
[EVOL_DEM=.00]	0.56632918	0.23283015	5.91642602	1	0.01500036	1.76178797	1.11626743
[EVOL_DEM=1.00]	0.52.001183	0.1963584	7.01338158	1	0.00809027	1.68204754	1.14471584
[EVOL_DEM=2.00]	0			0			
[EVOL_INV=.00]	1.20912262	0.19437506	38.6954228	1	4.9537E-10	3.35054367	2.28909032
[EVOL_INV=1.00]	0.45364614	0.128854	12.394774	1	0.00043054	1.57404091	1.2227433
[EVOL_INV=2.00]	0			0			
[EVOL_EXP=.00]	-0.34044174	0.21841098	2.42961053	1	0.11906248	0.71145597	0.46369911
[EVOL_EXP=1.00]	-0.23188629	0.17836393	1.69019218	1	0.19357564	0.79303629	0.55907415
[EVOL_EXP=2.00]	0			0			
[TAX_PAV=1.00]	1.18342671	0.29270806	16.346071	1	5.2765E-05	3.26554514	1.83993356
[TAX_PAV=2.00]	0.99031691	0.28550983	12.0311259	1	0.00052319	2.6920875	1.53837696
[TAX_PAV=3.00]	1.2844574	0.32063822	16.0475532	1	6.1771E-05	3.61270717	1.92710337
[TAX_PAV=4.00]	0			0			
[REGION=.00]	0.30386568	0.18021383	2.8430669	1	0.09176891	1.35508703	0.95185084
[REGION=1.00]	0.08357905	0.17041953	0.24052272	1	0.62382883	1.08717115	0.77846045
[REGION=2.00]	0.9796643	0.22577857	18.8273471	1	1.431E-05	2.66356193	1.7111171
[REGION=3.00]	0			0			
[K_RRHH=.00]	0.35045802	0.15493294	5.11663563	1	0.02369752	1.41971765	1.04790721
[K_RRHH=1.00]	0			0			
[CAP_PROD=.00]	0.37481789	0.15348591	5.96353265	1	0.01460475	1.45472648	1.07679715
[CAP_PROD=1.00]	0			0			
[CAP_FINANC=.00]	0.26763415	0.13599871	3.87269629	1	0.04907762	1.30686893	1.00108215
[CAP_FINANC=1.00]	0			0			
[CAPACIT=.00]	0.60906336	0.13756116	19.6034849	1	9.5295E-06	1.83870839	1.40417289
[CAPACIT=1.00]	0			0			
[CALIDAD=.00]	0.13292747	0.16231281	0.67069324	1	0.41281002	1.14216716	0.83093826
[CALIDAD=1.00]	0			0			
[DEPART_ID=.00]	0.6905393	0.28757963	5.76581283	1	0.01634092	1.99479103	1.13529618
[DEPART_ID=1.00]	0			0			
[DEPART_DIS=.00]	0.37670151	0.28515465	1.74515425	1	0.18648707	1.45746921	0.83344187
[DEPART_DIS=1.00]	0			0			
[DEPART_CCAL=.00]	0.95054769	0.2412392	15.5257307	1	8.139E-05	2.58712622	1.61240611
[DEPART_CCAL=1.00]	0			0			
[DEPART_ING=.00]	0.70676025	0.272265	6.73845894	1	0.00943561	2.02741229	1.18902144

[DEPART_ING=1.00]	0				0		
[LIM_INN=,00]	0.0006391	0.31777553	4.0447E-06	1	0.99839533	1.0006393	0.53676789
[LIM_INN=1,00]	0.36414396	0.31710697	1.31866547	1	0.2508317	1.4392814	0.7730788
[LIM_INN=2,00]	0.33411404	0,3091914	1.16770899	1	0.27987248	1.39670241	0.76193809
[LIM_INN=3,00]	0				0		
[INT_ENT=,00]	0.31209421	0.31854685	0.95989734	1	0.32721274	1.3662834	0.73180138
[INT_ENT=1,00]	0.11812497	0.27523951	0.18418822	1	0,66779839	1.12538474	0.65617054
[INT_ENT=2,00]	0				0		
[INT_GOB=,00]	-0.18916754	0.30535835	0.38377229	1	0.53559125	0.82764783	0.45490853
[INT_GOB=1,00]	0.0006041	0.30975037	3.8036E-06	1	0.9984439	1.00060428	0.5452584
[INT_GOB=2,00]	0.51727121	0.27155696	3.62839634	1	0.05680152	1.677444	0.98514084
[INT_GOB=3,00]	0				0		
[INT_OTR=,00]	-0.02866594	0.19697138	0.02118001	1	0.88428963	0.97174103	0.66052338
[INT_OTR=1,00]	-0.15352683	0.2806517	0.29924934	1	0.5843534	0.85767775	0.49480375
[INT_OTR=2,00]	0				0		

a La categoría de referencia es: No innovan.   b Este parámetro se ha establecido a cero porque es redundante.   (***) Significativas al 1%, (**) Significativas al 5%; (*) Significativas al 10%

ESTRATEGIA DE INNOVACION (a)		B	Error tip.	Wald	gl	Sig.	Exp(B)	Intervalo de confianza al 95%
		Límite inferior Lím	Límite superior	Límite inferior	Límite superior	Límite inferior	Límite superior	Límite inferior
Sesgadas B	Intersección	-4,07369919	0,49698507	67,1879243	1	2,4682E-16		
	[CAT_PYME=1.00]	0.01625677	0.18998892	0.0073217	1	0.93181067	1.01638963	0.70039231
	[CAT_PYME=2.00]	0.01078271	0.16859055	0.00409062	1	0.94900369	1.01084105	0.72640419
	[CAT_PYME=3.00]	0				0		
	[ANTIGUEDAD=.00]	0.14605787	0.24063552	0.36840921	1	0.54387267	1.15726316	0.72210907
	[ANTIGUEDAD =1.00]	0.26882058	0.12292801	4.78215166	1	0.02875617	1.30842037	1.02827857
	[ANTIGUEDAD =2.00]	0				0		
	[EVOL_PROD=.00]	0.450571.99	0.20223792	4.96367338	1	0.02588516	1.5692095	1.05568828
	[EVOL_PROD=1.00]	0.25744329	0.18076044	2.02841301	1	0.15438174	1.29361845	0.90770063
	[EVOL_PROD=2.00]	0				0		
	[EVOL_DEM=.00]	-0.50670242	0.22770327	4.95184925	1	0.02606278	0.60247903	0.38558538
	[EVOL_DEM=1.00]	-0.55749342	0.19064622	8.55112167	1	0.00345309	0.57264264	0.39409899

[EVOL_DEM=2.00]	0			0			
[EVOL_INV=.00]	0.59929507	0.20646732	8.42517178	1	0.00370062	1.82083479	1.21485722
[EVOL_INV=1.00]	0.24429545	0.12408446	3.87610859	1	0.04897795	1.27672148	1.00109497
[EVOL_INV=2,00]	0			0			
[EVOL_EXP=.00]	0.64880374	0.18296466	12.5745451	1	0.00039104	1.91325072	1.33669427
[EVOL_EXP=1.00]	0.38367456	0.16710471	5.27167539	1	0.02167514	1.46766773	1.05776201
[EVOL_EXP=2.00]	0			0			
[TAX_PAV=1.00]	0.10576801	0.21732482	0.23685907	1	0.62648392	1.11156398	0.72601775
[TAX_PAV=2.00]	-0.03333189	0.20577228	0.02623893	1	0.87131818	0.9672175	0.64620522
[TAX_PAV=3,00]	0.21759936	0.249124	0.76292899	1	0.38241345	1.24308894	0.76286462
[TAX_PAV=4.00]	0			0			
[REGION=.00]	0.02244682	0.16648608	0.01817832	1	0.89274866	1.02270064	0.73796425
[REGION=1.00]	-0.25153387	0.15794189	2.53628627	1	0.11125619	0.77760712	0.57058434
[REGION=2.00]	0.08585253	0.25862673	0.11019436	1	0.73992297	1.08964563	0.65635955
[REGION=3.00]	0			0			
[K_RRHH=.00]	0.46608418	0.15193173	9.41091285	1	0.00215698	1.59374116	1.18329564
[K_RRHH=1.00]	0			0			
[CAP_PROD=.00]	0.07242799	0.14038261	0.26618661	1	0.60590137	1.07511538	0.81650938
[CAP_PROD=1.00]	0			0			
[CAP_FINANC=.00]	-0.15726176	0.14369776	1.19769515	1	0.27378283	0.85448036	0.64474255
[CAP_FINANC=1.00]	0			0			
[CAPACIT=.00]	0.49842027	0.14018682	12.6408719	1	0.0003774	1.64611879	1.25064467
[CAPACIT=1.00]	0			0			
[CALIDAD=.00]	0.39629602	0.15034504	6.94802279	1	0.00839119	1.48630923	1.10696846
[CALIDAD=1.00]	0			0			
[DEPART_ID=.00]	1.51027535	0.23566507	41.0697302	1	1.4689E-10	4.52797739	2.85302635
[DEPART_ID=1.00]	0			0			
[DEPART_DIS=.00]	0.96328369	0.24067192	16.019818	1	6.2683E-05	2.62028656	1.6348898
[DEPART_DIS=1.00]	0			0			
[DEPART_CCAL=.00]	0.98681853	0.20632057	22.8764969	1	1.7275E-06	2.682686	1.79039746
[DEPART_CCAL=1.00]	0			0			
[DEPART_ING=.00]	1.41747469	0.226505	39.1629164	1	3.8988E-10	4.12668613	2.64728092
[DEPART_ING=1.00]	0			0			
[LIM_INN=.00]	0.71317864	0.40567266	3.09061699	1	0.07874495	2.04046687	0.92134092
[LIM_INN=1,00]	1.055618	0.40477216	6.80130602	1	0.00910912	2.8737506	1.29988936
[LIM_INN=2,00]	0.93959616	0.39920999	5.53961597	1	0.01859066	2.5589478	1.1701816
[LIM_INN=3,00]	0			0			
[INT_ENT=,00]	0.7401855	0.31896338	5.38517112	1	0.0203086	2.09632435	1.12190572
[INT_ENT=1,00]	0.85202667	0.27133029	9.86074677	1	0.00168843	2.34439335	1.37744325
[INT_ENT=2,00]	0			0			

[INT_GOB=,00]	-0.63130415	0.28796229	4.8062466	1	0.02835674	0.53189767	0.30249217
[INT_GOB=1,00]	-0.39642834	0.29270635	1.83427774	1	0.17562311	0.67271848	0.3790367
[INT_GOB=2,00]	-0.52289137	0.2719128	3.69797212	1	0.05447864	0.59280405	0.34790331
[INT_GOB=3,00]	0				0		
[INT_OTR=,00]	-0.18860723	0.19599699	0.92601471	1	0.33590065	0.8281117	0.56396998
[INT_OTR=1,00]	0.09650392	0.25102194	0.14779731	1	0.70064928	1.1013139	0.67334999
[INT_OTR=2,00]	0				0		

a La categoría de referencia es: No innovan. b Este parámetro se ha establecido a cero porque es redundante. (***) Significativas al 1%, (**) Significativas al 5%; (*) Significativas al 10%

ESTRATEGIA DE INNOVACION (a)		B	Error típ.	Wald	gl	Sig.	Exp(B)	Intervalo de confianza al 95%	
		Límite inferior Lim	Límite superior	Límite inferior	Límite superior	Límite inferior	Límite superior	Límite inferior	
Balanceadas	Intersección	-5.44683994	0.49462453	121.265686	1	3.3423E-28			
	[CAT_PYME=1.00]	0.50766258	0.20892539	5.90429216	1	0.01510403	1.66140325	1.10315729	
	[CAT_PYME=2.00]	0.23398615	0.19834128	1.39172706	1	0.23811366	1.26362699	0.85662449	
	[CAT_PYME=3.00]	0				0			
	[ANTIGUEDAD=.00]	0.43980714	0.24638116	3.18646814	1	0.07425027	1.5524078	0.95782418	
	[ANTIGUEDAD =1.00]	0.32410333	0.12379961	6.85375298	1	0.00884553	1.38279019	1.08487043	
	[ANTIGUEDAD =2.00]	0				0			
	[EVOL_PROD=.00]	0.13985521	0.19374696	0.5210597	1	0.47038999	1.15010726	0.7867208	
	[EVOL_PROD=1.00]	-0.21352448	0.1778392	1.44158526	1	0.22988298	0.80773239	0.57002052	
	[EVOL_PROD=2.00]	0				0			
	[EVOL_DEM=.00]	-0.22465583	0.22120622	1.03143232	1	0.30982249	0.79879109	0.51777626	
	[EVOL_DEM=1.00]	-0.410538	0.18778003	4.77978021	1	0.0287958	0.6632933	0.45905737	
	[EVOL_DEM=2.00]	0				0			
	[EVOL_INV=.00]	1.34614735	0.19082066	49.7661903	1	1.732E-12	3.8425928	2.64361082	
	[EVOL_INV=1.00]	0.62678576	0.12968326	23.3598698	1	1.3435E-06	1.87158518	1.45151.995	
	[EVOL_INV=2,00]	0				0			
	[EVOL_EXP=.00]	0.6890852	0.17396329	15.6902771	1	7.4607E-05	1.99189251	1.41640704	
	[EVOL_EXP=1.00]	0.07996991	0.16972532	0.222.0036	1	0.6375175	1.08325448	0.77671205	
	[EVOL_EXP=2.00]	0				0			
	[TAX_PAV=1.00]	0.1577793	0.21774914	0.52503368	1	0.46870232	1.17090775	0.76414236	

[TAX_PAV=2.00]	0.17047574	0.20255232	0.70835463	1	0.39999058	1.18586888	0.79730379
[TAX_PAV=3,00]	0.56608019	0.24032753	5.54815852	1	0.01850014	1.76134935	1.09971041
[TAX_PAV=4,00]	0			0			
[REGION=.00]	-0.05745037	0.17462997	0.10823012	1	0.74216818	0.94416875	0.67050855
[REGION=1.00]	-0.10914735	0.16288091	0.44904103	1	0.50279071	0.89659829	0.65155852
[REGION=2.00]	0.64227859	0.240913	7.10765604	1	0.00767554	1.9008071	1.18542075
[REGION=3.00]	0			0			
[K_RRHH=.00]	0.02531908	0.14974354	0.02858905	1	0.86573138	1.02564233	0.76477557
[K_RRHH=1.00]	0			0			
[CAP_PROD=.00]	0.34829604	0.14969932	5.41324159	1	0.01.998457	1.41665158	1.05642521
[CAP_PROD=1.00]	0			0			
[CAP_FINANC=.00]	0.4939971	0.13289866	13.8168035	1	0.00020153	1.63885381	1.26303873
[CAP_FINANC=1.00]	0			0			
[CAPACIT=.00]	0.9040512	0.15507307	33.9870357	1	5.5481E-09	2.46958766	1.82232575
[CAPACIT=1.00]	0			0			
[CALIDAD=.00]	0.52300932	0.14234048	13.500878	1	0.00023845	1.68709703	1.27637893
[CALIDAD=1.00]	0			0			
[DEPART_ID=.00]	1.42835336	0.23029055	38.4697267	1	5.561E-10	4.17182405	2.65645409
[DEPART_ID=1.00]	0			0			
[DEPART_DIS=.00]	0.85767005	0.23381007	13.4559406	1	0.00024423	2.35766105	1.49094587
[DEPART_DIS=1.00]	0			0			
[DEPART_CCAL=.00]	1.31672622	0.19667251	44.8232838	1	2.1564E-11	3.73118629	2.53769248
[DEPART_CCAL=1.00]	0			0			
[DEPART_ING=.00]	1.38403182	0.22110972	39.1810867	1	3.8626E-10	3.99096006	2.58742903
[DEPART_ING=1.00]	0			0			
[LIM_INN=,00]	0.67107253	0.37518252	3.1.9929098	1	0.0736702	1.95633443	0.93775019
[LIM_INN=1,00]	1.01636581	0.37527086	7.33517381	1	0.00676181	2.76313473	1.32425288
[LIM_INN=2,00]	1.07944651	0.36921104	8.54777132	1	0.00345946	2.94305016	1.42733086
[LIM_INN=3,00]	0			0			
[INT_ENT=,00]	0.33952014	0.30645697	1.22741682	1	0.26790999	1.40427357	0.77018504
[INT_ENT=1,00]	0.05407412	0.26978212	0.0401747	1	0.84113939	1.05556284	0.62207842
[INT_ENT=2,00]	0			0			
[INT_GOB=,00]	-0.20968224	0.28161064	0.55440249	1	0.4565244	0.81084186	0.46690524
[INT_GOB=1,00]	0.10521049	0.29236393	0.12950021	1	0.7189508	1.11094442	0.62637109
[INT_GOB=2,00]	0.26404339	0.26161281	1.01866785	1	0.31283521	1.3021847	0.77980742
[INT_GOB=3,00]	0			0			
[INT_OTR=.00]	0.39412335	0.19256879	4.18882803	1	0.04069122	1.48308348	1.01683561
[INT_OTR=1,00]	0.71929644	0.24030177	8.95987389	1	0.00275974	2.0529883	1.2818619
[INT_OTR=2,00]	0			0			

a La categoría de referencia es: No innovan. b Este parámetro se ha establecido a cero porque es redundante. (***) Significativas al 1%, (**) Significativas al 5%; (*) Significativas al 10%

BIBLIOGRAFÍA

A. Arora y A. Gambardella, Complementary and external linkages: the strategies of the large firms in biotechnology. Journal of Industrial Economics, n° 38, pp. 361-379, 1990.

A. Arora y A. Gambardella, Evaluating technological information and utilizing it: Scientific knowledge, technological capability and external linkages in biotechnology. Journal of Economic Behavior and Organisation, vol. 24, n° 1, pp. 91-114, 1994.

A. Arora, A. Fosfuri, A. Gambardella, Los mercados de tecnologías en la economía del conocimiento. Revista Internacional de Ciencias Sociales" N° 171, La sociedad del Conocimiento, marzo 2002, [en línea]. Disponible en: http://www.oei.es/salactsi/arora.pdf

A. Brooking, The Management of Intellectual Capital. Long Range Planning, vol. 30, 1997.

A. Erbes, V. Robert, G. Yoguel, J. Borello y V. Lebedinsky, Regímenes tecnológico, de conocimiento y competencia en diferentes formas organizacionales: la dinámica entre difusión y apropiación. En Desarrollo Económico - Revista de Ciencias Sociales, Buenos Aires vol. 46 N° 181, pp. 33-61, junio 2006.

A. Kleinknecht, Firm size and innovation. Small Business Economics, vol. 1, n° 3, septiembre de 1989.

A. Lam, Tacit Knowledge, Organisational Learning and Innovation: A Societal Perspective. DRUID Working Paper No. 98-22, octubre, 1998 en línea]. Disponible en:h ttp://www3.druid.dk/wp/1.9980022.pdf

A. Lam, Organizational Innovation. Brunel Research in Enterprise, Innovation, Sustainability, and Ethics, Working Paper n° 1, 2004, [en línea] Disponible en: h t t p : / / c i t e s e e r x . i s t . p s u . e d u / v i e w d o c / download?doi=10.1.1.131.9638&rep=rep1&type=pdf

A. Leiponen, Skills and Innovation. International Journal of Industrial Organization, n° 23, pp. 303- 323, 2005.

López, Competitividad, innovación y desarrollo sustentable. Centro de Investigaciones para la Transformación - CENIT. Documento de Trabajo n° 22, 1996, [en línea]. Disponible en: www.fund-cenit.org.ar/Descargas/DT22.pdf

A. López, Industrialización sustitutiva de importaciones y sistema nacional de innovación: un análisis del caso argentino. En Revista Redes n° 019 vol. 10, diciembre 2000, [en línea] Disponible en: http://redalyc.uaemex.mx/redalyc/pdf/907/90701903.pdf

A. Madrid Guijarro y D. García Pérez de Lema, Influencia del tamaño, la antigüedad y el rendimiento sobre la intensidad exportadora de la PYME industrial española, 2008, En sector exterior español, N.° 817, septiembre 2004.

A. Rearte, Factores determinantes de la competitividad de las firmas: El caso de la industria textil marplatense. Documento de Trabajo CEPAL n° 36, Buenos Aires, mayo 1993 [en línea]. Disponible en: http://www.eclac.cl/publicaciones/xml/2/25962/5factoresdeterminantes.pdf

A. Rizzoni, Technology and Organization in Small Firms: An Interpretative Framework. Review d'Economie Industrielle, N° 67, 1° trimestre, 1994 [en línea]. Disponible en: http://www.persee.fr/web/revues/home/prescript/article/rei_0154-229_1994_num_67_1_1513

A. Steinko Fernández, ¿Keynes o Schumpeter? Algunas consideraciones, Boletín de Información Comercial Española, n° 2247, pp. 3358-3360, 1990.

A. Van de Ven, Central problems in the management of innovation. Management Science Vol. 32, n° 5, mayo 1986.

A. Vargas, Aprendizaje y construcción de capacidades tecnológicas. Journal of Techonology Management & Innovation, vol. 1, n° 5, 2006.

A. Vázquez, Desarrollo de redes e innovación. Lecciones sobre desarrollo endógeno, Madrid Pirámide, 1999.

A. Young, The Tyranny of Numbers: Confronting the Statistical Realities of East Asian Growth Experience, Quarterly Journal of Economics, Vol. 110, pp. 641-680, 1995.

B. Carlsson, Z. Acs, D. Audretsch y P. Braunerhjelm, The Knowledge Filter, Entrepreneurship, and Economic Growth. Jena Economic Research Paper No. 2007-057, septiembre 2007, [en línea]. Disponible en: http://ssrn.com/abstract=1022922

B. Coriat y G. Dosi, The institutional embeddedness of economic change: an appraisal of the evolutionary and regulationist research programmes. European School on New Institutional Economics, 1995. [en línea] Disponible en: http://esnie.u-paris10.fr/pdf/textes_2007/Dosi-chap-12.pdf

B. Dankbaar, Overall strategic review. Proyecte SAST núm 8, (Research and Technology Management in Enterprises: Isuues for Communtity Policy). EUR-15426, Brusserl.les/ Luxemburg. Comissió de les Comuntats Europees, 1993.

B. Kogut y U. Zander, Knowledge of the Firm and the Evolutionary Theory

342

of the Multinomial Corporation. Jounral of International Business Studies, Vol. 24 No. 4, pp. 625-645, 1993.

B. Kosacoff y A. López, Cambios organizacionales y tecnológicos en las Pequeñas y Medianas Empresas. Repensando el estilo de desarrollo argentino. En Revista de la Escuela de Economía y Negocios. Año II / Nro. 4 - abril 2000. CEPAL - Documento de Trabajo LC/BUE/R.234 - Versión electrónica publicada en CEPAL: 30 años de labor. Publicaciones en texto completo 1974-2004.

B. Kosacoff y A. Ramos, Comportamientos microeconómicos en entornos de alta incertidumbre: la industria 0. CEPAL - Documento de Trabajo, enero 2006.

B. Lundvall, Product Innovation and User-Producer Interaction. Industrial Development Research Series No. 31, Aalborg University Press, 1985, [en línea]. Disponible en: http://vbn.aau.dk/ws/fbspretrieve/7556474/user-producer.pdf

B. Lundvall, Sistemas nacionales de innovación. Hacia una teoría de la innovación y el aprendizaje por interacción. Comisión de Investigaciones Científicas de la Provincia de Buenos Aires, 1992. Traducción al español, mayo 2009.

B. Lundvall, Innovation System Research. Where it came from and where it might go. The Global Network for Economics of Learning, Innovation, and Competence Building System Working Paper N° 2007-01. México, septiembre 2007, [en línea]. Disponible en: http://dcsh.xoc.uam.mx/eii/workingpapers.html

B. Nooteboom, Innovation and diffusion in small firms: Theory and evidence. Small Business Economics, vol. 6 n° 5, octubre, 1994.

B. Nooteboom, Innovation, learning and industrial organization. Cambridge Journal of Economics, 23, pp. 127-150, 1999.

B. Nooteboom, Learning and innovation in inter-organizational relationships and networks, 2006, [en línea]. Disponible en: http:// www.bartnooteboom.nl/site/img/klanten/250/ Learning_and_innovation_in_inter-organizational_relationships_and_networks.pdf

B. Nooteboom y E. Stam, Microfoundations for Innovation Policy. Chapter 8. Amsterdan University Press, 2008. [en línea]. Disponible en: http://www.bartnooteboom.nl/site/img/klanten/250/Innnovation%20and%20organization.pdf

B. Van Dijk, R. Den Hertog, B. Menkveld y R. Thurik, Some New Evidence on the Determinants of Large- and Small-Firm Innovation. Small Business Economics, vol. 9, n° 4, agosto de 1997.

C. Fernández Bugna y F. Porta, El crecimiento reciente en la industria 0. Nuevo régimen sin cambio estructural, en Kosacoff, B. (ed), "Crisis, recuperación y nuevo dilemas. La economía 0 2002 - 2007", Documento de Proyecto. CEPAL, Buenos Aires, 2008.

C. Freeman, Teoría económica de la innovación industrial. Alianza Madrid Editores, Madrid, marzo 1975.

C. Freeman, The economics of technical change. En Cambridge Journal of Economics 1994, Critical Survey articles n° 18, p. 463-514.

C. Freeman, The economics of technical change. Archibugi, D. y J. Michie (eds.), Trade, Growth and Technical Change, Cambridge University Press, 1998. Versión traducida al español por COTEC, [en línea].Disponible en: http://www.imedea.uib.es/public/cursoid/html/textos/Bibliograf%EDa%20curso/ Innovacion%20Landau-FreemanCOTEC.pdf

344

C. Kester y T. Luehrman, Are we Feeling More Competitive Yet? The Exchange Rate Gambit. Sloan Management Review, n° 19, pp. 19-28,1989.

C. Matilla Vicente, Impacto empresarial de las innovaciones tecnológicas y no tecnológicas y su relación. En Revista de Economía Industrial n° 367, Notas, Madrid España [en línea] p.225-234, 2008, [en línea] Disponible en: http://www.mityc.es/es-ES/Documentacion/Publicaciones/Paginas/detallePublicaciónPeriódica.aspx?num Rev=367

C. Prahalad y G. Hamel, The Core Competence of the Corporation, Harvard Business Review, LXVIII, 79-91, 1990.

C. Prahalad y G. Hamel, Competing for the future. Harvard Business School Press, 1994.

Comisión Económica para América Latina y el Caribe, Intensidad tecnológica del comercio de Centroamérica y la República Dominicana. Unidad de Comercio Internacional de la Sede Subregional de la CEPAL en México, 2003. [en línea]. Disponible en: http://www.eclac.org/publicaciones/xml/0/13920/L587-1.pdf

Comisión Económica para América Latina y el Caribe, La transformación productiva 20 años después. Viejos problemas, nuevas oportunidades. XXXII Sesiones Ordinarias, Santo Domingo, República Dominicana, Mayo 2008.

Comisión Europea, Libro Verde Innovación. Traducción al español por Madrid, 1995 [en línea]. Disponible en: http://www.madrimasd.org/proyectoseuropeos/ documentos/ doc/Libro_verde_innovacion.pdf

D. Archibugi, J. Howells y J. Michie, Innovation Systems in a Global Economy. CRIC Discussion Paper n° 18, agosto 1998, [en línea] Disponible en:
http://www.cric.ac.uk/cric/pdfs/dp18.pdf

D. Archibugi y C. Pietrobelli, The globalization of technology and its implications for developing countries Windows of opportunity or further burden? North-Holland Technological Forecasting & Social Change 70, 2003, p. 861-883, [en línea] Disponible en: http://in3.dem.ist.utl.pt/master/stpolicy04/files04/2_paper9_1.pdf

D. Aspiazu, E. Basualdo, M. Shorr, La industria 0 durante los años noventa: profundización y consolidación de los rasgos centrales de la dinámica sectorial post-sustitutiva. Buenos Aires: Área de Economía y Tecnología de la FLACSO, mayo 2001, [en línea] Disponible en: http://www.flacso.org.ar/publicaciones_vermas.php?id=171

D. Audretsch and A. Thurik, What's New About the New Economy? Sources of Growth in the Managed and Entrepreneurial Economies. ERIM Report Series Reference No. ERS-2.000-45-STR, octubre 2000, [en línea]. Disponible en: http://ssrn.com/abstract=370844

D. Audretsch y M. Callejón (2008). La política industrial actual: conocimiento e innovación empresarial. En Revista de Economía Industrial n° 363, pp.33-45, 2008, [en línea] Disponible en: http://www.mityc.es/Publicaciones/Publicacionesperiodicas/ EconomiaIndustrial/RevistaEconomiaIndustrial/363/33.pdf

D. Chudnovsky, Science and technology policy and the National Innovation System in 0. CEPAL-ReviewN°67,abril1999. Versión electrónica publicada en CEPAL: 30 años de labor. Publicaciones en texto completo 1974-2004.

D. Czarnitzki, and K. Kraft, Management Control and Innovative Activity. Deutsche Zentralbibliothek fuer Wirtschaftswissenschaften ZEW Discussion Papers 00-68. 2000. [en línea]. Disponible en: http://134.245.95.50:8080/dspace/handle/ 10419/24416.

346

D. Hosmer y S. Lemeshow, Applied Logistic Regression. Wiley Ed, New York, USA. 2000.

D. Manzanares y F. Guadamillas Gómez, Gestión del conocimiento organizativo, innovación tecnológica y resultados. Una investigación empírica. Investigaciones Europeas de Dirección y Economía de la Empresa, vol. 14, n°2, pp. 139-167, 2008.

D. Marquis, The Anatomy of Succesfull Innovations. En Innovation, vol.1, n° 7, noviembre, 1969.

D. Messner, J. Meyer-Stamer, Competitividad sistémica. Pautas de gobierno y de desarrollo. En Revista Nueva Sociedad N° 133. septiembre-octubre, pp. 72-82, 1.994, [en línea]. Disponible en: http://www.nuso.org/upload/articulos/2363_1.pdf

D. Milesi, Patrones de Innovación en la Industria Manufacturera 0. LITTEC - UNGS - Documento de Trabajo n° 1, 2006, [en línea]. Disponible en: http://redmercosur.org.uy/iepcim/RED_MERCOSUR/biblioteca/ESTUDOS_ARGENTINA/ARG_108.pdf

D. Milesi, V. Moori, V. Robert, G. Yoguel, Desarrollo de ventajas competitivas: PYMES exportadoras exitosas en 0, Chile y Colombia. Revista de la CEPAL n° 92, agosto de 2007 [en línea]. Disponible en: http://www.eclac.cl/publicaciones/xml/5/29585/ LCG2339eYoguel.pdf

D. Milesi y C. Aggio, Éxito exportador, innovación e impacto social. Un estudio exploratorio de PYMES exportadoras latinoamericanas. Banco Interamericano de Desarrollo Working Paper, junio 2008, [e n línea] Disponible en: http://www.fundes.org/publicaciones/Documents/Exito%20exportador,%20 innovacion%20e%20impacto%20social.pdf

D. North, Structure and Change in Economic History. New York, W.W. Norton, 1981.

D. North, The Historical Evolution of Politics. En Revista Economía Institucional, vol.2, no.2, pp. 133-148 Jan./June, 2000, [en línea]. Disponible en: http://www.scielo.org.co/pdf/rei/v2n2/v2n2a7.pdf

D. Pazos y M. López Penabad, La innovación como factor clave en la competitividad empresarial: un estudio empírico en PYMES. En Revista Gallega de Economía, vol. 16, núm. 2, 2007, [en línea]. Disponible en: http://www.usc.es/econo/RGE/Vol16_2/Castelan/art1c.pdf

D. Prajogo y A. Sohal, TQM and Innovation: A Literature Review and Research Framework, En Rev. Technovation, 21, 2001.

D. Prajogo, A. Sohal, T. Laosirihongthong, S. Boon-itt, Manufacturing strategies and innovation performance in newly industrialised countries. Industrial Management & Data Systems, Vol. 107, No. 1, pp. 52-68, 2007.

D. Storey, Understanding the small firm sector. Routledge, London, 1994), [en línea]. Disponible en: http://books.google.com.ar.

D. Suarez, National Specificities and Innovation Indicators. Ponencia presentada en Globelics India, Trivandrum, Kerala, India, octubre 4-7, 2006.

D. Teece, Profiting from Innovation. Research Policy vol. 15, Issue 6, pp. 285-305, 1986.

D. Teece, Reflections on Profiting from Innovation. Research Policy, vol. 35, Issue 8, pp. 1131-1146, octubre 2006.

D. Teece, G. Pisano, A. Shuen, Dynamic Capabilities and Strategic Management. Strategic Management Journal, vol. 18, n° 7, pp. 509-533, agosto, 1997.

348

D. Villavicencio y M. Salinas, La Gestión del Conocimiento Productivo: Las Normas ISO y los Sistemas de Aseguramiento de Calidad. En Comercio Exterior, Vol. 52, Núm.6, México, 2002.

E. Bueno Campos, El capital intangible como clave estratégica en la competencia actual". Boletín de Estudios Económicos LIII, pp.207-229, agosto, 1998.

E. Deming, Calidad, productividad y competitividad. Medina J. Ed., México, 1989.

E. Reinert, The role of technology in the creation of rich and poor nations: underdevelopment in a Schumpeterian system. En Aldcroft y Catterall (Eds.) Rich Nations - Poor Nations. The long run perspectives. Edward Elgar Publishing, 1996.

E. Roberts, Gestión de la innovación tecnológica. Clásicos COTEC, Iberdrola Ed., 1995.

E. Roberts, Research and Development System Dynamics. En E. B. Roberts ed., 1978.

E. Von Hippel, Concepción y desarrollo de nuevos productos por los clientes. En Gestión de la Innovación Tecnológica Edward Roberts Clásicos COTEC Iberdrola Ed., Cap. 7, 1995.

F. Alburquerque, Desarrollo económico local y descentralización. Revista de la CEPAL, n° 82, Abril, 2004.

F. Alburquerque, Desarrollo económico local y distribución del progreso técnico. Santiago de Chile, ILPES, 1996.

F. Bozbura, A. Beskese, Prioritization of organizational capital measurement indicators using fuzzy AHP. International Journal of Approximate Reasoning n° 44, pp.124-147, 2007.

F. Hayek, The Use of Knowledge in Society. American Economic Review Vol. XXXV, No. 4, septiembre 1945, [en línea]. Disponible en: http://web. cenet.org.cn/upfile/43295.pdf

F. Malerba, Sectorial systems of innovation and production. Research Policy n° 31, pp. 247-264, 2002.

F. Malerba y L. Orsenigo, Knowledge, innovative activities and industrial evolution. Industrial and Corporate Change, Volume 9, Number 2, pp. 289-314, 2000.

F. Ortiz, Modelo de Gestión de la Innovación Tecnológica en PYMES. Tesis doctoral, Universidad Anáhuac, Centro de Alta Dirección en Ingeniería y Tecnología, México, 2004.

F. Rahmeyer, From a Routine-Based to a Knowledge-Based View: Towards an Evolutionary Theory of the Firm. Institut für Volkswirtschaftslehre der Universität Augsburg Volkswirtschaftliche Diskussionsreihe n° 283, 2006. [en línea]. Disponible en: http://134.245.95.50:8080/dspace/handle/10419/22806

F. Scherer, Industrial Market Structure and Economic Performance. Segunda edición, Rand McNally College Publishing Co., Chicago, 1980.

F. Van Den Bosch, H. Volberda, M. De Boer, Absorptive Capacity: Antecedents, Models and Outcomes, ERIM Report Series, ERS-2003-035-STR, abril 2003.

F. Van Den Bosch; H. Volberda; M. De Boer, Coevolution of firm absorptive capacity and knowledge environment: Organizational forms and combinative capabilities. Organization Science, vol. 10, n° 5, p.p. 551-568, 1999.

G. Anlló, R. Bisang, M. Campi y I. Albornoz, Innovación y competitividad en tramas globales. CEPAL - Documento de Trabajo n° 235. LC/W.235, marzo 2009 [en línea]. Disponible en: http://www.iadb.org/intal/intalcdi/PE/2.009/03150.pdf

G. Dosi, Una Reconsideración de las Condiciones y los Modelos del Desarrollo. Una Perspectiva Evolucionista de la Innovación, el Comercio y el Crecimiento. En Seminario Internacional Dinámica de los Mercados Internacionales y Políticas Comerciales para el Desarrollo, ICI, CEPAL y UNCTAD, España, 8 al 12 de julio de 1.991. [en línea]. Disponible en: http://www.cervantesvirtual. com/servlet/Sirve Obras/public/79127254981790163532279/ 207875_0047. pdf

G. Dosi y L. Soete, Technical change and international trade. New York: Harverstor Wheatsheaf, 1990. [en línea]. Disponible en: http://arno.unimaas.nl/show.cgi?fid=3540

G. Lugones y F. Peirano, Segunda Encuesta 0 de Innovación (1998/2001). Resultados e implicancias metodológicas. Revista Iberoamericana de Ciencia, Tecnología y Sociedad - CTS, vol. 1 n°2, Abril, 2004.

G. Lugones, F. Peirano y P. Gutti, Potencialidades y limitaciones de los procesos de innovación en 0. Observatorio Nacional de Ciencia, Tecnología e Innovación (SECYT). Centro Redes. Buenos Aires, 2005.

G. Lugones, D. Suarez y S. Gregorini, La innovación como fórmula para mejoras competitivas compatibles con incrementos salariales. Evidencias en el caso argentino. Centro de Estudios sobre Ciencia, Desarrollo y Educación Superior. Documento de Trabajo n° 36, 2007.

G. Merli, Calidad total como herramienta de negocio, una respuesta estratégica al reto europeo. Ed. Díaz de Santos, Madrid, 1994.

G. Stock, N. Greis y W. Fischer, Absortive Capacity and New Product Development. The Journal of High Technologhy Management Research, 2001.

G. Yoguel, PYME: una estrategia hacia la competitividad en un escenario de cambio tecnológico, UNGS - Instituto de Industria. Documento de Trabajo N° 5, 2000, [en línea]. Disponible en: http://www.littec.ungs.edu.ar/pdfespa%F1ol/DT%2.005-2000%20Yoguel.pdf

G. Yoguel y R. Rabetino, El desarrollo de las capacidades tecnológicas de los agentes en la industria manufacturera 0 en los años noventa incluido B. Kosacoff; G. Yoguel; C. Bonvecchi, A. Ramos (comp.) El desempeño industrial argentino: Más allá de la sustitución de importaciones. CEPAL, Oficina Buenos Aires, 2000.

H. A. Simon, A behavioral model of rational choice. Quarterly Journal of Economics. Vol. 69, pág. 99-118, 1955.

H. Formento, Estudio de las condiciones endógenas que impiden el desarrollo de procesos de mejora continua en PYMES y desarrollo de un modelo que permita su efectiva implementación. Proyecto Final Instituto de Industria - Universidad Nacional de General Sarmiento, 2005, [en línea]. Disponible en: http://www.littec.ungs. edu.ar/pdfespa%F1ol/ IFI%2.001-2.005%20 Braidot-Formento-Pittaluga.pdf

H. Smith Cayama, M. I. Lovera, y F. Marín González, Innovación tecnológica en la organización empresarial: un análisis desde la teoría biológica evolucionista. Multiciencias, vol.8, no.1, pp.28-37 Maracaibo, abr. 2008 [en línea]. Disponible en: http://www.serbi.luz.edu.ve/scielo.php?script=sci_arttext&pid=S1317-22552.008004000004&lng=es&nrm=iso

32235522252252552

I. Caravaca, 1998. Los nuevos espacios ganadores y emergentes. Revista EURE, nº79, Santiago de Chile pp.5-30, 1998.

I. Dierickx, y K.Cool, Asset Stock Accumulation and Sustainability of Competitive Advantage. En Management Science, vol. 35, pp. 1504-1511, 1989.

I. García Espejo, Formación e innovación en las empresas industriales. Universidad de Oviedo. España Departamento de Economía Aplicada. Working Paper 88, 179-194, 2008 [en línea]. Disponible en: http://ddd.uab.cat/pub/papers/02102862n88p179.pdf

I. Gordon y P. McCann, Innovation, agglomeration, and regional development. Journal of Economic Geography, vol. 5, pp.523-543, 2005.

J. Abando, Dinámica Empresarial en las PYMES Tecnológicas Jóvenes, en "Creación, supervivencia, crecimiento e internacionalización de las PYMES jóvenes en España: 1995-2006", Dirección General de Política de la PYME, Madrid, España, 2008, pp.152-191. [en línea] Disponible en: http://www.iPYME.org/NR/ rdonlyres/ C7E23634-DEC8-4244-ACE3-F9C17122F00A/0/PYMEJovenes9506.pdf.

J. Albors Garrigós y Oliver J. Hervas, Dinámica de Innovación en una Región Intermedia: El caso de la Comunidad Valenciana. Tirant Lo Blanch Ed. Valencia, España, 2008.

J. Barney, Firm resources and sustained competitive advantage. Journal of Management, 17, pp. 99-120, 1991.

J. Cantwell, Innovation & Competitiveness, en J. Fagerberg, y D.C. Mowery, eds. The Oxford handbook of Innovation, Oxford Universirty Press, Oxford, 2005.

J. Cassiolato y H. Lastres, Discussing innovation and development: Converging points between the Latin American school and the Innovation Systems perspective? The Global Network for Economics of Learning, Innovation, and Competence Building System Working Paper N° 2008-02. México, 2008. [en línea]. Disponible en: http://dcsh.xoc.uam.mx/eii/ workingpapers.html

J. Castellanos, De PYMES de sobrevivencia a PYMES innovadoras. En Revista EAN n° 47, Bogotá, 2003 [en línea]. Disponible en: http://journal.ean.edu.co/index.php/Revista/article/view/202/192

J. Clark y K. Guy, Innovation and Competitiveness: A Review. Technology Analysis & Strategic Management, vol. 10 n° 3, pp. 363-395, 1998.

J. Fagerberg, y M.M. Godinho, Innovation & catching up, en J. Fagerberg, y D.C. Mowery, eds. The Oxford handbook of Innovation, Oxford Universirty Press, Oxford, 2005.

J. Jasso, Relevancia de la innovación y las redes institucionales. Revista de la FUE-BUAP, Año VIII, N° 25, abril 2004, [en línea]. Disponible en: http://www.aportes.buap.mx/25ap1.pdf

J. Johannessen, B. Olsen, G. Lumpkin, Innovation as newness: what is new, how new, and new to whom? European Journal of Innovation Management, Vol. 4, n° 1, pp. 20-31, 2001.

J. Jong y O. Marsili, How do firms innovate?: A Classification of Dutch SMEs. Scientific Analysis of Entrepreneurship and SMEs Research Report 07, 2004.

J. Juniper and M. Metcalfe, Knowledge Sharing in the Industrial Milieu. COBAR Working Paper No. 2000-11, marzo 2000, [en línea]. Disponible en: http://ssrn.com/abstract=223150

J. López Cerezo, Los entornos de la innovación. Revista Iberoamericana de Ciencia, Tecnología y Sociedad, n° 2, vol. 1, Abril de 2004 p. 189-193 [en línea]. Disponible en: http://oeibolivia.org/files/Volumen%201%20-%20Número%202/for01.pdf

J. López Rodriguez, La internacionalización de la empresa manufacturera española. Efectos del capital humano genérico y específico. En Universidad de la Coruña España, 2006, [en línea] Disponible en: http://www.gcd. udc.es/subido/working papers/la_internacionalizacion_de_la_empresa_ manufacturera_espanola_efectos_ del_capital_humano_generico_y_ especfico_jose-lopez-rodriguez_2.006.pdf

J. Metcalfe, R. Ramlogan y E. Uyarra. Economic Development and Competitive Process. Centre for research on innovation and competition and school of economic studies University of Manchester en Conferência internacional sobre sistemas de inovação e estrátegias de desenvolvimento para o terceiro milênio. Nov. 2003[en línea]. Disponible en: http://redesist. ie.ufrj.br/globelics/pdfs/ GLOBELICS_0069_Metcalfeetalli.pdf

J. Navas López, y L. Guerras Martín, La dirección estratégica de la empresa. Teoría y aplicaciones, Civitas, 3era. edición, Madrid, 2002.

J. Perdomo Ortiz, J. González Benito, J. Galende del Canto, La Gestión de la Calidad Total como un antecedente de la Capacidad de Innovación Empresarial. En Documentos de Trabajo Nuevas Tendencias en Dirección de Empresas N° 2004-09 Universidades de Valladolid, Burgos y Salamanca (España), 2004, [en línea] Disponible en: http://ideas.repec.org/s/ntd/ wpaper.html

J. Roos, L. Edvinsson, G. Roos, Intellectual Capital: Navigating in the New Business Landscape. New York University Press, 1998.

J. Schmookler, Economic sources of inventive activity. Journal of Economic History, pp. 1-20, marzo 1962.

J. Segers, Region-specific Technology Policy in Belgium: The Significance of New Technology Based Start-ups. Small Business Economics n° 4 vol. 2, pp. 133-139, 1992.

J. Szarka, Netoworking and Small Firms. International Small Business Journal, vol. 8, n° 2, pp. 10-22, 1990.

J. Tidd, Innovation management in context: environment, organization and performance. International Journal of Management Reviews Volume 3 Issue 3 pp. 169-183, 2001.

J. Valls, A. Arbussà, A. Bikfalvi, La I+D en las PYMES: Intensidad y estrategia, Universia Business Review - Actualidad Económica - Primer Trimestre 2004, [en línea]. Disponible en: http://ubr.universia.net/pdfs/UBR0012.004040.pdf

J. Vega Jurado, A. Gutierrez-Gracia, I. Fernández-de-lucio y L. Manjarréz-Henríquez, The effect of external and internal factor son firms' product Innovation. Research Policy n° 37, pp. 616-632, 2007.

J. Vega Jurado, A. Gutiérrez-Gracia, I. Fernández-de-lucio, ¿Cómo innovan las empresas españolas? Una evidencia Empírica. En Journal of Technology Management & Innovation, v.3, n.3 Santiago 2008 [en línea]. Disponible en: http://www.scielo.cl/pdf/jotmi/v3n3/art10.pdf

Jorge Katz, Aprendizaje tecnológico ayer y hoy. Revista de la CEPAL. Santiago de Chile. N° Extraordinario, pp. 63-76, 1998.

Jorge Katz, Cambios estructurales y ciclos de destrucción y creación de capacidades productivas y tecnológicas en América Latina. The Global

Network for Economics of Learning, Innovation, and Competence Building System Working Paper N° 2007-06. México, septiembre 2007. [en línea]. Disponible en: http://dcsh.xoc.uam.mx/eii/workingpapers.html

Jorge Katz, Una nueva visita a la teoría del desarrollo económico. Comisión Económica para América Latina y el Caribe (CEPAL) Documento de proyecto LC/W.167 - LC/BUE/W.21, enero de 2008, [en línea]. Disponible en: http://www.obela.org/system/files/una+nueva+visita+a+la+teoría+del+desarrollo+económico_1.pdf

José Albors Garrigós, Determinación de los factores que caracterizan a la PYME innovadora española. Tesis Doctoral - Universidad Politécnica de Madrid - Ingeniería de Organización, Administración de Empresas y Estadística / E.T.S.I. Industriales. Octubre 1999. [en línea]. Disponible en: http://oa.upm.es/788.

Joseph A. Schumpeter, Capitalismo, Socialismo y Democracia, Barcelona, España, 1946, (en Biblioteca de Economía, n° 1 y 2, 1996).

K. Pavitt, Sectoral patterns of technical change: towards taxonomy and a theory. Research Policy n° 13, v. 6, pp. 343-373, 1984.

K. Pavitt, Knowledge about knowledge since Nelson & Winter: a mixed record. Science and Technology Policy Resarch (SPRU). Working Paper N° 83, 2002. [en línea]. Disponible en: http://www.sussex.ac.uk/Units/spru/publications/imprint/sewps/sewp83/sewp83.pdf

K. Pavitt, The Process of Innovation. SPRU Electronic Working Paper Series. Working Paper N° 89. The Freeman Centre, University of Sussex, 2003, [en línea]. Disponible en: http://in3.dem.ist.utl.pt/mscdesign/03ed/files/lec_1_02.pdf

K. Tang, Competition and innovation behavior. Research Policy n° 35, pp. 68-82, 2006.

K. Thorn, Ciencia, Tecnología e Innovación en 0. Un perfil sobre temas y prácticas. Banco Mundial. Región de América Latina y el Caribe. Departamento de Desarrollo Humano, septiembre, 2005, [en línea] Disponible en: http://siteresources.worldbank.org/INT0INSPANISH/Resources/Ciencia,Tecnologiae Innovacionen0.pdf

L. Donaldson, The contingency theory of organizations. Foundations for Organizational Science, 2001. [en línea]. Disponible en: http://books.google.com.ar/

L. Kim, Crisis, Construction and Organizational Learning: Capability Building in Catching-up Hyundai Motor, Organization Science, Vol. 9, N° 4, 1998.

L. Lefebvre y E. Lefebvre, Efforts innovateurs et positionnement concurrentiel des PME manufacturières. En L'Actualité économique, vol. 68, n° 3, p. 453-476, 1992, [en línea] Disponible en: http://id.erudit.org/iderudit/602076ar.pdf

M.A. Gaviria Ríos y H.A. Sierra Sierra, Lecturas sobre Crecimiento Económico Regional. 2005, Edición a texto completo en www.eumed.net/libros/2.005/mgr/

M. Bell y K. Pavitt, The Development of Technological Capabilities. En Trade, technology, and international competitiveness. Irfan-ul-Haque, R. Ed. Economic Development of The World Bank, Cap. 4, 1995.

M. Buesa y A. Zubiaurre, Patrones Tecnológicos y Competitividad: Un análisis de las empresas innovadoras en el País Vasco. En Invenia Madrid, 2000, [en línea] Disponible en: http://eprints.ucm.es/6700/1/20-00.pdf

358

M. Buesa, T. Baumert, J. Heijs, M. Martínez, Los factores determinantes de la innovación: un análisis econométrico sobre las regiones españolas. Revista Economía Industrial n° 347 v. 5, 2002, [en línea]. Disponible en: http://www2. mityc.es/NR/ rdonlyres/A8FFA8FB-59CF-44CF-8110-C7F377CEB684/ 0/ 6784347MIKELBUESA.pdf

M. Buesa y J. Molero, Tamaño empresarial e innovación tecnológica en la economía española". Documento de Trabajo Instituto de Análisis Económico y Financiero, Universidad Complutense de   Madrid, 1996, [en línea]. Disponible en:
http://www.ucm.es/BUCM/cee/iaif/001/001.htm

M. Kulfas, Las PYMES 0 en el escenario post convertibilidad. Políticas públicas, situación y perspectivas. CEPAL - Colección Documentos de proyectos, 2008. [en línea]. Disponible en: http://www.cepal.cl/publicaciones/xml/5/37175/ DocW40.pdf

M. Nieto, y C. Pérez-Cano, The Influence of Knowledge Attributes on Innovation Protection Mechanisms. Knowledge and Process Management, Vol. 11, N° 2, pp. 117-126, 2004.

M. Novick, S. Rojo, S. Rotondo y G. Yoguel, La compleja relación entre innovación y empleo. Asociación de economía para el desarrollo de la 0, Congreso Anual 2009: "Oportunidades y Obstáculos para el Desarrollo de 0. Lecciones de la post-convertibilidad".

M. Porter, Clusters and the New Economics of Competition. Harvard Business Review Nov-Dec 1998, [en línea]. Disponible en:
http://www.wellbeingcluster.at/magazin/00/artikel/28775/doc/d/ porterstudie.pdf

M. Porter, La ventaja competitiva de las naciones. Harvard Business Review, vol. 85, n° 11, 2007, pp. 69-95, 1990.

M. Porter y N. Siggelkow, Contextuality within Activity Systems, Academy of Management Proceedings. Harvard Business Review, 2001.

M. Rogers, The Definition and Measurement of Innovation. Melbourne Institute Working Paper No. 10/98, mayo 1998, [en línea]. Disponible en: http://melbourneinstitute.com/wp/wp1.998n10.pdf

N. Bontis, Assessing knowledge assets: a review of the models used to measure intellectual capital. En International Journal of Management Reviews, vol. 3 n° 1, pp. 40- 61, 2001.

O. Benavides, La innovación tecnológica desde una perspectiva evolutiva. Cuad. Econ. vol.23, no.41, p.49-70, 2004, [en línea]. Disponible en: http://www.scielo.org.co/ scielo.php?script=sci_arttext&pid=S0121-47722.0040002.00003&lng=en&nrm=iso

O. E. Williamson, Las instituciones económicas del capitalismo, 1985. Fondo de Cultura Económica, Traducción, México, 1989.

OCDE, Guía para la recogida e interpretación de datos sobre innovación. Manual de Oslo, julio de 2005 [en línea]. Disponible en: http://www.oei.es/salactsi/oslo3.htm

Organisation for Economic Co-operation and Development OECD, Technology and the economy: the key relationship, Paris, 1992, [en línea] Disponible en: http://www.sciencedirect.com/science/article/B6V77-45D0PNB-15/2/be10b154826 de98bd 621660a9efb5bef

P. A. David, D. Foray, An introduction to the economy of the knowledge society. MERIT-Infonomics Research Memorandum series, September 2.001. [en línea] Disponible en: http://www.merit.unu.edu/publications/rmpdf/2.001/rm2.001-041.pdf

P. Aghion, P. Davidy D. Foray, Science, Technology and Innovation for Economic Growth: Linking Policy Research and Practice in 'Stig Systems. Working Paper Series, octubre, 2008. [en línea]. Disponible en: http://ssrn.com/abstract=1285612

P. Andriani, Diversity, knowledge and complexity Theory: some introductory issues. International Journal of Innovation Management Vol. 5, No. 2, pp. 257-274, June 2001.

P. Bianchi, Nuevo enfoque en el diseño de políticas para las PYMES. Aprendiendo de la experiencia europea, 1996. CEPAL - Documento de Trabajo N° 72 - Versión electrónica publicada en "CEPAL: 30 años de labor. Publicaciones en texto completo 1974-2004".

P. Cookey D. Wills, Small Firms, Social Capital and the Enhancement of Business Performance through Innovation Programmes. Small Business Economics n° 13, pp. 219-234, 1999.

P. Escorsa Castells, y J. Valls Pasola, Tecnología e innovación en la empresa Dirección y gestión. Universidad Politécnica de Valencia Ed., Barcelona, 1997.

P. Geroski, S. Machin y J. Reenen, The profitability of innovating firms. RAND Journal of Economics, vol. 24, n° 2, 1993.

P. J. Lane; B. Koka y S. Pathak, The Reifications of Absorptive Capacity : a critical review and rejuvenations of the construct, Academy of Management Review. Vol 4, 2006.

P. Ochoa, Competitividad, Política Comercial y Desarrollo Regional. El Noroeste Argentino y el Sur de Bolivia: apuntes para una estrategia conjunta económicamente viable y socialmente sustentable para sus sectores rurales. Concurso de Trabajos de Investigación de la Corporación Andina de Fomento (CAF), Buenos Aires, 2002, [en línea] Disponible en: http://www.caf.com/attach/17/default/PalomaOchoa, Competitividadpol%C3%ADticacomercial.pdf

P. Romer, New goods, old theory, and the welfare costs of trade restrictions. National Bureau of Economic Research. Working Paper N° 4452. Cambridge, septiembre 1993, [en línea]. Disponible en: http://www.nber.org/papers/W4452.pdf

P. Wong y Z. He, The moderating effect of a firm's internal climate for innovation on the impact of public R&D supports programmes. International Journal of Entrepreneurship and Innovation Management. Volume 3, n° 5-6, pp. 525-545, 2003.

R. Ackoff, The Management of Change and the Changes It Requires of Management, Systems Practice, Vol. 3, n° 5, 1990.

R. Agarwal, David B. Audretsch and M. Sarkar, The Process of Creative Construction: Knowledge Spillovers, Entrepreneurship and Economic Growth. Strategic Entrepreneurship Journal, Forthcoming, 2007. [en línea]. Disponible en: http://ssrn.com/abstract=1027901.

R. Amit y P. Schoemaker, Strategic Assets and Organizational Rent. Strategic Management Journal, vol. 14, pp. 33-46, 1993.

R. Evangelista, F. Rapiti, G. Perani y D. Archibugi The Nature and impact of Innovation in manufacturing industry: some evidence from the Italian innovation survey. ESRC Centre for Business Research, University of Cambridge, Working Paper n° 66, 1997. [en línea]. Disponible en: http://www.cbr.cam.ac.uk/pdf/wp066.pdf

R. Grant. The Resource-based Theory of Competitive Advantage:

Implications for Strategy Formulation. California Management Review, vol. 33, n° 3, pp. 114-135, 1991.

R. Grant, R. Shani y E. Krishnan, Total Quality Management: Empirical, Conceptual and Practical Issues. Administrative Science Quarterly Ed., 1994.

R. La Rovere y L. Hasenclever, Innovación, competitividad y adopción de tecnologías de la información y de la comunicación en pequeñas y medianas empresas: algunos estudios de caso sobre Brasil. Instituto de Economía, Universidad Federal de Río de Janeiro, Brasil, working paper, 2003, [en línea]. Disponible en: http://www.littec.ungs.edu.ar/ eventos/renata%20la%20 rovere%20y%20lia%20hasenclever.pdf

R. Landau, How competitiveness can be achieved: fostering economic growth and productivity. En Technology and economics, National Academy Press, Washington, D.C, 1991. Versión traducida al español por COTEC, [e n línea]. Disponible en: http://www.imedea.uib.es/public/cursoid/html/textos/ Bibliograf % EDa%20curso/Innovacion%20Landau-FreemanCOTEC.pdf

R. Lester, Universities, Innovation, and the Competitiveness of Local Economies. MIT Industrial Performance Center Working Paper 05-010, 2005 [en línea]. Disponible en: http://web.mit.edu/lis/papers/LIS05-010. pdf

R. Miles y C. Snow, Organizational strategy, structure and process. West Publishing Company, New York, 1978.

R. Nelson, Innovation and Economic Development: Theorical Retrospect and Prospect. CEPAL - Working Paper N° 31, 1979, - Versión electrónica publicada en CEPAL: 30 años de labor. Publicaciones en texto completo 1974-2004.

R. Nelson, Why do Firms Differ, and How Does it Matter?, Strategic Management Journal, Vol 12, 1991.

R. Nelson, Institutions, "Social Technologies", and Economic Progress. The Global Network for Economics of Learning, Innovation, and Competence Building System Working Paper N° 2007-03. México, septiembre 2007, [e n línea]. Disponible en: http://dcsh.xoc.uam.mx/eii/workingpapers.html

R. Nelson and B. Sampat, Making Sense of Institutions as a Factor Shaping Economic Performance (Spanish Version). Revista de Economía Institucional, Vol. 3, No. 5, Segundo Semestre 2001, [en línea]. Disponible en: http://ssrn.com/abstract=923637

R. Nelson, y S. Winter, An Evolutionary Theory of Economic Change. The Belknap Press of Harvard University Press, Cambridge, 1982.

R. Putnam, Making Democracy Work: Civic Traditions in Modern Italy. Princeton University Press, Princeton, NJ, 1993.

R. Rothwell, Small Firms, Innovation and Industrial Change. Small Business Economics Vol. 1, n° 1 pp. 51-64. Kluwer Academic Publishers, marzo de 1989.

R. Rothwell, Towards the fifth-generation innovation process, International Marketing Review, vol. 11, n° 1. pp. 7-31, 1994.

R. Solow, A Contribution to the Theory of Economic Growth, Quarterly Journal of Economics, Vol. 70, n°. 1, pp. 65-94, 1956.

R. Zmud, An examination of 'Push-Pull' theory applied to process innovation in knowledge work. Management Science Vol. 30, n° 6, junio 1984.

Richards Knelle, y Phillips Stevens, Frontier Technologhy and Absorptive Capacity: Evidente from O.E.C.D.manufacturing Indrustries. Oxford Bulletines Economics and Statistics, 2006.

S. Estrada y G. Dutrenit, Gestión del conocimiento en PYMES y desempeño competitivo. Engevista, v. 9, n. 2, pp. 129-148, diciembre 2007.

S. Estrada y J. Heijs, Innovación tecnológica y competitividad: análisis microeconómico de la conducta exportadora en México. Universidad Complutense de Madrid - Instituto de Análisis Industrial y Financiero. Documentos de trabajo N° 36, mayo de 2003, [en línea]. Disponible en: http://www.ucm.es/BUCM/cee/iaif/36/36.pdf

S. Finquelievich, La innovación ya no es lo que era: Impactos meta-tecnológicos en las áreas metropolitanas. 1a ed. Buenos Aires: Dunken, pp. 1-42 2007.

S. Kline, Innovation is not a linear process. Research Management, Julio-agosto, 1985.

S. Kline y N. Rosenberg, An Overview of Innovation. En Landau y Rosenberg ed. The Positive Sum Strategy. National Academy Press, Washington, 1986.

S. Lall, Technological Capabilities and Industrialization. World Development, Vol. 20, No. 2, pp. 165-186, 1992.

S. Lall, Skills, Competitiveness and Policy in Developing Countries. Oxford Department of International Development, Working Paper Series N° 46, 2000. [en línea]. Disponible en: http://www3.qeh.ox.ac.uk/pdf/qehwp/qehwps46.pdf

S. Nonaka y N. Takeuchi, The new product development game. Stop running the relay race and take up rugby, Harvard Business Review, pp. 137-146, enero, 1986.

S. Nonaka y N. Takeuchi, La organización creadora de conocimiento: cómo las compañías japonesas crean la dinámica de la innovación. Oxford University Press, 1995. Traducido al español e impreso en México, marzo de 1999.

S. Roper, Product Innovation and Small Business Growth: A Comparison of the Strategies of German, U.K. and Irish Companies. Small Business Economics, Volume 9, Number 6 / pp. 523-537, diciembre de 1997.

S. Scott y R. Bruce, Determinants of Innovative Behavior: A Path Model of Individual Innovation in the Workplace, The Academy of Management Journal, Vol. 37, No. 3, pp. 580-607, junio, 1994.

S. Slater y J. Narver, Market Orientation and the learning Organization. Journal of Marketing, vol. 59, n°3, pp. 63-74, julio 1995.

Sh. Zahra, & G. George, "Absorptive capacity: a review, reconceptualization and extension", Academy of Management Review, Vol. 27, N° 2, pp. 185-203, 2002.

T. Schmidt and C. Rammer, Non-technological and Technological Innovation:, Strange Bedfellows? Deutsche Zentralbibliothek fuer Wirtschaftswissenschaften ZEW Discussion Papers 07-052, 2007. [en línea]. Disponible en:
http://134.245.95.50:8080/dspace/handle/10419/24623

T. Stewart, Intellectual Capital: The new wealth of organizations. Nicholas Brealey, 1998 Ed.

366

Tobias Schmindt, Absorptive Capacity- One Size fits all, A firm-level analysis of Absorptive Capacity for Different Kinds of Knowledge"; Discussion Paper N ° 5-72, ZEW, 2005.

V. Alarcón, Consideraciones sobre la investigación del constructo capacidad de absorción. En Revista Intangible Capital - N° 10 - Vol. I, octubre-diciembre de 2005, Cataluña, España, agosto 2005, [en   línea] Disponible en: http://www.intangiblecapital.org/index.php/ic/article/viewFile/7/13.

V. Donato, La coyuntura de las PYMES industriales: 01-2009.   Fund. Observatorio PYME, 1a ed., Buenos Aires, 30 pp., 2009.

W. Coheny D. Levinthal, AbsorptiveCapacity:ANewPerspectiveonLearningand Innovation.   Administrative   Science   Quarterly, Vol.   35,   No.   1,   pp.   128-152,   Mar.   1990.

W. Tsai, KnowledgeTransferinIntraorganizationalNetworks:EffectsofNetwork Position and Absorptive Capacity on Business Unit Innovation and performance. The Academy of Management Journal, Vol. 44, No. 5, pp. 996-1004, Oct., 2001.

Z. Acs y D. Audretsch, Entrepreneurship and Innovation, en Deutsche Zentralbibliothek fuer Wirtschaftswissenschaften, Papers on entrepreneurship, growth and public policy n° 2105 [en línea]. Disponible en: http://134.245.95.50:8080/dspace/handle/10419/2.0011.

Z. Acs y D. Audretsch, Innovation, Market Structure, and Firm Size. The Review of Economics and Statistics. The MIT Press, Vol. 69, No. 4, pp. 567-574. Nov. 1987.

Z. Acs y D. Audretsch, Innovation and Size at the Firm Level, Southern Economic Journal, Vol. 57, No. 3, pp. 739-744, (enero 1991).

Z. Acs y S. Gifford, Innovation of entrepreneurial firms. Small Business Economics, Volume 8, n° 3, junio de 1996.